WALL STREET BÖRSEN ALMANACH 2007

Deutsche Ausgabe
des Stock Trader's Almanac 2007

Jeffrey A. Hirsch & Yale Hirsch

WILEY-VCH GmbH & Co. KGaA

An der englischsprachigen Originalausgabe wirken mit:

Editor in Chief	Jeffrey A. Hirsch
Editor at Large	Yale Hirsch
Vice President	J. Taylor Brown
Data Coordinator	Christopher Mistal
Web Development	Nexgen
Graphic Design	Darlene Dion Design

1. Auflage 2007

Alle Bücher von Wiley-VCH werden sorgfältig erarbeitet. Dennoch übernehmen Autoren, Herausgeber und Verlag in keinem Fall, einschließlich des vorliegenden Werkes, für die Richtigkeit von Angaben, Hinweisen und Ratschlägen sowie für eventuelle Druckfehler irgendeine Haftung

**Bibliografische Information
der Deutschen Nationalbibliothek**
Die Deutsche Nationalbibliothek verzeichnet diese Publikation in der Deutschen Nationalbibliografie; detaillierte bibliografische Daten sind im Internet über http://dnb.d-nb.de abrufbar.

Die englische Originalausgabe erschien 2007 bei John Wiley & Sons Inc., Hoboken/New Jersey unter dem Titel Stock Trader's Almanac 2007

All Rights Reserved. Authorized translation from the English Language edition published by John Wiley & Sons Inc.

© 2007 by John Wiley & Sons Inc.

© 2007 WILEY-VCH Verlag GmbH & Co. KGaA, Weinheim

Alle Rechte, insbesondere die der Übersetzung in andere Sprachen, vorbehalten. Kein Teil dieses Buches darf ohne schriftliche Genehmigung des Verlages in irgendeiner Form – durch Photokopie, Mikroverfilmung oder irgendein anderes Verfahren – reproduziert oder in eine von Maschinen, insbesondere von Datenverarbeitungsmaschinen, verwendbare Sprache übertragen oder übersetzt werden. Die Wiedergabe von Warenbezeichnungen, Handelsnamen oder sonstigen Kennzeichen in diesem Buch berechtigt nicht zu der Annahme, dass diese von jedermann frei benutzt werden dürfen. Vielmehr kann es sich auch dann um eingetragene Warenzeichen oder sonstige gesetzlich geschützte Kennzeichen handeln, wenn sie nicht eigens als solche markiert sind.

Printed in the Federal Republic of Germany

Gedruckt auf säurefreiem Papier.

Satz   Kühn & Weyh Software GmbH, Freiburg

Druck   Strauss GmbH, Mörlenbach

Bindung   Litges & Dopf Buchbinderei GmbH, Heppenheim

ISBN: 978-3-527-50276-9

Diese 40. Jubiläumsausgabe widmen wir voller Respekt:

Barry L. Ritholtz

Wir empfinden es als eine Ehre, mit Barry einen der derzeit klügsten Köpfe und progressiven Stimmen der Wall Street als unseren Kollegen und Freund bezeichnen zu können. Seine gewitzten Kommentare sind einzigartig, da sie sowohl zeitlos als auch außerordentlich zugängig sind. Ritholtz Capital Management setzt sein entwickeltes Market Timing-Modell mit ungeheurer Präzision um, ob long term, short term oder neutral. Barry ist definitiv einer der wichtigsten Vordenker und aufstrebenden Stars der Wall Street.

Einführung in die 40. Jubiläumsoriginalausgabe

Wir freuen uns, Ihnen die 40. Ausgabe des *Stock Trader's Almanac* vorstellen zu können. Der Almanach bietet Ihnen die notwendigen Hilfestellungen für erfolgreiche Investments im 21. Jahrhundert.

J.P. Morgans bekannter Satz „Die Aktienkurse werden schwanken" wird oftmals als augenzwinkernder Hinweis darauf zitiert, dass die einzige Prognose, die sich über den Aktienmarkt machen lässt, ist, dass es nach oben, unten oder zur Seite geht. Viele Investoren sind sich einig darüber, dass niemand wirklich weiß, in welche Richtung sich der Markt bewegen wird. Nichts ist weiter von der Wahrheit entfernt.

Wir haben festgestellt, dass die Aktienkursschwankungen in genau klar umrissenen und oftmals vorhersehbaren Mustern erfolgen. Diese Muster treten zu häufig auf, als dass sie das Ergebnis einer reinen Zufälligkeit sein könnten. Wie sollen wir sonst erklären, dass seit 1950 praktisch sämtliche Gewinne am Markt zwischen November bis April stattfanden und fast keine zwischen Mai und Oktober? (Siehe hierzu S. 48.)

Der *Almanach* ist ein praktisches Hilfsmittel für Investments. Seine reichhaltigen Informationen sind auf Grundlage eines Kalenders dargestellt. Er lenkt Ihre Aufmerksamkeit auf wenig bekannte Muster und Tendenzen des Aktienmarktes, durch die kluge Profis ihr Profitpotential erhöhen.

Es wird Ihnen mit Hilfe des Almanachs möglich sein, Marktentwicklungen mit hoher Genauigkeit und Sicherheit vorherzusagen, wenn Sie die folgenden Aktionen verstehen:

- Wie die US-amerikanischen Präsidentschaftswahlen Wirtschaft und Börse beeinflussen – genauso wie der Mond Ebbe und Flut beeinflusst. Viele Investoren haben ein Vermögen erzielt, indem sie den politischen Zyklus verfolgt haben. Seien Sie sicher, dass Manager, die Milliarden von Dollars verwalten, ebenfalls den politischen Zyklus beobachten. Kluge Menschen ignorieren kein Muster, das sich während des größten Teils der wirtschaftlichen Geschichte wiederholt hat.

- Wie die Verabschiedung der 20. Änderung der amerikanischen Verfassung das so genannte Januar-Barometer ermöglichte. Dieses Barometer weist den beachtlichen Rekord auf, dass es die tendenzielle Entwicklung des Aktienmarktes eines jeden Jahres mit einer Wahrscheinlichkeit von 91,1 % vorhersagt, bei nur fünf wesentlichen Fehleinschätzungen seit 1950. (Siehe hierzu S. 16.)

- Warum es an bestimmten Zeitpunkten eines Tages, einer Woche, eines Monats oder eines Jahres zu signifikanten Kursschwankungen kommt.

Auch wenn Sie ein Investor sind, der Zyklen, Indikatoren und Strukturen nur wenig Beachtung schenkt, könnte dennoch der Erfolg Ihrer Investments von der Interpretation einer der auf diesen Seiten beschriebenen Muster abhängen. Eins der faszinierendsten und bedeutendsten Muster ist die Symbiose zwischen Washington und der Wall Street. Abgesehen von der potentiellen Rentabilität in saisonalen Strukturen ist es die reine Freude, wenn man sieht, dass der Markt genau das tut, was man von ihm erwartet.

Der *Stock Trader's Almanac* ist auch ein Organizer. Die vielschichtigen Informationen sind in einen Kalender integriert. Der Almanach stellt Geldanlagen in einen wirtschaftlichen Zusammenhang und erleichtert das Investieren, indem er

- Ihr Wissen über Geldanlagen auf den neuesten Stand bringt und Sie über neue Techniken und Hilfsmittel informiert,

- eine monatliche Gedächtnisstütze und einen monatlichen Auffrischungskurs darstellt,

- Sie sowohl auf saisonbedingte Chancen als auch Risiken hinweist,

- eine historische Sichtweise durch entsprechende Statistiken zu früheren Marktentwicklungen ermöglicht, und

- Formulare für die Portfolio-Planung, Aufzeichnungen und Steuererklärung bietet.

Das Hexensymbol kennzeichnet den DRITTEN FREITAG IM MONAT auf den Kalenderseiten und erinnert Sie an hohe Volatilitäten auf Grund des Fristablaufes von Aktien- und Indexoptionen sowie Index-Future-Kontrakten. Zu einem „dreifachen Hexensabbat" kommt es im März, Juni, September und Dezember.

Das BULLENSYMBOL auf den Kalenderseiten kennzeichnet günstige Handelstage, an denen der S&P 500 an mindestens 60 % der Handelstage während der 21 Jahre zwischen dem Januar 1985 und dem Dezember 2005 gestiegen ist. Ein BÄRENSYMBOL auf den Kalenderseiten kennzeichnet weniger günstige Handelstage, an denen der S&P 500 zu mindestens 60 % im gleichen Zeitraum von 21 Jahren gefallen ist.

Um Ihnen noch mehr Anhaltspunkte zu geben, haben wir im Kalender neben jedem Handelstag die Marktwahrscheinlichkeitszahlen für den gleichen Zeitraum von 21 Jahren für den Dow Jones (D), S&P 500 (S) und NASDAQ (N) angegeben. Sie finden dort ein 'D', 'S' und ein 'N', gefolgt von der effektiven Marktwahrscheinlichkeitszahl für diesen Handelstag, basierend auf den vorangegangenen 21 Jahren. Auf den Seiten 121–128 finden sie vollständige Marktwahrscheinlichkeitskalender (basierend auf den letzten 21 Jahren sowie eine Langzeitanalyse) für Dow, S&P und NASDAQ sowie für die Indizes Russell 1000 und Russell 2000.

Andere für Almanach-Investoren wichtige saisonale Abhängigkeiten, die zum Ende, Beginn und in der Mitte eines Monats vorkommen und Optionsfristen, die um Feiertage und anderen Tagen auftreten, sind im Wochenplaner übersichtlich angegeben. Leider waren nicht alle Termine der FOMC-Sitzungen im Jahr 2007 zum Zeitpunkt der Drucklegung bekannt (in der Regel sind sie es zu diesem Zeitpunkt). Bisher wurde nur das erste Treffen 2007 für den 30./31. Januar 2007 angesetzt. Diese Termine finden Sie jedoch in den Strategiekalendern unseres monatlichen Newsletters „Almanac Investor".

Diese Vor-Wahljahrausgabe enthält mehrere Seiten zum optimistischsten Börsenjahr eines vierjährigen Präsidentschaftswahlzyklusses in den USA. Aus Anlass unseres 40jährigen Jubiläums an der Börse haben wir in diesem Jahr zahlreiche Änderungen und Neuerungen vorgenommen.

Zunächst haben wir die monatliche Übersicht zu den täglichen Dow-Veränderungen der letzten 10 Jahre von den jeweiligen Almanach-Seiten in den letzten Abschnitt des Buches verschoben. Wir verlassen uns weiterhin auf die Klarheit dieser Darstellung, um Markttendenzen zu beobachten. Auf Grund der Rückmeldungen der Bezieher unseres Newsletters haben wir uns entschieden, die großen Anklang findenden monatlichen, grundlegenden Statistiken in die Almanach-Seiten zu integrieren.

Erstmalig findet sich in dieser Ausgabe auch der Jahresrückblick auf Seite 6. Wir glauben, dass es nützlich ist, die wesentlichen Ereignisse des vergangenen Jahres im Almanach aufzunehmen. Einen Rückblick auf die letzten 40 Jahre finden Sie auf Seite 52. Die Zahlen zur alten Binsenweisheit „An Jom Kippur verkaufen" finden sich auf Seite 82. Es zeigt sich, dass man besser kauft. Auf Seite 100 haben wir wieder die Warnungen vor Freitagsverlusten und Montagsverlusten aufgenommen. Auch wenn das keine fest stehenden Indikatoren sind, so kann es doch wichtig werden, diese Warnungen zu beachten.

Wir haben unsere Analyse neu strukturiert, um sie besser an den Jahresrhythmus anzupassen. Dadurch haben wir Platz für zusätzliche Daten geschaffen. Neu sind in diesem Jahr die historischen Daten zu den Indizes Russell 1000 und Russell 2000. Den Russell 2000 haben wir in den letzten Jahren genutzt. Er ist ein hervorragender Indikator für kleine und mittlere Unternehmen. Der Russell 1000 bietet eine bessere Übersicht über große Werte. Die Jahreshochs und -tiefs für alle 5 im Almanach dargestellten Indizes finden sich auf den Seiten 149–151. Wir haben den Tops- & Flops-Abschnitt optimiert. Außerdem haben wir die Trading Codes von Optionen auf S. 190 wieder aufgenommen.

Leider mussten wir durch all diese Neuergänzungen unseren Abschnitt für eigene Aufzeichnungen kürzen. Zu unserer eigenen Verwendung haben wir viele dieser Formulare in Computerarbeitsblätter umgewandelt. Als Service für unsere treuen Leser haben wir diese Formulare auf unserer Website www.stocktradersalmanac.com bereitgestellt.

Wir suchen unablässig nach neuen Erkenntnissen über den Aktienmarkt und freuen uns auf Vorschläge unserer Leser.

Wir wünschen Ihnen ein gesundes und erfolgreiches Jahr 2007!

Jahresrückblick

In dieser 40. Jubiläumsausgabe haben wir dem Almanach ein neues Feature hinzugefügt. Wir bieten eine Rückschau auf die wesentlichen Ereignisse, die den Markt zwischen Juli 2005 und Juni 2006 beeinflusst haben. Die jährliche Ausgabe des *Stock Trader's Almanac* geht Ende des zweiten Quartals in den Druck. Unser Anliegen ist es, einen Überblick über die Ereignisse des vergangenen Jahres und eine praktische Auflistung der exogenen Faktoren zu liefern, von denen wir glauben, dass sie den Markt beeinflusst haben.

7. Juli 2005 –	Vier Bomben explodieren in der Londoner U-Bahn. 56 Menschen sterben und über 700 Menschen werden verletzt.
23. August –	Israel beginnt mit dem einseitigen Abzug aus dem Gaza-Streifen.
29. August –	Hurrikan Katrina richtet schwere Verwüstungen in Louisiana, Mississippi und Alabama an. Rohöl wird über 70 $ gehandelt.
30. September –	Die Dänische Zeitung Jyllands-Posten druckt umstrittene Mohammed-Karikaturen.
19. Oktober –	Das Verfahren gegen Saddam Hussein beginnt.
26. Oktober –	Die Zahl der US-Toten im Irak erreicht die 2000.
28. Oktober –	Libby-Anklage wegen der Affäre um die Enttarnung einer CIA-Agentin.
1. Dezember –	Comex Gold schließt über 500 $.
20. Dezember –	Ein Streik bei den New Yorker Verkehrsbetrieben legt alle Busse und Bahnen lahm.
9. Januar 2006 –	Der Dow Jones schließt erstmals seit dem 7. Juni 2001 bei über 11 000 Punkten.
16.–20. Januar –	Ölpreis steigt nach einem Angriff auf eine Ölplattform und Bürgerunruhen in Nigeria sowie auf Grund der Nuklearambitionen und Ölpreisdrohungen des Irans.
11. Februar –	Vizepräsident Dick Cheney schießt versehentlich seinen Freund und Rechtsanwalt Richard Whittington an.
22. Februar –	Apple iTunes verkauft das milliardste Lied.
11. März –	Slobodan Milosevic stirbt in seiner Gefängniszelle in Den Haag, Niederlande, an einem Herzanfall.
25. März –	Ca. 500 000 Menschen protestieren in der Innenstadt von Los Angeles gegen eine Verschärfung der Einwanderungsbestimmungen.
11. April –	Iran stellt einige Gramm niedrig angereichertes Uran her.
17. April –	Comex Gold schließt über 600 $. Rohöl schließt um 70 $ je Barrel.
1. Mai –	Immigranten gehen aus Anlass des landesweit stattfindenden 'Great American Boycott' für Einwanderungsrechte auf die Straße.
9. Mai –	Comex Gold schließt über 700 $.
27. Juni –	Israel greift Ziele in Gaza an, nachdem ein Soldat entführt wurde.

Ausblick 2007

In den vergangenen 12 Jahrzehnten waren so genannte 'siebte' Jahre nur viermal nennenswerte Gewinnjahre und verursachten einen durchschnittlichen Verlust von 3,2 % (S. 26 und 129). Allerdings ist 2007 ein Vor-Wahljahr für die Präsidentschaftswahlen. In diesen Jahren waren seit 1934 sechzehn Mal Gewinne zu verzeichnen (S. 34 und 130). Vom Tief in der Mitte der Amtszeit bis zum Hoch im Vor-Wahljahr hat der Dow seit 1914 durchschnittlich um jeweils 50 % zugelegt – der NASDAQ ist seit 1974 jeweils um durchschnittlich 82,9 % gestiegen.

Letztes Jahr lag vor der Drucklegung der letzte Dow Jones bei 10 558,03. Wir glaubten, dass eine Korrektur uns wieder auf den Stand der Tiefstwerte im Oktober 2004 bringen würde, bevor ein Aufschwung während der so genannten „Besten 6 Monate" uns wieder in die Nähe der historischen Höchstwerte des Dow bringen würde. Darüber hinaus gingen wir davon aus, dass wir einen Tiefpunkt in der Mitte der Amtszeit 2006 erreichen werden.

Im Herbst 2005 lagen wir richtig, obwohl 500 Punkte zum Tief vom Oktober 2004 (9 749,99) fehlten. Das Tief 2005 wurde im April mit einem Dow von 10 012,36 erreicht. Das Jahr 2005 brachte die geringste Dow-Handelsspanne seit der Einführung des Indexes im Jahr 1896. Bisher wurde im Jahr 2006 ein Angriff auf den Dow-Höchststand versucht, der jedoch deutlich scheiterte. Wir erwarten, dass das Tief zur Mitte der Amtsperiode in der zweiten Hälfte des Jahres erreicht wird. Ab dann erwarten wir den Anstieg um diese 50 % bis zum Hoch des Jahres 2007.

Wenn wir kurzfristige technische und fundamentale Analysen einmal beiseite lassen, sind wir überzeugt, dass die Märkte in einem zu Kriegszeiten gehandelten Kursbereich von einem Dow Jones zwischen 7 000 und 12 000 Punkten verbleiben, solange die USA mit einem großen Truppenkontingent im Irak verbleiben. Bis der Markt herausfindet, wie die neue Leitung der Fed agieren wird und bis die Fed herausfindet, wie die Inflation dieses Mal aufgehalten werden soll, werden wir wahrscheinlich an eventuellen wirtschaftlichen Abschwächungen oder Rezessionen und Baissetiefs vorbei sein und uns zu neuen Dow-Hochs im 12 000er-Bereich im Vor-Wahljahr 2007 aufgemacht haben.

– Jeffrey A. Hirsch, 13. Juli 2006

Wall Street Börsen-Almanach 2007

Inhalt

10 Strategiekalender 2007
12 Januar Almanach
14 Die ersten fünf Januartage als „Frühwarnsystem"
16 Das unglaubliche Januar-Barometer (entwickelt 1972)
    Nur 5 wesentliche Abweichungen in 56 Jahren
18 Januar-Barometer seit 1950 als Grafik
20 Februar Almanach
22 Top-Branchen des Januars schlagen in den folgenden 11 Monaten den S&P 500
24 „Lame Duck"-Verfassungszusatz von 1933
    Grund für das Funktionieren des Januar-Barometers
26 Das siebte Jahr der Jahrzehnte
28 März Almanach
30 Börsencharts der Jahre vor den Präsidentschaftswahlen
32 Gewinne am Vortag von St. Patrick's Day
34 Jahre vor Präsidentenwahlen: Seit 68 Jahren keine Verlustjahre
36 April Almanach
38 Warum ein 50 %-Anstieg des Dow zwischen dem Tiefstwert 2006 und dem Höchstwert 2007 möglich ist
40 Der Dezember-Tiefststand-Indikator: Ein nützliches Prognosetool
42 Fallende Kurse im Januar: Eine bemerkenswerte Bilanz
44 Beste Monate der vergangenen 56 ½ Jahre
    Standard & Poor's 500 & Dow Jones Industrials
46 Mai Almanach
48 „Beste sechs Monate" immer noch eine erstaunlich gute Strategie
50 MACD-Timing verdreifacht das Ergebnis der „Besten sechs Monate"
52 40 Jahre an der Wall Street: Damals und heute
54 Juni Almanach
56 NASDAQ-Monate mit der besten Performance in den letzten 35 ½ Jahren
58 Machen Sie mehr aus den „Besten acht Monaten" des NASDAQ mit MACD-Timing
60 Jahresmitte-Rallye: Weihnachten im Juli
62 Juli Almanach
64 Das Phänomen des ersten Handelstags im Monat
    Dow gewinnt mehr an einem Tag als an allen anderen Tagen
66 Dow-Punkteveränderungen 2005
68 Verkaufen Sie freitags keine Aktien!
70 Eine Rallye für jede Jahreszeit
72 August Almanach
74 Erste Quartalsmonate mit größtem Aufwärtstrend
76 Aura des dreifachen Hexensabbats – 4. Quartal größter Aufwärtstrend
    Minuswochen ziehen weitere schwache Wochen nach sich
78 Die ETF-Strategie des *Almanac Investors*
80 September Almanach
82 Verkaufe an Rosh ha-Schanah, kaufe an Jom Kippur, verkaufe zum Pessach-Fest
84 Eine Kurskorrektur für jede Jahreszeit
86 Marktverhalten drei Tage vor und drei Tage nach Feiertagen

88	Höhere Marktgewinne an Super-8-Tagen eines jeden Monats als an allen anderen 13 Tagen zusammen
90	Oktober Almanach
92	Investmentstrategien mit Rohstoffen – Buchtipp der Redaktion
94	Die besten Investmentbücher 2005/2006 – ausgewählt und bewertet von getAbstract
98	November Almanach
100	Nutzen Sie die Warnung vor Freitags- und Montagsverlusten!
102	Handel an Erntedank
104	Der größte Teil des so genannten „Januar-Effekts" findet in der zweiten Dezemberhälfte statt
106	Dezember Almanach
108	Januar-Effekt beginnt nun Mitte Dezember
110	Der einzige „Free Lunch" der Wall Street wird am letzten dreifachen Hexensabbat serviert
112	Bleibt der Weihnachtsmann mal aus, kann der Bär ins Börsenhaus
114	Saisonale Stärken von Branchen: Ausgewählte Ertragssimulationen
116	Strategiekalender Branchenindex Saisonale Stärken
118	Strategiekalender 2008

Verzeichnis der Handelsmuster & Datenbank

121	Dow Jones Industrials Marktwahrscheinlichkeitskalender 2007
122	Kurzfristiger Dow Jones Industrials Marktwahrscheinlichkeitskalender 2007
123	S&P 500 Marktwahrscheinlichkeitskalender 2007
124	Kurzfristiger S&P 500 Marktwahrscheinlichkeitskalender 2007
125	NASDAQ-Composite Marktwahrscheinlichkeitskalender 2007
126	Kurzfristiger NASDAQ-Composite Marktwahrscheinlichkeitskalender 2007
127	Russell 1000-Index Marktwahrscheinlichkeitskalender 2007
128	Russell 2000-Index Marktwahrscheinlichkeitskalender 2007
129	Der Dekadenzyklus: Ein Börsenphänomen
130	Präsidentschaftswahl/Börsenzyklus – Die 173-jährige Geschichte geht weiter
131	Dow Jones Industrials Haussen & Baissen seit 1900
132	Standard & Poor's 500/NASDAQ Haussen & Baissen seit 1929 NASDAQ-Composite seit 1971
133	Dow Jones Industrials Veränderungen pro Tag in Punkten: Januar & Februar
134	Dow Jones Industrials Veränderungen pro Tag in Punkten: März & April
135	Dow Jones Industrials Veränderungen pro Tag in Punkten: Mai & Juni
136	Dow Jones Industrials Veränderungen pro Tag in Punkten: Juli & August
137	Dow Jones Industrials Veränderungen pro Tag in Punkten: September & Oktober
138	Dow Jones Industrials Veränderungen pro Tag in Punkten: November & Dezember
139	Ein typischer Tag an der Börse
140	Durch die Woche im Halbstundentakt
141	Montag nun gewinnträchtigster Tag der Woche
142	NASDAQ am stärksten in den letzten drei Tagen der Woche
143	Performance des S&P an Wochentagen für die Jahre seit 1952
144	Performance des NASDAQ an Wochentagen für die Jahre seit 1971
145	Monatliche Geldzuflüsse bei S&P-Aktien
146	Monatliche Geldzuflüsse bei NASDAQ-Aktien
147	November, Dezember und Januar bester Drei-Monats-Zeitraum des Jahres
148	November bis Juni – achtmonatiger Run des NASDAQ
149	Dow-Jones-Jahreshöchststände, -tiefststände und -schlusswerte seit 1901
150	S&P-Jahreshöchststände, -tiefststände und -schlusswerte seit 1930
151	NASDAQ, Russell 1000 & 2000-Jahreshöchststände, -tiefststände und -schlusswerte seit 1971
152	Dow Jones: Monatliche Veränderungen in Prozent
153	Dow Jones: Monatliche Veränderungen in Punkten
154	Dow Jones: Monatliche Schlusskurse
155	Standard & Poor's 500: Monatliche Veränderungen in Prozent
156	Standard & Poor's 500: Monatliche Schlusskurse
157	NASDAQ-Composite: Monatliche Veränderungen in Prozent

158	NASDAQ-Composite: Monatliche Schlusskurse
159	Russell 1000-Index Monatliche Schlusskurse & Veränderungen in Prozent
160	Russell 2000-Index Monatliche Schlusskurse & Veränderungen in Prozent
161	10 Beste Tage nach Prozenten und Punkten
162	10 Schlechteste Tage nach Prozenten und Punkten
163	10 Beste Wochen nach Prozenten und Punkten
164	10 Schlechteste Wochen nach Prozenten und Punkten
165	10 Beste Monate nach Prozenten und Punkten
166	10 Schlechteste Monate nach Prozenten und Punkten
167	10 Beste Quartale nach Prozenten und Punkten
168	10 Schlechteste Quartale nach Prozenten und Punkten
169	10 Beste Jahre nach Prozenten und Punkten
170	10 Schlechteste Jahre nach Prozenten und Punkten

Strategieplanung und Aufzeichnungen

172	Portfolio zu Beginn 2007
173	Zukäufe
175	Kurzfristige Transaktionen
177	Langfristige Transaktionen
179	Erhaltene Zinsen/Dividenden 2007 – Courtagekonto-Daten 2007
180	Wöchentliche Portfolio-Preisentwicklung 2007
182	Wöchentliche Indikator-Daten 2007
184	Monatliche Indikator-Daten 2007
185	Portfolio zum Ende 2007
186	Wenn Sie nicht von Ihren Investitionsfehlern profitieren, wird es jemand anderes tun/Performancebilanz von Empfehlungen
187	Individual Retirement Accounts: Der beste Investitionsanreiz, der je geschaffen wurde
188	233 Exchange Traded Funds (ETF)
190	Handelscodes von Optionen
191	G. M. Loebs „Schlachtplan" für das Überleben im Investmentbereich
192	G.M. Loebs Investitions-Checkliste

Strategiekalender 2007

Montag	Dienstag	Mittwoch	Donnerstag	Freitag	Samstag	Sonntag
1 Januar Neujahr	2	3	4	5	6 Hl. Drei Könige	7
8	9	10	11	12	13	14
15 Martin Luther King Day	16	17	18	(19)	20	21
22	23	24	25	26	27	28
29	30	31	1 Februar	2	3	4
5	6	7	8	9	10	11
12	13	14 ♥ Valentinstag	15	(16)	17	18
19 Presidents' Day Rosenmontag	20 Fastnacht	21 Aschermittwoch	22	23	24	25
26	27	28	1 März	2	3	4
5	6	7	8	9	10	11 Beginn der Sommerzeit (USA)
12	13	14	15	(16)	17 ♣ St. Patrick's Day	18
19	20	21 Frühlingsanfang	22	23	24	25 Beginn der Sommerzeit
26	27	28	29	30	31	1 April
2	3 Pessach	4	5	6 Karfreitag	7	8 Ostersonntag
9 Ostermontag	10	11	12	13	14	15 Weißer Sonntag
16	17	18	19	(20)	21	22
23	24	25	26	27	28	29
30	1 Mai Maifeiertag	2	3	4	5 Europatag	6
7	8	9	10	11	12	13 Muttertag
14	15	16	17 Christi Himmelfahrt	(18)	19	20
21	22	23	24	25	26	27 Pfingstsonntag
28 Pfingstmontag Memorial Day	29	30	31	1 Juni	2	3
4	5	6	7 Fronleichnam	8	9	10
11	12	13	14	(15)	16	17 Vatertag (USA)
18	19	20	21	22	23	24
25	26	27	28 Sommeranfang	29	30	1 Juli

Börse an schattierten Tagen geschlossen; früher Handelsschluss an zur Hälfte schattierten Tagen

Strategiekalender 2007
Optionsverfallstermine eingekreist

Montag	Dienstag	Mittwoch	Donnerstag	Freitag	Samstag	Sonntag
2	3	4 Unabhängigkeitstag	5	6	7	8
9	10	11	12	13	14	15
16	17	18	19	(20)	21	22
23	24	25	26	27	28	29
30	31	1 August	2	3	4	5
6	7	8 Friedensfest (Augsburg)	9	10	11	12
13	14	15 Mariä Himmelfahrt	16	(17)	18	19
20	21	22	23	24	25	26
27	28	29	30	31	1 September	2
3 Tag der Arbeit (USA)	4	5	6	7	8	9
10	11	12	13 Rosh ha'Shanah	14	15	16
17	18	19	20	(21)	22 Jom Kippur	23 Herbstanfang
24	25	26	27	28	29	30
1 Oktober	2	3 Tag der deutschen Einheit	4	5	6	7
8 Columbus Day	9	10	11	12	13	14
15	16	17	18	(19)	20	21
22	23	24	25	26	27	28 Ende der Sommerzeit
29	30	31	1 November Allerheiligen	2	3	4 Ende der Sommerzeit (USA)
5	6 Wahltag	7	8	9	10	11 Veterans' Day
12	13	14	15	(16)	17	18 Volkstrauertag
19	20	21 Buß- und Bettag	22 Erntedankfest	23	24	25 Totensonntag
26	27	28	29	30	1 Dezember	2 1. Advent
3	4	5 Chanukka	6 Nikolaus	7	8	9 2. Advent
10	11	12	13	14	15	16 3. Advent
17	18	19	20	(21)	22	23 4. Advent
24 Heiligabend	25 1. Weihnachtstag	26 2. Weihnachtstag	27	28	29	30
31 Silvester	1 Januar Neujahr	2	3	4	5	6 Hl. Drei Könige

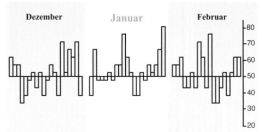

Die oben abgebildete Marktwahrscheinlichkeitstabelle ist eine graphische Umsetzung des S&P 500 Marktwahrscheinlichkeitskalenders auf S. 124

◆ Januar-Barometer sagt Jahreskursverlauf mit einer Eintrittswahrscheinlichkeit von 75 % voraus ◆ Jedes Januar-Tief im S&P seit 1950 ging *ohne Ausnahme* einem neuen oder andauernden Baissemarkt oder einem flauen Markt voraus (S. 42) ◆ S&P-Gewinnen in den ersten 5 Januartagen folgen zu 85,7 % Gewinnjahre, in Vor-Wahljahren nur 2 Jahre gegen den Trend (S.14) ◆ November, Dezember und Januar sind der beste Dreimonatszeitraum eines Jahres, S&P durchschnittlich + 4,9 % (S. 44, 147). ◆ Januar-NASDAQ: starke 3,7 % seit 1971 (S. 56, 148) ◆ „Januar-Effekt" beginnt nun Mitte Dezember und begünstigt kleine Werte (S. 104, 108) ◆ Januar-Werte sind die Nr. 1 in Vor-Wahljahren

Januar – Grundlegende Statistiken

	DJIA	S&P 500	NASDAQ	Russell 1000	Russell 2000
Rang	4	3	1	2	1
Plus	38	36	25	19	17
Minus	19	21	11	9	11
Durchschn. +/–	1,3%	1,4%	3,7%	1,7%	2,7%
Vor-Wahljahre	4,5%	4,7%	8,6%	4,0%	4,9%
Tops & Flops Januar					
	+/– (%)	+/– (%)	+/– (%)	+/– (%)	+/– (%)
Top	1976 14,4	1987 13,2	1975 16,6	1987 12,7	1985 13,1
Flop	1960	1970	1990	1990	1990
Tops & Flops Januar: Wochen					
Top	9.1.76 6,1	31.1.75 5,5	12.1.01 9,1	9.1.87 5,3	9.1.87 7,0
Flop	24.1.03	28.1.00	28.1.00	28.1.00	7.1.05
Tops & Flops Januar: Tage					
Top	17.1.91 4,6	3.1.01 5,0	3.1.01 14,2	3.1.01 5,3	3.1.01 4,7
Flop	8.1.88	8.1.88	2.1.01	8.1.88	2.1.01
Erster Handelstag der Verfallswoche: 1980–2006					
Bilanz (#Plus–#Minus)	18-9	16-11	16-11	15-12	17-10
	D1	D1	D1	D1	D1
Durchschn. +/– (%)	0,11	0,16	0,17	0,13	0,24
Optionsverfallstag: 1980–2006					
Bilanz (#Plus–#Minus)	13-14	13-14	16-11	13-14	15-12
Derzeitiger Lauf	D2	D2	D2	D2	D2
Durchschn. Änderung					
Verfallswoche: 1980–2006					
Bilanz (#Plus–#Minus)	14-13	13-14	17-10	13-14	16-11
Derzeitiger Lauf	D2	D2	D2	D2	D2
Durchschn. Änderung	0,08	0,35	0,75	0,33	0,76
Woche nach Optionsverfall: 1980–2006					
Bilanz (#Plus–#Minus)	16-11	18-9	17-10	18-9	18-9
Derzeitiger Lauf	U2	U3	U2	U3	U3
Durchschn. Änderung	0,13	0,39	0,34	0,35	0,31
Performance erster Handelstag					
Häufigkeit Anstiege (%)	56,1	47,4	52,8	39,3	42,9
Durchschn. +/– (%)	0,19	0,07	0,02		
Performance letzter Handelstag					
Häufigkeit Anstiege (%)	59,6	64,9	66,7	64,3	78,6
Durchschn. +/– (%)	0,26	0,3	0,38	0,44	0,32

Dow & S&P 1950–Juni 2006, NASDAQ 1971–Juni 2006, Russell 1000 & 2000 1979–Juni 2006

Der zwanzigste Zusatz machte „lahme Enten" rar
das Jahr läuft so wie der Januar

JANUAR 2007

Neujahr (Börse geschlossen)

MONTAG

1

Werden Sie reich und die gesamte Nation wird sich dazu verschwören, Sie einen Gentleman zu nennen. – George Bernard Shaw (Irischer Dramatiker, 1856–1950)

Erster Handelstag des Jahres, Dow-Anstieg 10 der letzten 15, Minus 4 der letzten 7

DIENSTAG

D 57,1
S 38,1
N 57,1

2

Der erfolgreiche Investor hat sehr viel Geduld, er kauft weit unter dem fairen Wert und verkauft weit über dem fairen Wert. – Waren Buffett

Zweiter Handelstag des Jahres, Dow-Anstieg 10 der letzten 13

MITTWOCH

D 66,7
S 66,7
N 81,0

3

Das Kunststück ist nicht, dass man mit dem Kopf durch die Wand rennt, sondern dass man mit den Augen die Tür findet. – Georg von Siemens (Deutscher Bankier, Politiker, 1839–1901)

DONNERSTAG

D 42,9
S 47,6
N 57,1

4

In jedem Menschen schlummern Hunderte von unentdeckten Talenten und Fähigkeiten, man muss ihm nur die Möglichkeit geben, diese zu entwickeln. – Doris Lessing (Britische Romanautorin, geboren in Persien 1919)

FREITAG

D 57,1
S 47,6
N 57,1

5

Wenn man auf ein Pferd wettet, ist das Glücksspiel. Wenn man auf drei Pik wettet, ist das Unterhaltung. Wenn Sie wetten, dass Baumwolle drei Punkte zulegt, ist das Business. Sehen Sie den Unterschied? – Blackie Sherrod (US-amerikanischer Sport-Kolumnist)

Hl. Drei Könige

SAMSTAG

6

Saisonale Stärken im Januar: siehe Seiten 78, 114 und 116

SONNTAG

7

Erste fünf Januartage als „Frühwarnsystem"

Stiegen die Kurse in den ersten fünf Tagen, folgte in den letzten 35 Jahren zu 85,7 % ein Gewinnjahr (30-mal) mit einem durchschnittlichen Gewinn von 13,7 % in allen 35 Jahren. Zu den fünf Ausnahmen gehören das schlechte Jahr 1994 sowie vier Jahre, in denen Kriege die Börse beeinflussten. Die Militärausgaben für den Vietnam-Krieg verzögerten den Beginn der Börsenbaisse von 1966. Ein bevorstehender Waffenstillstand zu Beginn des Jahres 1973 ließ die Kurse kurzfristig ansteigen. Sadam Hussein sorgte 1990 für eine Baisse. Der Krieg gegen den Terrorismus, die instabile Lage im Mittleren Osten und rechtswidriges Verhalten von Unternehmen ließen 2002 zu einem der schlechten Jahre überhaupt werden. In den 21 Fällen, in denen die ersten fünf Tage fallende Kurse zeigten, wurden von 11 Jahren mit steigenden Kursen und 10 mit fallenden gefolgt (Trefferquote weniger als 50 %).

In Hinblick auf Vorwahljahre traf dieser Indikator in 12 von 14 Fällen zu. Nur die beiden Jahre mit fallenden Kursen bestätigten den Trend nicht. Eine Erhöhung der Einschusspflicht zu Anfang des Jahres 1955 verursachte einen kurzen Einschnitt in der 2,5-jährigen Hausse nach Korea unter Eisenhower. Und zu Beginn des Jahres 1991 gaben die Kurse in Erwartung der Militäraktion gegen den Irak nach.

Der Erste-fünf-Januartage-Indikator

	Chronologische Folge					Nach Performance		
	Schlusswert des Vorjahres	5. Tag Januar	+/– (%) (5. Tag)	+/– (%) Jahr	Rang		+/– (%) (5. Tag)	+/– (%) Jahr
1950	16,76	17,09	2,0%	21,8%	1	1987	6,2%	2,0
1951	20,41	20,88	2,3	16,5	2	1976	4,9	19,1
1952	23,77	23,91	0,6	11,8	3	1999	3,7	19,5
1953	26,57	26,33	–0,9	–6,6	4	2003	3,4	26,4
1954	24,81	24,93	0,5	45,0	5	2006	3,4	??
1955	35,98	35,33	–1,8	26,4	6	1983	3,3	17,3
1956	45,48	44,51	–2,1	2,6	7	1967	3,1	20,1
1957	46,67	46,25	–0,9	–14,3	8	1979	2,8	12,3
1958	39,99	40,99	2,5	38,1	9	1963	2,6	18,9
1959	55,21	55,40	0,3	8,5	10	1958	2,5	38,1
1960	59,89	59,50	–0,7	–3,0	11	1984	2,4	1,4
1961	58,11	58,81	1,2	23,1	12	1951	2,3	16,5
1962	71,55	69,12	–3,4	–11,8	13	1975	2,2	31,5
1963	63,10	64,74	2,6	18,9	14	1950	2,0	21,8
1964	75,02	76,00	1,3	13,0	15	2004	1,8	9,0
1965	84,75	85,37	0,7	9,1	16	1973	1,5	–17,4
1966	92,43	93,14	0,8	–13,1	17	1972	1,4	15,6
1967	80,33	82,81	3,1	20,1	18	1964	1,3	13,0
1968	96,47	96,62	0,2	7,7	19	1961	1,2	23,1
1969	103,86	100,80	–2,9	–11,4	20	1989	1,2	27,3
1970	92,06	92,68	0,7	0,1	21	2002	1,1	–23,4
1971	92,15	92,19	0,04	10,8	22	1997	1,0	31,0
1972	102,09	103,47	1,4	15,6	23	1980	0,9	25,8
1973	118,05	119,85	1,5	–17,4	24	1966	0,8	–13,1
1974	97,55	96,12	–1,5	–29,7	25	1994	0,7	–1,5
1975	68,56	70,04	2,2	31,5	26	1965	0,7	9,1
1976	90,19	94,58	4,9	19,1	27	1970	0,7	0,1
1977	107,46	105,01	–2,3	–11,5	28	1952	0,6	11,8
1978	95,10	90,64	–4,7	1,1	29	1954	0,5	45,0
1979	96,11	98,80	2,8	12,3	30	1996	0,4	20,3
1980	107,94	108,95	0,9	25,8	31	1959	0,3	8,5
1981	135,76	133,06	–2,0	–9,7	32	1995	0,3	34,1
1982	122,55	119,55	–2,4	14,8	33	1992	0,2	4,5
1983	140,64	145,23	3,3	17,3	34	1968	0,2	7,7
1984	164,93	168,90	2,4	1,4	35	1990	0,1	–6,6
1985	167,24	163,99	–1,9	26,3	36	1971	0,04	10,8
1986	211,28	207,97	–1,6	14,6	37	1960	–0,7	–3,0
1987	242,17	257,28	6,2	2,0	38	1957	–0,9	–14,3
1988	247,08	243,40	–1,5	12,4	39	1953	–0,9	–6,6
1989	277,72	280,98	1,2	27,3	40	1974	–1,5	–29,7
1990	353,40	353,79	0,1	–6,6	41	1998	–1,5	26,7
1991	330,22	314,90	–4,6	26,3	42	1988	–1,5	12,4
1992	417,09	418,10	0,2	4,5	43	1993	–1,5	7,1
1993	435,71	429,05	–1,5	7,1	44	1986	–1,6	14,6
1994	466,45	469,90	0,7	–1,5	45	2001	–1,8	–13,0
1995	459,27	460,83	0,3	34,1	46	1955	–1,8	26,4
1996	615,93	618,46	0,4	20,3	47	2000	–1,9	–10,1
1997	740,74	748,41	1,0	31,0	48	1985	–1,9	26,3
1998	970,43	956,04	–1,5	26,7	49	1981	–2,0	–9,7
1999	1229,93	1275,09	3,7	19,5	50	1956	–2,1	2,6
2000	1469,25	1441,46	–1,9	–10,1	51	2005	–2,1	3,0
2001	1320,28	1295,86	–1,8	–13,0	52	1977	–2,3	–11,5
2002	1148,08	1160,71	1,1	–23,4	53	1982	–2,4	14,8
2003	879,82	909,93	3,4	26,4	54	1969	–2,9	–11,4
2004	1111,92	1131,91	1,8	9,0	55	1962	–3,4	–11,8
2005	1211,92	1186,19	–2,1	3,0	56	1991	–4,6	26,3
2006	1248,29	1290,15	3,4	??	57	1978	–4,7	1,1

Basiert auf S&P 500

JANUAR

Die ersten fünf Januartage sind eine „Frühwarnung" (Seite 14)

MONTAG
D 42,9
S 47,6
N 47,6
8

Folge dem Kurs, der gegen den Trend geht, und es wird Dir fast immer gut ergehen. –
Jean Jacques Rousseau (französischer Philosoph, 1712–1778)

DIENSTAG
D 52,4
S 52,4
N 57,1
9

Das große Geld wird an der Börse verdient, indem man auf der richtigen Seite von großen Bewegungen steht. Ich halte nichts davon, gegen den Strom zu schwimmen. – Martin Zweig (Herausgeber eines Börsenbriefs und Autor von Winning on Wall Street)

MITTWOCH
D 47,6
S 47,6
N 52,4
10

Ein Unternehmer neigt dazu, hin und wieder zu lügen. Ein Unternehmer in Not neigt dazu, fast immer zu lügen. –Anonym

DONNERSTAG
D 57,1
S 57,1
N 61,9
11

Jedes erfolgreiche Unternehmen braucht drei Personen: Einen Träumer, einen Geschäftsmann und einen richtigen Dreckskerl – Peter McArthur (1904)

FREITAG
D 52,4
S 57,1
N 66,7
12

Marketing steht ganz oben auf unserer Liste ... Eine Marketingkampagne lohnt sich nur, wenn sie drei Zwecken dient: Sie muss das Geschäft erweitern, Nachrichten schaffen und unser Image verbessern. –
James Robinson III (American Express)

SAMSTAG
13

SONNTAG
14

Das unglaubliche Januar-Barometer (entwickelt 1972)
Nur 5 wesentliche Abweichungen in 56 Jahren

Das Januar-Barometer wurde 1972 von Yale Hirsch entwickelt. Es besagt, dass das Jahr so verläuft, wie sich der S&P im Januar entwickelt. Dieser Indikator zeigte **nur 5 wesentliche Abweichungen seit 1950, eine Genauigkeitsrate von 91,1 %**. Vietnam beeinflusste die Jahre 1966 und 1968; 1982 startete eine große Baisse im August; zwei Diskontsatzsenkungen und der Terrorakt vom 11. September beeinflussten 2001, und die Erwartung der Militäraktion im Irak drückte den Markt im Januar 2003. Berücksichtigt man auch die 9 flauen Börsenjahre (weniger als +/– 5 %), erhält man eine Genauigkeitsrate von 75,0 %. Ein vollständiger Vergleich aller monatlichen Barometer für Dow, S&P und NASDAQ auf *www.stocktradersalmanac.com* zeigt die Genauigkeit der Januarvoraussagen. Baissemärkte begannen oder dauerten an, wenn in Januarmonaten ein Verlust erzielt wurde (siehe Seite 42). Das Gesamtjahr folgte dem Januartrend in 13 der letzten 14 Vor-Wahljahre. Einzige Abweichung war das Jahr 2003. *Siehe auch Seiten 18, 22 und 24.*

Wie der Januar, so das Jahr

	Marktperformance im Januar					Nach Performance		
	Schlusswert Vorjahr	Schlusswert Januar	+/– (%) (Januar)	+/– (%) (Jahr)	Rang		+/– (%) (Januar)	+/– (%) (Jahr)
1950	16,76	17,05	1,7	21,8	1	1987	13,2	2,0 flau
1951	20,41	21,66	6,1	16,5	2	1975	12,3	31,5
1952	23,77	24,14	1,6	11,8	3	1976	11,8	19,1
1953	26,57	26,38	–0,7	– 6,6	4	1967	7,8	20,1
1954	24,81	26,08	5,1	45,0	5	1985	7,4	26,3
1955	35,98	36,63	1,8	26,4	6	1989	7,1	27,3
1956	45,48	43,82	–3,6	2,6 flau	7	1961	6,3	23,1
1957	46,67	44,72	–4,2	–14,3	8	1997	6,1	31,0
1958	39,99	41,70	4,3	38,1	9	1951	6,1	16,5
1959	55,21	55,42	0,4	8,5	10	1980	5,8	25,8
1960	59,89	55,61	–7,1	– 3,0 flau	11	1954	5,1	45,0
1961	58,11	61,78	6,3	23,1	12	1963	4,9	18,9
1962	71,55	68,84	–3,8	–11,8	13	1958	4,3	38,1
1963	63,10	66,20	4,9	18,9	14	1991	4,2	26,3
1964	75,02	77,04	2,7	13,0	15	1999	4,1	19,5
1965	84,75	87,56	3,3	9,1	16	1971	4,0	10,8
1966	92,43	92,88	0,5	–13,1 X	17	1988	4,0	12,4
1967	80,33	86,61	7,8	20,1	18	1979	4,0	12,3
1968	96,47	92,24	–4,4	7,7 X	19	2001	3,5	–13,0 X
1969	103,86	103,01	–0,8	–11,4	20	1965	3,3	9,1
1970	92,06	85,02	–7,6	0,1 flau	21	1983	3,3	17,3
1971	92,15	95,88	4,0	10,8	22	1996	3,3	20,3
1972	102,09	103,94	1,8	15,6	23	1994	3,3	– 1,5 flau
1973	118,05	116,03	–1,7	–17,4	24	1964	2,7	13,0
1974	97,55	96,57	–1,0	–29,7	25	2006	2,5	??
1975	68,56	76,98	12,3	31,5	26	1995	2,4	34,1
1976	90,19	100,86	11,8	19,1	27	1972	1,8	15,6
1977	107,46	102,03	–5,1	–11,5	28	1955	1,8	26,4
1978	95,10	89,25	–6,2	1,1 flau	29	1950	1,7	21,8
1979	96,11	99,93	4,0	12,3	30	2004	1,7	9,0
1980	107,94	114,16	5,8	25,8	31	1952	1,6	11,8
1981	135,76	129,55	–4,6	–9,7	32	1998	1,0	26,7
1982	122,55	120,40	–1,8	14,8 X	33	1993	0,7	7,1
1983	140,64	145,30	3,3	17,3	34	1966	0,5	–13,1 X
1984	164,93	163,41	–0,9	1,4 flau	35	1959	0,4	8,5
1985	167,24	179,63	7,4	26,3	36	1986	0,2	14,6
1986	211,28	211,78	0,2	14,6	37	1953	–0,7	–6,6
1987	242,17	274,08	13,2	2,0 flau	38	1969	–0,8	–11,4
1988	247,08	257,07	4,0	12,4	39	1984	–0,9	1,4 flau
1989	277,72	297,47	7,1	27,3	40	1974	–1,0	–29,7
1990	353,40	329,08	–6,9	–6,6	41	2002	–1,6	–23,4
1991	330,22	343,93	4,2	26,3	42	1973	–1,7	–17,4
1992	417,09	408,79	–2,0	4,5 flau	43	1982	–1,8	14,8 X
1993	435,71	438,78	0,7	7,1	44	1992	–2,0	4,5 flau
1994	466,45	481,61	3,3	–1,5 flau	45	2005	–2,5	3,0 flau
1995	459,27	470,42	2,4	34,1	46	2003	–2,7	26,4 X
1996	615,93	636,02	3,3	20,3	47	1956	–3,6	2,6 flau
1997	740,74	786,16	6,1	31,0	48	1962	–3,8	–11,8
1998	970,43	980,28	1,0	26,7	49	1957	–4,2	–14,3
1999	1229,23	1279,64	4,1	19,5	50	1968	–4,4	7,7 X
2000	1469,25	1394,46	–5,1	–10,1	51	1981	–4,6	–9,7
2001	1320,28	1366,01	3,5	–13,0 X	52	1977	–5,1	–11,5
2002	1148,08	1130,20	–1,6	–23,4	53	2000	–5,1	–10,1
2003	879,82	855,70	–2,7	26,4 X	54	1978	–6,2	1,1 flau
2004	1111,92	1131,13	1,7	9,0	55	1990	–6,9	–6,6
2005	1211,92	1181,27	–2,5	3,0 flau	56	1960	–7,1	–3,0 flau
2006	1248,29	1280,08	2,5	??	57	1970	–7,6	0,1 flau

X = 5 wesentliche Abweichungen   Basiert auf S&P 500

JANUAR

Martin Luther King Jr. Day (Börse geschlossen)

MONTAG
15

Jede Wahrheit durchläuft drei Stufen: Erst wird sie belächelt, dann wird sie bekämpft, schließlich ist sie selbstverständlich. – Arthur Schopenhauer (Deutscher Philosoph, 1788–1860)

Erster Handelstag der Januar-Verfallswoche, Anstieg des Dow 10 der letzten 14

DIENSTAG
D 66,7
S 76,2
N 66,7
16

Ich habe immer die Gehirne von anderen angezapft. Das ist der einzige Weg, zu wachsen. 90 % der Informationen sortiere ich sofort aus; 5 % probiere ich aus und verwerfe es dann; und 5 % behalte ich. – Tiger Woods (Golfspieler, über seinen Schwung, April 2004)

MITTWOCH
D 61,9
S 61,9
N 71,4
17

Wo viel verloren wird, ist manches zu gewinnen. – Johann Wolfgang von Goethe

DONNERSTAG
D 38,1
S 38,1
N 38,1
18

Bill (Gates) hat keine Angst, langfristige Chancen zu verfolgen. Außerdem versteht er, dass man alles ausprobieren muss, denn das tatsächliche Geheimnis der Innovation ist es, schnell zu scheitern. – Gary Starkweather (Erfinder des Laserdruckers 1969 bei Xerox, Fortune, 8. Juli 2002)

Januar-Verfallstag, Dow Minus 7 der letzten 8 mit großen Verlusten

FREITAG
19

In der Geschichte gibt es nur wenige Fälle, in denen eine Regierung einmal Schulden getilgt hat. – Walter Wriston (ehemaliger Generaldirektor der Citicorp und Citibank)

SAMSTAG
20

SONNTAG
21

Das Januar-Barometer seit 1950 als Grafik

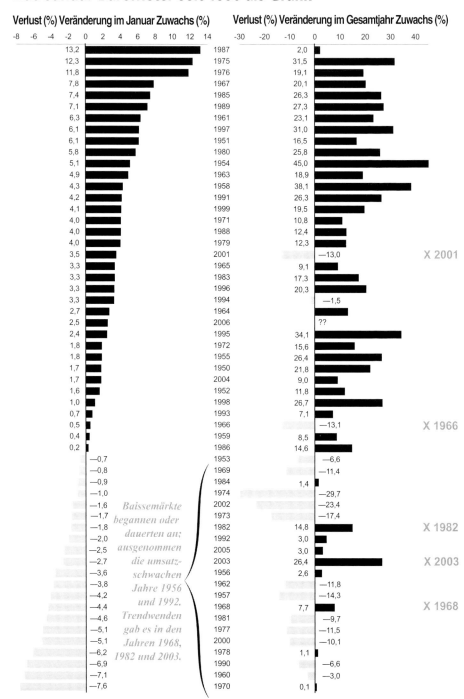

JANUAR

MONTAG
D 33,3
S 38,1
N 47,6
22

Aktienkurse nehmen im Allgemeinen vorweg, was die Massenmedien einstimmig berichten. – Louis Ehrenkrantz (Ehrenkrantz, Lyons & Ross)

DIENSTAG
D 52,4
S 52,4
N 52,4
23

Der Trend ist Dein Freund ... bis er endet. – Anonym

„Januar-Barometer" Genauigkeit 91,1 % (Seite 16)

MITTWOCH
D 38,1
S 47,6
N 57,1
24

Dem Kapitalismus wohnt ein Laster inne: Die ungleiche Verteilung der Güter. Dem Sozialismus hingegen wohnt eine Tugend inne: Die gleichmäßige Verteilung des Elends. – Winston Churchill (Britischer Staatsmann, 1874–1965)

DONNERSTAG
D 76,2
S 57,1
N 47,6
25

Der beste Indikator für die Gesamtleistung eines Unternehmens ist die Fähigkeit, talentierte Mitarbeiter zu bekommen, zu motivieren und an sich zu binden. – Bruce Pfau (Fortune)

FREITAG
D 66,7
S 52,4
N 76,2
26

Ich investiere in Menschen, nicht in Ideen; Ich möchte Enthusiasmus und Verstand sehen. – Arthur Rock

SAMSTAG
27

Saisonale Stärken im Februar: siehe Seiten 78, 114 und 116

SONNTAG
28

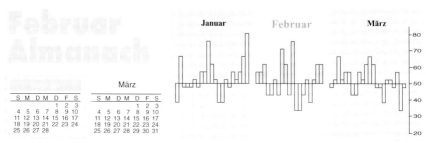

Die oben abgebildete Marktwahrscheinlichkeitstabelle ist eine graphische Umsetzung des S&P 500 Marktwahrscheinlichkeitskalenders auf S. 124

Februar ist der „schwächste" der „Besten sechs Monate" (S. 44, 58 und 147) Die Daten der letzten Jahre zeigen Aufwärtstrend: S&P 15 Plus, 7 Minus, durchschn. + 0,7 % in 22 Jahren 6. Monat im NASDAQ-Ranking der Vor-Wahljahre (S. 157) durchschn. +2,8%, 7 Plus, 2 Minus Tag vor dem President's Day-Wochenende: S&P Minus 13 von 15, 11 nacheinander 1992–2002, in jüngster Zeit Aufwärtstrend am nächsten Tag, Plus 8 von 15 (siehe S. 86 und 133) Viele technische Analysten ändern Marktvorhersagen, die auf Januarperformance basieren

Februar – Grundlegende Statistiken

	DJIA	S&P 500	NASDAQ	Russell 1000	Russell 2000
Rang	8	11	7	11	5
Plus	33	31	19	17	16
Minus	24	26	17	11	12
Durchschn. +/–	0,2%	–0,02%	0,6%	0,3%	1,4%
Vorwahljahre	1,1%	0,9%	2,8%	1,2%	2,1%
Tops & Flops Februar					
	+/– (%)	+/– (%)	+/– (%)	+/– (%)	+/– (%)
Top	1986 8,8	1986 7,1	2000 19,2	1986 7,2	2000 16,4
Flop	2000 –7,4	2001 –9,2	2001 –22,4	2001 –9,5	1999 –8,2
Tops & Flops Februar: Wochen					
Top	22.2.74 4,4	8.2.91 4,8	4.2.00 9,2	8.2.91 4,6	2.1.91 6,6
Flop	11.2.00 –4,9	23.2.01 –4,3	9.2.01 –7,1	23.2.01 –4,4	10.2.84 –4,6
Tops & Flops Februar: Tage					
Top	24.2.84 2,7	22.2.99 2,7	11.2.99 4,2	22.2.99 2,6	29.2.00 3,6
Flop	18.2.00 –2,8	18.2.00 –3,0	16.2.01 –5,0	18.2.00 –2,9	16.2.93 –3,3
Erster Handelstag der Verfallswoche: 1980–2006					
Bilanz (#Plus–#Minus)	17-10	19-8	14-13	19-8	15-12
Derzeitiger Lauf	D2	D1	D1	D1	D1
Avg % Change	0,41	0,35	0,06	0,31	0,09
Optionsverfallstag: 1980–2006					
Bilanz (#Plus–#Minus)	12-15	10-17	11-16	11-16	11-16
Derzeitiger Lauf	D1	D1	D3	D1	D3
Avg % Change	–0,07	–0,16	–0,34	–0,16	–0,09
Verfallswoche: 1980–2006					
Bilanz (#Plus–#Minus)	15-12	12-15	12-15	11-16	15-12
Derzeitiger Lauf	U1	U1	U1	U1	U1
Avg % Change	0,36	0,09	–0,11	0,09	0,15
Woche nach Optionsverfall: 1980–2006					
Bilanz (#Plus–#Minus)	12-15	13-14	16-11	13-14	16-11
Derzeitiger Lauf	D1	U3	U2	U3	U3
Avg % Change	–0,19	–0,10	–0,06	–0,05	0,08
Performance erster Handelstag					
Häufigkeit Zuwächse (%)	59,6	59,6	66,7	64,3	60,7
Durchschn. +/– (%)	0,10	0,08	0,25	0,05	0,13
Performance letzter Handelstag					
Häufigkeit Zuwächse (%)	50,9	57,9	55,6	60,7	64,3
Durchschn. +/– (%)	0,07	0,07	0,05	0,09	0,34

Dow & S&P 1950-Juni 2006, NASDAQ 1971-Juni 2006, Russell 1000 & 2000 1979-Juni 2006

Im Februar naht der Präsidenten-Tag
bleib bloß weg, hier gibt's keinen Ertrag

JANUAR/FEBRUAR

Januar beendet den Top-Dreimonatszeitraum (S. 44, 56, 147, 148)

MONTAG
D 52,4
S 57,1
N 66,7
29

Männer unterscheiden sich im Wesentlichen durch ihre Energie. Mit starkem Willen, klarer Absicht und fester Entschlossenheit kann man fast alles erreichen; und darin besteht der Unterschied zwischen großen und kleinen Männern. – Buckminster Fuller (Amerikanischer Architekt und Autor, 1895–1983)

FOMC-Sitzung (2 Tage)

DIENSTAG
D 61,9
S 66,7
N 57,1
30

Wenn Du das Ende des Seils erreichst, mach einen Knoten rein und häng' Dich ran. – Franklin D. Roosevelt (32. US-Präsident, 1882–1945)

MITTWOCH
D 71,4
S 81,0
N 76,2
31

Der größte Fehler, den Investoren machen, ist, dass sie ihre Gewinne zu früh und ihre Verluste zu spät realisieren. – Michael Price (Mutual Shares Fund)

Erster Handelstag im Februar, Dow-Anstieg 6 der letzten 7

DONNERSTAG
D 57,1
S 57,1
N 76,2
1

Kaufen Sie eine Aktie so, wie Sie ein Haus kaufen. Verstehen und mögen Sie sie so, dass Sie zufrieden sind, sie zu haben, auch wenn kein Markt dafür da ist. – Warren Buffett

FREITAG
D 52,4
S 57,1
N 76,2
2

Amerika, dieser ungestüme und edle Container für Träume, diese Muse für Künstler und Erfinder und Unternehmer, dieses Leuchtfeuer des Optimismus, dieser Dynamo der Energie, dieser Trompetenstoß der Freiheit. – Peter Jennings (In Kanada geborener Anchorman der ABC World News Tonight, im Juli 2003 nach Annahme der US-Staatsbürgerschaft, 1938–2005)

SAMSTAG
3

SONNTAG
4

Top-Branchen des Januars schlagen in den folgenden 11 Monaten den S&P 500

Der S&P 500 vom Januar nimmt in der Regel die Marktrichtung des Jahres voraus. Standard & Poor's Top 10-Branchen im Monat Januar wiederum übertreffen den Index in den folgenden elf Monaten.

Sam Stovall, Chief Investment Strategist bei S&P, hat Jahre über diesen Zahlen gesessen. Er nennt es das „Januar-Barometer-Portfolio" oder JBP. Seit 1970 hat ein Portfolio der S&P-Top 10-Branchen während des Januars selbst den S&P 500 geschlagen – mit noch besserer Performance in den Jahren, in denen es im Januar am Markt insgesamt nach oben ging.

Der JBP schloss zu 75 % in den verbleibenden elf Monaten des Jahres jeweils besser als der S&P 500, im Durchschnitt mit einem Anstieg von 6,3 % im Vergleich zu 6,9 %. Steigt der S&P 500 im Januar, erbringt das Top 10-Branchen-Portfolio einen durchschnittlichen Portfolio-Gewinn von 21,4 % in den letzten 11 Monaten des Jahres gegenüber 12,7 % beim S&P.

Mehr dazu findet sich bei Sam's Sector Watch auf *businessweek.com* oder im *Almanac Investor*-Newsletter vom März 2006 im Archiv auf *www.stocktradersalmanac.com*. Hervorgehoben sind auch „Sam's ausgewählte Aktien" aus den Top 10-Branchen.

Wie der Januar, so das Jahr bei den Top-Branchen
Top 10-Branchen im Januar im Vergleich zum S&P 500 der folgenden 11 Monate

	+/– (%) 11 Monate		S&P Jan	Nach S&P-Anstieg im Januar		nach sinkendem S&P im Januar	
	Portfolio	S&P	%	Portfolio	S&P	Portfolio	S&P
1970	– 4,7	– 0,3	– 7,6			– 4,7	– 0,3
1971	23,5	6,1	4,0	23,5	6,1		
1972	19,7	13,7	1,8	19,7	13,7		
1973	5,2	– 20,0	– 1,7			5,2	– 20,0
1974	– 29,2	– 30,2	– 1,0			– 29,2	– 30,2
1975	57,3	22,2	12,3	57,3	22,2		
1976	16,3	8,1	11,8	16,3	8,1		
1977	– 9,1	– 9,6	– 5,1			– 9,1	– 9,6
1978	7,3	6,5	– 6,2			7,3	6,5
1979	21,7	8,1	4,0	21,7	8,1		
1980	38,3	20,4	5,8	38,3	20,4		
1981	5,0	– 6,9	– 4,6			5,0	– 6,9
1982	37,2	18,8	– 1,8			37,2	18,8
1983	17,2	13,9	3,3	17,2	13,9		
1984	– 5,0	– 1,1	– 0,9			– 5,0	– 1,1
1985	28,2	20,8	7,4	28,2	20,8		
1986	18,1	19,4	0,2	18,1	19,4		
1987	– 1,5	– 8,9	13,2	– 1,5	– 8,9		
1988	18,4	10,4	4,0	18,4	10,4		
1989	16,1	22,1	7,1	16,1	22,1		
1990	– 4,4	– 3,3	– 6,9			– 4,4	– 3,3
1991	35,7	19,4	4,2	35,7	19,4		
1992	14,6	4,7	– 2,0			14,6	4,7
1993	23,7	7,2	0,7	23,7	7,2		
1994	– 7,1	– 4,6	3,3	– 7,1	– 4,6		
1995	25,6	30,9	2,4	25,6	30,9		
1996	5,4	16,5	3,3	5,4	16,5		
1997	4,7	23,4	6,1	4,7	23,4		
1998	45,2	25,4	1,0	45,2	25,4		
1999	67,9	14,8	4,1	67,9	14,8		
2000	23,6	– 5,3	– 5,1			23,6	– 5,3
2001	– 13,1	– 16,0	3,5	– 13,1	– 16,0		
2002	– 16,2	– 22,2	– 1,6			– 16,2	– 22,2
2003	69,3	29,9	– 2,7			69,3	29,9
2004	9,9	7,1	1,7	9,9	7,1		
2005	20,7	5,7	– 2,5			20,7	5,7
2006			2,5				
Durchschnittswerte	16,3 %	6,9 %		21,4 %	12,7 %	8,2 %	– 2,4 %

Reservieren Sie sich jährlich Ihren WALL STREET BÖRSEN ALMANACH und sparen Sie 5 €

Senden Sie die untere Postkarte zurück und bestellen Sie sich Ihr Exemplar!

WALL STREET BÖRSEN-ALMANACH

Umfangreiche Informationen rund um die US-Börse – machen Sie den Almanach zu Ihrem ständigen Begleiter.

Wertvolle Insiderinformationen, die nicht überall verfügbar sind. Kernstück des Almanachs bildet die jährlich weiterentwickelte Aufbereitung der Aktienmarktdaten mit Mustern, Charts, Saisonentwicklungen, Trends und Zyklen. Die „Hirsch Organization" bietet den Lesern außerdem eine Vierjahresübersicht zu ausgewählten Aktienzyklen, eine Auswahl der besten Strategien der letzten 6 Monate sowie die bekannten Januar-Barometer – mit allen historischen Entwicklungen.

Damit Sie ihn nicht verpassen, bieten wir Ihnen den Almanach zur Fortsetzung mit einem speziellen Preis an: 24,90 € (sFr 40,-) statt 29,90€ (sFr 48,-).

Sichern Sie sich so einfach und unkompliziert jährlich Ihren persönlichen Almanach.

Hiermit bestelle ich:

☐ Expl. des Almanach zur Fortsetzung,

Bestell-Nummer: 1089426

Das Abonnement ist jederzeit kündbar, Mindestlaufzeit 1 Jahr.
Alle Preise enthalten die gesetzliche Mehrwertsteuer. Die **Lieferung erfolgt zuzüglich Versandkosten.** Es gelten die Lieferungs- und Zahlungsbedingungen des Verlages (www.wileyvch.de). Irrtum und Preisänderung vorbehalten.
Stand der Daten: August 2006.

Lieferi- und Rechnungsanschrift:

☐ privat ☐ geschäftlich
☐ Herr ☐ Frau

Zahlungsweise
☐ Bitte senden Sie mir eine Rechnung ☐ Scheck liegt bei
Bitte belasten Sie meine Kreditkarte

| VISA ☐ | MasterCard ☐ | AMERICAN EXPRESS ☐ | gültig bis / / |

Kartennr. [ ][ ][ ][ ][ ][ ][ ][ ][ ][ ][ ][ ][ ][ ][ ][ ]

_____
Datum, Unterschrift

Adresse des Kreditkarteninhabers
(falls abweichend von Bestelladresse):

_____
Name

_____
Straße, Nr.

_____
PLZ/ Ort

_____
Name/Vorname

_____
Firma/Institution

_____
Abteilung/Bereich

_____
Straße/Postfach

_____
PLZ/Ort

_____
Land

_____
Datum, Unterschrift

Bitte informieren Sie mich regelmäßig über Neuerscheinungen im Bereich

☐ per Print & E-Mail
☐ per Print
☐ per E-Mail

Name, Vorname

Straße

PLZ/Ort

E-Mail

Datum, Unterschrift

Antwort

wiley-VCH
Customer Service
Boschstraße 12
69469 Weinheim

Bitte ausreichend frankieren.

FEBRUAR

MONTAG 5
D 42,9
S 61,9
N 61,9

Eine Bank ist ein Ort, an dem man Dir bei schönem Wetter einen Regenschirm leiht und ihn zurückverlangt, wenn es anfängt zu regnen. – Robert Frost

DIENSTAG 6
D 42,9
S 42,9
N 66,7

Wer jemanden überzeugen möchte, sollte sich nicht auf richtige Argumente verlassen, sondern auf richtige Worte. Die Macht des Klangs war immer schon größer als die Macht des Verstands. – Joseph Conrad

NASDAQ 2001 im Februar um 22,4 % gefallen

MITTWOCH 7
D 47,6
S 42,9
N 57,1

Verkaufen Sie Aktien, sobald der Markt 30 % über dem Vorjahr steht. – Eugene D. Brody (Oppenheimer Capital)

DONNERSTAG 8
D 42,9
S 52,4
N 57,1

Selbst auf die Qualität des Tages einzuwirken, ist die höchste aller Künste. – Henry David Thoreau

FREITAG 9
D 47,6
S 42,9
N 47,6

Leider glaube ich, dass nur allzu viel Wahres an dem Bonmot ist, dass das Leben auf anderen Planeten ausgestorben ist, weil deren Wissenschaftler weiter waren als unsere. – John F. Kennedy (35. US-Präsident, 1917–1963)

SAMSTAG 10

SONNTAG 11

„Lame Duck"-Verfassungszusatz von 1933
Grund für das Funktionieren des Januar-Barometers

Es gäbe kein Januar-Barometer ohne die Verabschiedung des 20. Verfassungszusatzes von 1933 (das sog. „Lame Duck" Amendment). Seitdem gilt im Wesentlichen „Wie der Januar, so das Jahr". In den folgenden Jahren hat die Entwicklung im Januar den Trend des Jahres meist vorweggenommen.

Vor 1934 nahmen neu gewählte Senatoren und Abgeordnete ihr Amt erst im Dezember des folgenden Jahres ein, also 13 Monate später (außer bei einer Amtseinführung eines neuen Präsidenten). Die abgewählten Kongressmitglieder blieben während der gesamten folgenden Sitzungsperiode im Amt. Diese nannte man „Lame Ducks" (Lahme Enten).

Seit 1934 tritt der Kongress in der ersten Januarwoche zusammen, einschließlich der im vorhergehenden November neu gewählten Mitglieder. Der Tag der Amtseinführung wurde ebenfalls vom 4. März auf den 20. Januar vorgezogen. Dadurch wurden mehrere Ereignisse in den Januar gequetscht, welche die US-Wirtschaft und Börse beeinflussen, wahrscheinlich sogar die vieler Nationen auf der Welt.

Die Grundlage für die Vorhersagefähigkeit des Januars kommt daher, dass so viele wichtige Ereignisse in diesem Monat stattfinden: Neue Kongresse treten zusammen, der Präsident hält seine Rede zur Lage der Nation, stellt den Jahreshaushalt vor und legt die nationalen Ziele und Prioritäten fest. Würde man diese Ereignisse in einen anderen Monat verlegen, würde das Januar-Barometer wohl bald nur noch eine Erinnerung sein.

Die Tabelle zeigt das Januar-Barometer in ungeraden Jahren. 1935 und 1937 hatten die Demokraten im Kongress bereits den einseitigsten Stimmenvorsprung der Geschichte, somit war die Zusammenkunft dieser beiden Kongresse antiklimaktisch.

Das Januar-Barometer der nachfolgenden ungeraden Jahre wies dann eine makellose Bilanz auf, bis zwei Zinssenkungen im Januar und die Angriffe vom 11. September sich auf 2001 auswirkten, die Erwartung einer Militäraktion im Irak im Januar 2003 auf den Markt drückten, und es 2005 zu einem lustlosen Markt kam. Der verheerende Tsunami im Indischen Ozean am 26.12.2004 hat sich wahrscheinlich auf die Aktienkurse im Januar 2005 ausgewirkt.

Einen Vergleich zwischen Januar-Barometer und den früheren „New Congress Barometers" finden sie auf *www.stocktradersalmanac.com*.

Januar-Barometer (ungerade Jahre)

+/– (%) Januar	+/– (%) 12 Monate	gleich	gegen-läufig
– 4,2%	41,2%	1935	
3,8	– 38,6	1937	
– 6,9	– 5,4	1939	
– 4,8	– 17,9	1941	
7,2	19,4	1943	
1,4	30,7	1945	
2,4	N/C	1947	
0,1	10,3	1949	
6,1	16,5	1951	
– 0,7	– 6,6	1953	
1,8	26,4	1955	
– 4,2	– 14,3	1957	
0,4	8,5	1959	
6,3	23,1	1961	
4,9	18,9	1963	
3,3	9,1	1965	
7,8	20,1	1967	
– 0,8	– 11,4	1969	
4,0	10,8	1971	
– 1,7	– 17,4	1973	
12,3	31,5	1975	
– 5,1	– 11,5	1977	
4,0	12,3	1979	
– 4,6	– 9,7	1981	
3,3	17,3	1983	
7,4	26,3	1985	
13,2	2,0	1987	
7,1	27,3	1989	
4,1	26,3	1991	
0,7	7,1	1993	
2,4	34,1	1995	
6,1	31,0	1997	
4,1	19,5	1999	
3,5	– 13,0		2001
– 2,7	26,4		2003
– 2,5	3,0		2005

Veränderung über 12 Monate enthält die Januar-Änderungen
Basiert auf S&P 500

FEBRUAR

Montag vor Verfallstermin im Februar, 2 Dow-Minus
nach 11 Plus in Folge

MONTAG
D 61,9
S 71,4
N 57,1
12

Im Reich der Ideen hängt alles vom Enthusiasmus ab; in der wahren Welt hängt alles von der Beharrlichkeit ab. – Goethe

DIENSTAG
D 57,1
S 61,9
N 52,4
13

Erfolg ist ein großer Lehrmeister; das Ungemach ein noch größerer. – William Hazlitt (Englischer Essayist, 1778–1830)

Valentinstag

MITTWOCH
D 47,6
S 42,9
N 61,9
14

Taktgefühl ist Gold, nicht Schweigen. – Samuel Butler (Englischer Schriftsteller, 1600–1680)

DONNERSTAG
D 76,2
S 76,2
N 66,7
15

Glück ist, was passiert, wenn Bereitschaft auf Gelegenheit trifft; Pech ist, was passiert, wenn mangelnde Bereitschaft auf eine Herausforderung trifft. – Paul Krugman (Wirtschaftswissenschaftler, NY Times Op-Ausg. 3. März 2006)

Februar Verfallstag, Dow-Minus an 5 der letzten 7 Tage
vor Presidents' Day: Nur 8 S&P-Anstiege in den letzten 31 Jahren

FREITAG
D 33,3
S 33,3
N 33,3
16

Es ist gar nicht so, dass ich so klug bin; es ist einfach so, dass ich länger an einem Problem dranbleibe. –
Albert Einstein (Deutsch-amerikanischer Physiker, Nobelpreisträger 1921, 1879–1955)

SAMSTAG
17

SONNTAG
18

Das siebte Jahr der Jahrzehnte

Nur drei von den unten dargestellten neun „siebten" Jahren waren Jahre mit beträchtlichen Gewinnen, zwei davon waren die Vor-Wahljahre 1927 und 1967. Das Nachwahljahr 1997 profitierte vom fünfjährigen Run zur Jahrtausendwende. Die Vor-Wahljahre 1947 und 1987 erbrachten nur geringfügige Gewinne. Denken Sie jedoch auch an den Crash von 1987, den größten Einbruch innerhalb eines Tages aller Zeiten. Sofern es 2006 noch zu einer Baisse kommt, sollte 2007 ein günstiges Jahr für Aktien sein.

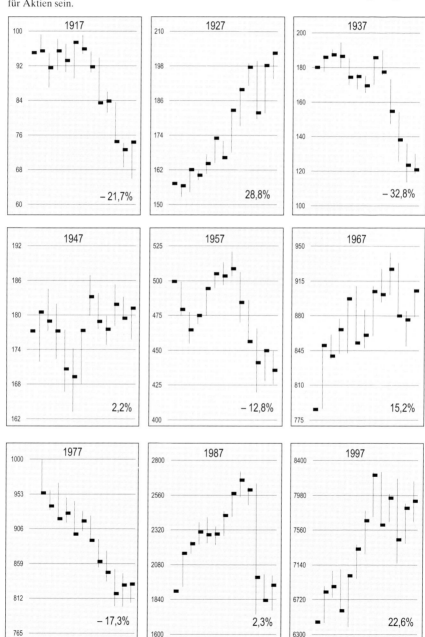

Basiert auf monatlichen Bewegungen und Schlussnotierungen des Dow Jones Industrial Average

FEBRUAR

resident's Day (Börse geschlossen)
osenmontag

MONTAG
19

h habe nie jemanden eingestellt, der nicht klüger war als ich selbst. – Don Hewett (Produzent, *60 Minutes*)

astnacht
ag nach dem Presidents' Day, S&P-Anstieg 8 von 15 –
größere Verluste bei Abwärtsbewegung

DIENSTAG
D 33,3
S 33,3
N 47,6
20

as Jahr bringt mir vieles bei, was Tage nicht wissen. – Ralph Waldo Emerson (Amerikanischer Autor, Dichter und hilosoph, *Self-Reliance*, 1803–1882)

Aschermittwoch

MITTWOCH
D 52,4
S 42,9
N 42,9
21

: Wen nehmen Sie in ihr Graduiertenprogramm auf? A: Ich nehme niemals die Einserstudenten.
in richtiger Wissenschaftler ist in der Regel kritisch und muss irgendwo auf dem Weg gegen seine Lehrer aufbegehren. –
ynn Margulis (Professor für Naturwissenschaften an der Universität von Massachusetts, *The Scientist*, 30.6.2003)

DONNERSTAG
D 47,6
S 52,4
N 52,4
22

Marx' große Leistung war es, das kapitalistische System in die Defensive zu drängen. – Charles A. Madison (1977)

FREITAG
D 42,9
S 38,1
N 57,1
23

Diejenigen, die sich nicht an die Vergangenheit erinnern können, sind dazu verdammt, sie zu wiederholen. –
George Santayana (Amerikanischer Philosoph, Dichter, 1863–1952)

SAMSTAG
24

Saisonale Stärken im März: siehe Seiten 78, 114 und 116

SONNTAG
25

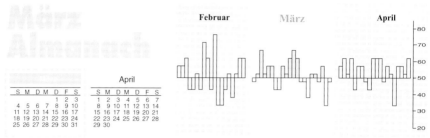

April												
S	M	D	M	D	F	S		S	M	D	M	D	F	S

```
         S  M  D  M  D  F  S      S  M  D  M  D  F  S
                     1  2  3      1  2  3  4  5  6  7
         4  5  6  7  8  9 10      8  9 10 11 12 13 14
        11 12 13 14 15 16 17     15 16 17 18 19 20 21
        18 19 20 21 22 23 24     22 23 24 25 26 27 28
        25 26 27 28 29 30 31     29 30
```

Die oben abgebildete Marktwahrscheinlichkeitstabelle ist eine graphische Umsetzung des S&P 500 Marktwahrscheinlichkeitskalenders auf S. 124

Oben gut zu sehen: Stark am Anfang und in der Mitte, schwach zum Ende hin Daten der letzten Jahre: S&P 15 Plus, 8 Minus, durchschn. Gewinn 0,9 %, 5. Platz In den letzten Jahren eher stürmisch mit hoher Fluktuation und großen Gewinnen und Verlusten März hat mehrere große Einbrüche zum Ende des Quartals erlebt (S. 134), Dow-Verlust von 1 469 Punkten zwischen 9. und 22. März 2001 Letzte drei oder vier Tage Nettoverluste in 12 der letzten 15 Jahre Großer NASDAQ-Einbruch 2001, 14,5 % Verlust nach Rückgang von 22,4 % im Februar Wesentlich besserer Markt am Tag vor dem St.Patrick's Day März in Vor-Wahljahren in jedem der letzten 11 Jahre mit Kursgewinnen

März – Grundlegende Statistiken

	DJIA	S&P 500	NASDAQ	Russell 1000	Russell 2000
Rang	6	5	9	8	8
Plus	36	37	22	18	19
Minus	21	20	14	10	9
Durchschn. +/–	0,9%	1,0%	0,3%	0,7%	0,7%
Vor-Wahljahre	2,4%	2,3%	4,2%	2,9%	3,7%
Tops & Flops März					
	+/– (%)	+/– (%)	+/– (%)	+/– (%)	+/– (%)
Top	2000 7,8	2000 9,7	1999 7,6	2000 8,9	1979 9,7
Flop	1980 –9,0	1980 –10,2	1980 –17,1	1980 –11,5	1980 –18,5
Tops & Flops März: Wochen					
Top	21.3.03 8,4	21.3.03 7,5	3.3.00 7,1	21.3.03 7,4	3.3.00 7,4
Flop	16.3.01 –7,7	16.3.01 –6,5	16.3.01 –7,9	16.3.01 –6,8	7.3.80 –7,6
Tops & Flops März: Tage					
Top	16.3.00 4,9	16.3.00 4,8	13.3.03 4,8	16.3.00 4,9	28.3.80 4,8
Flop	12.3.01 –4,1	12.3.01 –4,3	12.3.01 –6,3	12.3.01 –4,4	27.3.80 –6,6
Erster Handelstag der Verfallswoche: 1980–2006					
Bilanz (#Plus–#Minus)	17-10	18-9	13-14	18-9	15-12
	D1	U2	U2	U2	U2
Durchschn. +/– (%)	0,15	0,06	–0,30	0,01	–0,31
Optionsverfallstag: 1980–2006					
Bilanz (#Plus–#Minus)	16-11	17-10	14-13	15-12	13-14
Derzeitiger Lauf	U2	U1	U1	U1	U1
Durchschn. Änderung	0,06	0,01	–0,02	0,02	–0,02
Verfallswoche: 1980–2006					
Bilanz (#Plus–#Minus)	18-9	17-10	15-12	16-11	14-13
Derzeitiger Lauf	U1	U1	U1	U1	U1
Durchschn. Änderung	0,87	0,67	–0,17	0,60	–0,03
Woche nach Optionsverfall: 1980–2006					
Bilanz (#Plus–#Minus)	11-16	8-19	12-15	8-19	12-15
Derzeitiger Lauf	U1	D6	U1	D6	U1
Durchschn. Änderung	–0,69	–0,52	–0,32	–0,54	–0,40
Performance erster Handelstag					
Häufigkeit Anstiege (%)	70,2	64,9	66,7	60,7	71,4
Durchschn. +/– (%)	0,25	0,25	0,37	0,31	0,40
Performance letzter Handelstag					
Häufigkeit Anstiege (%)	38,6	38,6	63,9	46,4	85,7
Durchschn. +/– (%)	–0,14	–0,04	0,14	0,04	0,39

Dow & S&P 1950–Juni 2006, NASDAQ 1971–Juni 2006, Russell 1000 & 2000 1979–Juni 2006

Der März hat die Iden und das irische Fest
beginnt mit'ner Hausse, dann schwächelt der Rest

FEBRUAR/MÄRZ

MONTAG
D 52,4
S 52,4
N 52,4
26

gibt kein Geheimnis für Erfolg. Verschwenden Sie nicht ihre Zeit, danach zu suchen. Erfolg ist das Ergebnis n Perfektion, harter Arbeit, dem Lernen aus Fehlern, Loyalität gegenüber denen, für die man arbeitet, und Beharrlichkeit. General Colin Powell (Außenminister der USA 2001–2005)

DIENSTAG
D 52,4
S 61,9
N 57,1
27

h höre die ganze Zeit: „Soll ich kaufen? Soll ich kaufen?" Sobald ich höre „Soll ich verkaufen?" ist das der Tiefpunkt. – ick Moore (Portfolio Manager, Jurika & Voyles, TheStreet.com, 12.3.2001)

MITTWOCH
D 52,4
S 61,9
N 57,1
28

as Problem unserer Welt liegt darin, dass Dummköpfe und Fanatiker sich völlig sicher sind, nd die weisen Menschen so voller Zweifel. – Bertrand Russel (Britischer Mathematiker und Philosoph, 1872–1970)

Erster Handelstag im März, Dow-Anstieg 9 der letzten 11

DONNERSTAG
D 57,1
S 47,6
N 66,7
1

Diejenigen, die der Ansicht sind, dass man mit Geld alles tun kann, können sehr wohl verdächtigt werden, ir Geld alles zu tun. – Sir George Savile (englischer Politiker, 1633–1695)

FREITAG
D 61,9
S 52,4
N 42,9
2

Freundschaft macht sowohl das Glück glänzender als auch das Unglück leichter – durch Teilen und Mitleiden. – Marcus Tullius Cicero (Großer römischer Redner, Politiker, 106–43 v. Chr.)

SAMSTAG
3

SONNTAG
4

Börsencharts der Jahre vor den Präsidentschaftswahlen

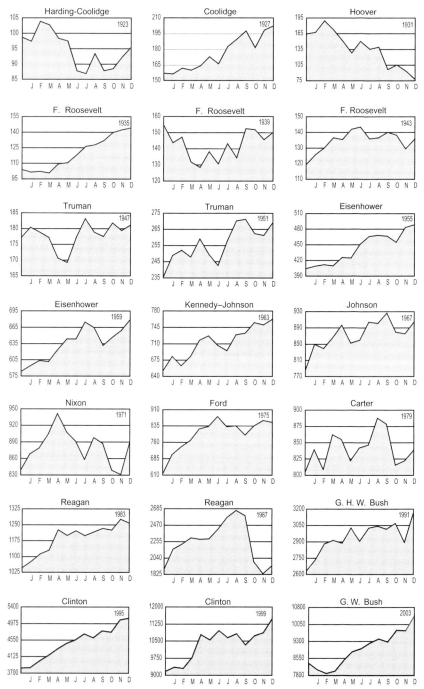

Basiert auf monatlichen Schlusskursen des Dow Jones Industrial Average

MÄRZ

MONTAG
D 66,7
S 66,7
N 76,2
5

*les was man zum Erfolg braucht ist ein gelber Notizblock und einen Bleistift. –
ndre Meyer (Top-Händler bei Lazard Freres)*

DIENSTAG
D 52,4
S 52,4
N 57,1
6

*as Bedauern von Dingen, die wir getan haben, wird mit der Zeit nachlassen;
ist das Bedauern von Dingen, die wir nicht getan haben, das uns untröstlich sein lässt. –
dney J. Harris (Amerikanischer Journalist und Autor, 1917–1986)*

Historisch gesehen, ist März zu Anfang des Monats stark

MITTWOCH
D 52,4
S 57,1
N 61,9
7

er den ganzen Tag arbeitet, hat keine Zeit, Geld zu verdienen. – John D. Rockefeller

DONNERSTAG
D 47,6
S 57,1
N 47,6
8

*as Symbol aller Beziehungen zwischen solchen Menschen, das moralische Symbol der Achtung vor dem Menschen,
 der Händler. – Ayn Rand (in Russland geborener amerikanischer Romanautor und Philosoph, aus der Rede von Galt
: Wer ist John Galt?, 1957, 1905–1982)*

Dow verliert 1469 Punkte 9.–22. März 2001

FREITAG
D 52,4
S 42,9
N 52,4
9

*n Bargeld ist nichts Schlechtes. Es gibt Einem Zeit zum Nachdenken. –
obert Prechter, Jr. (Elliot-Wellen-Theoretiker)*

SAMSTAG
10

Beginn der Sommerzeit (USA)

SONNTAG
11

Gewinne am Vortag von St. Patrick's Day

Wir haben erstmals im Almanach von 1977 auf die Haussetendenz um den St. Patrick's Day hingewiesen. Dan Turov, Herausgeber von Turov on Timing, stellt fest, dass die Gewinne am Vortag des St. Patrick's Day sich als die höchsten erwiesen haben, weit besser als die vieler anderer gesetzlicher Feiertage mit einem durchschnittlichen Zuwachs von 0,31 % beim S&P. Irisches Glück oder Zufall?

Während der letzten 54 Jahre gab es an St. Patrick's Day selbst nur mickrige Gewinne von 0,14 %. Der St. Patrick's Day des Jahres 2006 fiel auf einen Dreifachen Hexensabbat. Da der Markt inmitten einer Rallye war, verzeichnete die gesamte Woche ordentliche Zuwächse.

Der St. Patrick's Day des Jahres 2007 fällt auf einen Samstag nach dem Dreifachen Hexensabbat, wodurch sich ein potentieller Anstieg für Freitag, den 16. März ergibt. Und da die Märzmonate von Vor-Wahljahren traditionell stark waren und der Markt sich wahrscheinlich in einer Aufwärtsbewegung befindet, erwarten wir eine weitere starke Woche mit dreifachem Hexensabbat am Tag vor St. Patrick's Day – es könnte sogar eine günstige Gelegenheit sein, Gewinne mitzunehmen.

Vielleicht ist es die Erwartung des Feiertags des Schutzpatrons, der den Markt antreibt, und die Ablenkung durch die Parade auf der Fifth Avenue, die den Markt zurückhält – oder sind es die fehlenden und dann verkaterten Händler? Oder vielleicht liegt es auch daran, dass St. Patrick's Day in der Regel in eine Woche mit dreifachem Hexensabbat fällt.

Handelsbilanz St. Patrick's Day (Tage davor und danach)

Jahr	St. Pat's Day	+/– (%) 2 Tage vorher	+/– (%) 1 Tag vorher	S&P 500 St. Pat's Day or nächster	+/– (%) St. Pat's Day*	+/– (%) Tag
1953	Die	0,19%	0,15%	26,33	0,42%	– 0,34%
1954	Mit	– 0,45	– 0,04	26,62	0,23	0,41
1955	Don	2,15	0,76	36,12	0,39	0,17
1956	Sam	0,97	0,31	48,59	0,93	0,58
1957	Son	0,07	– 0,05	43,85	– 0,45	0,43
1958	Mon	0,12	– 0,31	42,04	– 0,69	– 0,36
1959	Die	0,12	– 1,08	56,52	0,82	– 0,23
1960	Don	0,77	0,55	54,96	– 0,15	0,09
1961	Frei	0,30	1,01	64,60	0,61	0,40
1962	Sam	0,21	– 0,17	70,85	– 0,13	– 0,27
1963	Son	– 0,47	0,50	65,61	– 0,49	– 0,21
1964	Die	0,08	0,00	79,32	0,23	0,08
1965	Mit	0,03	– 0,13	87,02	– 0,13	– 0,24
1966	Don	– 0,57	0,58	88,17	0,35	0,41
1967	Frei	0,95	1,01	90,25	0,18	– 0,06
1968	Son	– 1,90	0,88	89,59	0,55	– 0,67
1969	Mon	– 0,67	– 0,40	98,25	0,26	0,24
1970	Die	– 0,53	– 1,08	87,29	0,44	0,29
1971	Mit	1,14	0,50	101,12	– 0,09	0,07
1972	Frei	0,13	– 0,23	107,92	0,39	– 0,31
1973	Sam	– 0,75	– 0,51	112,17	– 1,21	– 0,20
1974	Son	– 0,09	– 0,37	98,05	– 1,24	– 0,84
1975	Mon	0,18	1,22	86,01	1,47	– 1,02
1976	Mit	– 1,05	1,12	100,86	– 0,06	– 0,41
1977	Don	0,55	0,19	102,08	– 0,09	– 0,22
1978	Frei	– 0,26	0,44	90,20	0,77	0,69
1979	Sam	0,15	0,83	101,06	0,37	– 0,55
1980	Mon	– 1,17	– 0,18	102,26	– 3,01	1,80
1981	Die	– 0,06	1,18	133,92	– 0,56	0,22
1982	Mit	0,77	– 0,16	109,08	– 0,18	1,12
1983	Don	0,35	– 1,03	149,59	– 0,14	0,21
1984	Sam	0,41	1,18	157,78	– 0,94	0,68
1985	Son	– 0,20	– 0,74	176,88	0,20	1,50
1986	Mon	0,28	1,44	234,67	– 0,79	0,47
1987	Die	– 0,46	– 0,57	292,47	1,47	0,11
1988	Don	– 0,09	0,95	271,22	0,96	– 0,04
1989	Frei	0,52	0,93	292,69	– 2,25	– 0,95
1990	Sam	0,36	1,14	343,53	0,47	– 0,57
1991	Son	– 0,29	0,02	372,11	– 0,40	– 1,48
1992	Die	0,48	0,14	409,58	0,78	– 0,10
1993	Mit	0,36	– 0,01	448,31	– 0,68	0,80
1994	Don	– 0,08	0,52	470,90	0,32	0,04
1995	Frei	– 0,20	0,72	495,52	0,02	0,13
1996	Son	0,36	0,09	652,65	1,75	– 0,15
1997	Mon	– 1,83	0,46	795,71	0,32	– 0,76
1998	Die	– 0,12	1,00	1080,45	0,11	0,47
1999	Mit	0,98	– 0,07	1297,82	– 0,66	1,44
2000	Frei	2,43	4,76	1464,47	0,41	– 0,54
2001	Sam	0,59	– 1,96	1170,81	1,76	– 2,41
2002	Son	– 0,09	1,14	1165,55	– 0,05	0,41
2003	Mon	3,45	0,16	862,79	3,54	0,42
2004	Mit	– 1,43	0,56	1123,75	1,17	– 0,13
2005	Don	– 0,75	– 0,81	1190,21	0,18	– 0,05
2006	Frei	0,43	0,81	1307,25	0,15	– 0,17
Durchschnitt		**0,12%**	**0,31%**		**0,14%**	**0,01%**

*Fällt der St. Patrick's Day auf einen Samstag oder Sonntag, wird der folgende Handelstag berücksichtigt; basiert auf S&P 500,

MÄRZ

Montag vor Dreifachem Hexensabbat im März, Dow-Anstieg 14 der letzten 15, aber Einbruch 4,1 % 2001 und 1,3 % 2004

MONTAG
D 47,6
S 42,9
N 47,6
12

In der gesamten belegten Geschichte hat es nicht einen Ökonom gegeben, der sich darum sorgen musste, wo er die nächste Mahlzeit herbekommen sollte. – Peter Drucker (In Österreich geborener Management-Theoretiker, 1909–2005)

DIENSTAG
D 42,9
S 57,1
N 57,1
13

Manche sehen die Dinge so, wie sie sind, und sagen „Warum?" – Ich träume von Dingen, die es niemals gab und sage „Warum nicht?" – George Bernard Shaw (Irischer Dramatiker, 1856–1950)

MITTWOCH
D 57,1
S 52,4
N 47,6
14

Große Geister haben stets heftige Gegnerschaft in den Mittelmäßigen gefunden. – Albert Einstein (Deutsch-amerikanischer Physiker, Nobelpreisträger 1921, 1779–1955)

DONNERSTAG
D 52,4
S 61,9
N 47,6
15

In Baissemärkten verliert jeder. Der Gewinner ist derjenige, der am wenigsten verliert. – Richard Russell *(Dow Theory Letters)*

Dreifacher Hexensabbat im März, Dow-Anstieg 4 der letzten 5, 3 Dow Minus in Folge von 1999–2001 Wesentlich günstigerer Börsentag am Vortag des St. Patrick's Day (S. 32)

 **FREITAG**
D 66,7
S 66,7
N 71,4
16

Ich habe in meinem letzten Jahr an der High School genug Papiere verkauft, um einen BMW bar zu bezahlen. – Michael Dell (Gründer von Dell Computer, *Forbes*)

St. Patrick's Day ♣

SAMSTAG
17

SONNTAG
18

Jahre vor Präsidentenwahlen
Seit 68 Jahren keine Verlustjahre

Investoren können sich im Hinblick auf 2007 etwas sicherer fühlen. Seit dem vom Krieg erschütterten Jahr 1939 (Dow - 2,9 %) hat es in den dritten Jahren der Präsidentschaft kein Verlustjahr gegeben. Der einzige schwere Verlust in einem Vor-Wahljahr liegt 84 Jahre zurück, im Jahr 1931 während der Depression.

Die alle vier Jahre stattfindende Wahl des Präsidenten hat einen vierjährigen politischen Börsenzyklus hervorgebracht. Die meisten Baissemärkte finden im ersten oder zweiten Jahr nach einer Wahl statt (s. S. 130). Danach erholt sich der Markt. Üblicherweise tut eine Regierung alles in ihrer Macht stehende, um die Wirtschaft anzukurbeln, so dass die Wähler zum Wahltermin in guter Stimmung sind.

Eine ziemlich beeindruckende Bilanz. Es ist wahrscheinlich, dass die Gewinnserie anhält und der Markt im Vor-Wahljahr 2007 an Boden gewinnt. Diese Aussichten verbessern sich noch deutlich, wenn der Markt die vier Jahre andauernde und ermüdete Hausse im zweiten Teil des Jahres 2006 durch ein typisches Baissemarkt-Tief zur Mitte der Amtszeit ablöst.

Bilanz seit 1915

Jahr	Präsident	Ereignis
1915	Wilson (D)	1. Weltkrieg in Europa, aber US-Aktien steigen um 81,7 %
1919	Wilson (D)	Nach Waffenstillstand 45,5 % Gewinn durch Höchstwert am 3. November. Dow-Jahresanstieg 30,5 %
1923	Harding/ Coolidge (R)	Teapot-Dome-Skandal drückt die Kurse. Dow verliert 3,3 %
1927	Coolidge (R)	Haussemarkt setzt sich fort, Anstieg 28,8 %
1931	Hoover (R)	Depression, Aktien verlieren die Hälfte Dow -52,7 %, S&P -47,1 %
1935	Roosevelt (D)	Fast durchgängig Gewinne S&P 500 +41,2 %, Dow + 38,5 %
1939	Roosevelt (D)	Kriegsgefahr, Dow verliert 2,9 %, im April/Dezember allerdings + 23,7 %, S&P -5,5 %
1943	Roosevelt (D)	USA im Krieg, Aussichten besser, S&P +19,4 %, Dow +13,8 %
1947	Truman (D)	S&P unverändert, Dow +2,2 %
1951	Truman (D)	Dow +14,4 %, S&P +16,5 %
1955	Eisenhower (R)	Dow +20,8 %, S&P +26,4 %
1959	Eisenhower (R)	Dow +16,4 %, S&P +8.5%
1963	Kennedy/Johnson (D)	Dow +17,0 %, S&P +18,9 %
1967	Johnson (D)	Dow +15,2 %, S&P +20,1 %
1971	Nixon (R)	Dow +6,1 %, S&P +10,8 %, NASDAQ +27,4 %
1975	Ford (R)	Dow +38,3 %, S&P +31,5 %, NASDAQ +29,8 %
1979	Carter (D)	Dow +4,2 %, S&P +12,3 %, NASDAQ +28,1 %
1983	Reagan (R)	Dow +20,3 %, S&P +17,3 %, NASDAQ +19,9 %
1987	Reagan (R)	Dow +2,3 %, S&P +2,0 % trotz der Einbrüche im Oktober. NASDAQ -5,4%
1991	G.H.W. Bush (R)	Dow +20,3 %, S&P +26,3 %, NASDAQ +56,8 %
1995	Clinton (D)	Dow +33,5 %, S&P +34,1 %, NASDAQ +39,9 %
1999	Clinton (D)	Höhepunkt des Millenium-Fiebers: Dow +25,2 %, S&P +19,5 %, NASDAQ +85,6 %
2003	G.W. Bush	geradewegs nach oben nach Saddams Fall: Dow +25,3 %, S&P +26,4 %, NASDAQ +50,0 %

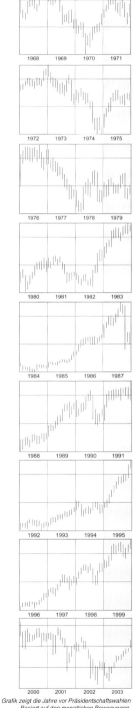

Grafik zeigt die Jahre vor Präsidentschaftswahlen Basiert auf den monatlichen Bewegungen des Dow Jones Industrial Average

MÄRZ

Woche nach Dreifachem Hexensabbat,
Dow Minus 14 der letzten 19

 MONTAG
D 52,4
S 61,9
N 61,9
19

Ein Fanatiker ist ein Mensch, der seine Ansicht nicht ändern kann und der das Thema nicht wechseln will. –
Winston Churchill (Britischer Staatsmann, 1874–1965)

DIENSTAG
D 61,9
S 47,6
N 57,1
20

Das Geheimnis des Erfolgs ist, etwas zu wissen, das niemand sonst weiß. –
Aristoteles Onassis (Griechischer Reeder und Milliardär)

Frühlingsanfang

MITTWOCH
D 33,3
S 47,6
N 33,3
21

Wenn man jung ist, denkt man, Geld sei alles, und erst wenn man älter wird, merkt man, dass es alles ist. – Oscar Wilde

Historisch gesehen, März Ende des Monats schwach

 DONNERSTAG
D 42,9
S 38,1
N 52,4
22

Das, an das man wirklich glaubt, passiert immer. Der Glaube daran lässt es passieren. –
Frank Lloyd Wright (Amerikanischer Architekt)

FREITAG
D 28,6
S 52,4
N 57,1
23

Wird der Geist des Menschen einmal durch eine neue Idee erweitert, bekommt er nie wieder seine alten Ausmaße zurück. –
Oliver Wendell Holmes

SAMSTAG
24

Beginn der Sommerzeit (Deutschland)

SONNTAG
25

Die oben abgebildete Marktwahrscheinlichkeitstabelle ist eine graphische Umsetzung des S&P 500 Marktwahrscheinlichkeitskalenders auf S. 124

April ist immer noch der beste Dow-Monat (durchschn. 1,8 %) seit 1950 (siehe S. 44) April 1999 war der erste Monat, in dem der Dow um 1 000 Punkte zulegte, 856 im Jahr 2001, 2002 vom hohen Ross geholt mit einem Minus von 458, 2003 +489 Neigt zur Schwäche nach Ablauf der Frist zur Einreichung der Steuererklärung Mitte des Monats Aktien nehmen hohe Erträge im 1. Quartal eher durch starken Anstieg vor Erklärung der Erträge vorweg, statt danach Selten ein gefährlicher Monat mit Ausnahme von großen Baissemärkten (wie 2002), trug die Hauptlast der Rückgänge der ersten Jahreshälfte in den Jahren 2004 & 2005 „Besten 6 Monate" des Jahres enden mit dem April (S. 50) Nur 1 S&P-Minus in Vorwahljahren seit 1950 Ende April starker NASDAQ (S. 125 & 126)

April – Grundlegende Statistiken

	DJIA	S&P 500	NASDAQ	Russell 1000	Russell 2000
Rang	1	4	6	5	6
Plus	35	38	22	17	17
Minus	22	19	14	11	11
Durchschn. +/−	1,8%	1,3%	1,0%	1,2%	1,2%
Vor-Wahljahre	4,2%	3,6%	3,7%	2,9%	3,8%
Tops & Flops April					
	+/− (%)	+/− (%)	+/− (%)	+/− (%)	+/− (%)
Top	1978 10,6	1978 8,5	2001 15,0	2001 8,0	2003 9,4
Flop	1970 −6,3	1970 −9,0	2000 −15,6	2002 −5,8	2000 −6,1
Tops & Flops April: Wochen					
Top	11.4.75 5,7	20.4.00 5,8	12.4.01 14,0	20.4.00 5,9	20.4.00 6,2
Flop	14.4.00 −7,3	14.4.00 −10,5	14.4.00 −25,3	14.4.00 −11,2	14.4.00 −16,4
Tops & Flops April: Tage					
Top	5.4.01 4,2	5.4.01 4,4	5.4.01 8,9	5.4.01 4,6	18.4.01 5,8
Flop	14.4.00 −5,7	14.4.00 −5,8	14.4.00 −9,7	14.4.00 −6,0	14.4.00 −7,3
Erster Handelstag der Verfallswoche: 1980–2006					
Bilanz (#Plus−#Minus)	17-10	16-11	15-12	15-12	11-16
	D2	D1	D2	D2	D2
Durchschn. +/− (%)	0,26	0,19	0,23	0,18	0,06
Optionsverfallstag: 1980–2006					
Bilanz (#Plus−#Minus)	18-9	17-10	15-12	17-10	16-11
Derzeitiger Lauf	U1	D2	D3	D2	D2
Durchschn. Änderung	0,19	0,16	−0,12	0,14	0,09
Verfallswoche: 1980–2006					
Bilanz (#Plus−#Minus)	22-5	20-7	18-9	18-9	20-7
Derzeitiger Lauf	U1	U1	U1	U1	U1
Durchschn. Änderung	1,11	0,86	0,94	0,83	0,67
Woche nach Optionsverfall: 1980–2006					
Bilanz (#Plus−#Minus)	17-10	17-10	18-9	17-10	17-10
Derzeitiger Lauf	U3	D1	D1	D1	D1
Durchschn. Änderung	0,29	0,23	0,42	0,23	0,74
Performance erster Handelstag					
Häufigkeit Anstiege (%)	56,1	59,6	38,9	53,6	39,3
Durchschn. +/− (%)	0,07	0,04	−0,32	−0,04	−0,34
Performance letzter Handelstag					
Häufigkeit Anstiege (%)	54,4	59,6	72,2	64,3	78,6
Durchschn. +/− (%)	0,14	0,15	0,32	0,21	0,39

Dow & S&P 1950–Juni 2006, NASDAQ 1971–Juni 2006, Russell 1000 & 2000 1979–Juni 2006

Seit 1950 ist April der beste Dow-Monat für Ertrag
schick sind Gewinne vor 'm Gründonnerstag

MÄRZ/APRIL

MONTAG
D 57,1
S 52,4
N 42,9
26

Wenn ich 1 Million Dollar Schulden habe, bin ich verloren. Wenn ich aber 50 Mrd. Dollar Schulden habe, sind die Banker verloren. – Celso Ming

DIENSTAG
D 42,9
S 47,6
N 52,4
27

Je höher die Intelligenz und moralische Stärke der Menschen, um so niedriger wird der jeweilige Zinssatz sein. – Eugen von Böhm-Bawerk (Österreichischer Ökonom, Capital and Interest, 1851–1914)

MITTWOCH
D 61,9
S 57,1
N 47,6
28

Ein Abweichler (oder Contrarian) ist jeder Mensch in den Momenten seines Lebens, an denen er kurzfristig aus der Herde austritt und selbständig denkt. – Archibald MacLeish (Amerikanischer Dichter, Schriftsteller und politischer Aktivist, 1892–1982)

DONNERSTAG
D 47,6
S 33,3
N 42,9
29

Ich behalte die saisonalen Muster immer im Hinterkopf.
Meine Antennen beginnen zu bestimmten Zeiten des Jahres zu surren. – Kenneth Ward

Letzter Handelstag im März, Dow Minus 13 der letzten 17, z. T. große Verluste

FREITAG
D 38,1
S 47,6
N 66,7
30

Das Leben besteht nicht hauptsächlich aus Tatsachen und Geschehnissen. Es besteht hauptsächlich aus dem Sturm der Gedanken, der jedem durch den Kopf tobt. – Mark Twain (1835–1910, Pseudonym von Samuel Longhorne Clemens, amerikanischer Romanautor und Satiriker)

SAMSTAG
31

Saisonale Stärken im April: siehe Seiten 78, 114 & 116

SONNTAG
1

Warum ein 50 %-Anstieg des Dow zwischen dem Tiefstwert 2006 und dem Höchstwert 2007 möglich ist

In der Regel treten größere Kurskorrekturen im ersten oder zweiten Jahr nach einer Präsidentenwahl auf. In den letzten 11 Jahren in der Mitte eines Wahlzyklus startete neun Mal eine Baisse bzw. hielt eine solche an – 1986 gab es eine Hausse und 1994 erlebten wir einen seitwärtstendierenden Markt.

Der geringste Anstieg in der Mitte der Amtszeit, 14,5 % vom Tiefstwert 1946, fand in der wirtschaftlichen Knappheit nach dem 2. Weltkrieg statt. Die nächsten vier geringsten Zuwächse fielen auf: 1978 (OPEC-Iran) 20,9 %, 1930 (Wirtschaftskrise) 23,4 %, 1966 (Vietnam) 26,7 % und 1990 (Golfkrieg) 34,0 %.

Seit 1914 hat der Dow durchschn. 50 % zwischen dem Tiefstwert in der Mitte der Amtszeit bis zum nachfolgenden Höchststand im folgenden Vorwahljahr zugelegt. Ein Ausschlag mit solcher Amplitude entspricht einem Anstieg von 8 500 auf 12 750 oder von 10 000 auf 15 000.

Eine ziemlich beeindruckende saisonale Stärke! Es gibt keinen Grund anzunehmen, dass der vierjährige Präsidentschaftswahl-/Börsenzyklus nicht weiterhin besteht. Seite 130 zeigt, wie effektiv Präsidenten eine wesentlich stärkere Wirtschaft im dritten und vierten Amtsjahr im Vergleich zu den ersten beiden vorweisen konnten.

Zum Zeitpunkt der Drucklegung hat der Dow (11 150,22) 4,0 % seit Jahresbeginn zugelegt und 4,2 % seit dem Höchstwert vom 10.5.2006 verloren. Ein Tiefststand zur Hälfte der Amtszeit ist für den weiteren Verlauf des Jahres sehr wahrscheinlich, mit wesentlichen geringeren Preisen. Auch wenn wir eine zu Kriegszeiten übliche geringere Handelsspanne berücksichtigen, erwarten wir einen Zuwachs des Dow von 4 000–5 000 Punkten zwischen Tiefstwert 2006 und dem Höchststand 2007. NASDAQ hat das Potential, sich zu verdoppeln! Der technologie-orientierte Index ist seit 1974 um 82,9 % von den Tiefstwerten in der Mitte der Amtszeit in die Höhe geschnellt.

Prozentuale Veränderung in Dow Jones Industrials zwischen dem Tiefstwert zur Mitte der Amtszeit und dem Höchststand des folgenden Jahres

	Tiefstwert zur Mitte der Amtszeit				Höchststand des Vorwahljahres			
	Tag des Tiefstwerts			Dow	Tag des Höchststands			Dow	Gewinn (%)
1	Jul	30	1914	*	52,32	Dez	27	1915	99,21	89,6%
2	Jan	15	1918	**	73,38	Nov	3	1919	119,62	63,0
3	Jan	10	1922	**	78,59	Mär	20	1923	105,38	34,1
4	Mär	30	1926	*	135,20	Dez	31	1927	202,40	49,7
5	Dez	16	1930	*	157,51	Feb	24	1931	194,36	23,4
6	Jul	26	1934	*	85,51	Nov	19	1935	148,44	73,6
7	Mär	31	1938	*	98,95	Sep	12	1939	155,92	57,6
8	Apr	28	1942	*	92,92	Jul	14	1943	145,82	56,9
9	Okt	9	1946		163,12	Jul	24	1947	186,85	14,5
10	Jan	13	1950	**	196,81	Sep	13	1951	276,37	40,4
11	Jan	11	1954	**	279,87	Dez	30	1955	488,40	74,5
12	Feb	25	1958	**	436,89	Dez	31	1959	679,36	55,5
13	Jun	26	1962	*	535,74	Dez	18	1963	767,21	43,2
14	Okt	7	1966	*	744,32	Sep	25	1967	943,08	26,7
15	Mai	26	1970	*	631,16	Apr	28	1971	950,82	50,6
16	Dez	6	1974	*	577,60	Jul	16	1975	881,81	52,7
17	Feb	28	1978	*	742,12	Okt	5	1979	897,61	21,0
18	Aug	12	1982	*	776,92	Nov	29	1983	1287,20	65,7
19	Jan	22	1986		1502,29	Aug	25	1987	2722,42	81,2
20	Okt	11	1990	*	2365,10	Dez	31	1991	3168,86	34,0
21	Apr	4	1994		3593,35	Dez	13	1995	5216,47	45,2
22	Aug	31	1998	*	7539,07	Dez	31	1999	11497,12	52,5
23	Okt	9	2002	*	7286,27	Dez	31	2003	10453,92	43,5
24	Jan	20	2006	?	10667,39	?	*Zum Drucktermin*		2007	

* Ende Baisse   ** Baisse Vorjahr   Durchschnitt 50,0%

APRIL

Erster Handelstag im April Dow-Anstiege 9 der letzten 12,
6 Gewinner in Folge 1995–2000

MONTAG
D 61,9
S 57,1
N 42,9
2

Es ist das Markenzeichen vieler berühmter Leute, dass sie ihre beste Stunde nicht hinter sich lassen können. –
Lillian Hellman (Dramatikerin, *The Children's Hour* und *Little Foxes*, 1905–1984)

Pessach

DIENSTAG
D 61,9
S 61,9
N 52,4
3

Wenn ein Mann beide Seiten eines Problems verstehen kann, weißt Du, dass sein Geld nicht darin verwickelt ist. –
Verda Ross

MITTWOCH
D 47,6
S 52,4
N 66,7
4

640 KB sollten genug für jeden sein. – William H. Gates (Microsoft-Gründer, 1981, Versuchen Sie mal,
Windows XP mit weniger als 256 MB zu starten)

Gründonnerstag
Tag vor Karfreitag (regelmäßig besser im April) –
S&P-Anstieg 9 der letzten 11, durchschn. 0,5 %

DONNERSTAG
D 76,2
S 61,9
N 47,6
5

Törichte Verbissenheit ist der Kobold der Kleingeister. – Ralph Waldo Emerson (Amerikanischer Autor, Dichter und
Philosoph, *Self-Reliance*, 1803–1882

Karfreitag (Börse geschlossen)

FREITAG
6

Methodik ist das letzte Refugium eines unfruchtbaren Geistes. – Marianne L. Simmel

SAMSTAG
7

Ostersonntag

SONNTAG
8

Der Dezember-Tiefststand-Indikator: Ein nützliches Prognosetool

Schließt der Dow im 1. Quartal unterhalb seines Dezember-Tiefststands, ist dies häufig ein exzellentes Warnsignal. Jeffrey Saut, geschäftsführender Direktor für Investmentstrategie bei Raymond James, hat uns vor ein paar Jahren darauf hingewiesen. Der Dezember-Tiefststand-Indikator wurde ursprünglich in den siebziger Jahren von Lucien Hooper, Forbes-Kolumnist und Wall Street-Analyst, entwickelt. Hooper glaubte nicht an die Funktion des Januars und der ersten Januarwoche als verlässliche Indikatoren. Er merkte an, dass dieser Trend zufällig sein könne oder durch eine durch Feiertage gekürzte Woche sogar manipuliert sein könnte. Stattdessen, so Hooper „sollte man viel mehr auf den Tiefststand im Dezember achten. Wenn dieser Tiefstwert im ersten Quartal des neuen Jahres unterboten wird, dann aufgepasst!"

13 der 27 Fälle folgten Gewinne im Rest des Jahres – und 12 Gewinnjahren – nachdem der Tiefststand in diesem Jahr erreicht war. Zum Vergleich haben wir die Ergebnisse des Januar-Barometers daneben gestellt. Hoopers Warnung „Aufgepasst!" war dennoch ganz richtig. In allen Jahren seit 1952 – bis auf eins – kam es zu weiteren Verlusten, da der Dow um durchschnittlich weitere 10,5 % fiel, wenn der Dezember-Tiefststand im 1. Quartal unterboten wurde.

Es kam nur zu drei wesentlichen Einbrüchen (nicht dargestellt), wenn der Dezember-Tiefststand im ersten Quartal unterboten wurde (1974, 1981 und 1987). Beide Indikatoren lagen nur dreimal falsch und sechs Jahre endeten ohne nennenswerte Kursbewegungen. Wird der Dezember-Tiefststand nicht erreicht, schauen Sie auf unser Januar-Barometer. Seine Bilanz ist fast perfekt, es lag in fast 100 % dieser Fälle richtig (die kompletten Ergebnisse finden sich auf www.stocktradersalmanac.com).

Jahre, in denen der Dow im 1. Quartal unter den Dezember-Tiefststand gefallen ist

Jahr	Tiefststand voriger Dezember	Unterschritten am	Kurs	Folgender Tiefststand	+/- (%) im Vergleich zum Gesamtjahr Tiefststand	+/- (%) Rest des Jahres	+/- (%)	Jan Bar
1952	262,29	19.2.52	261,37	256,35	— 1,9%	11,7%	8,4%	1,6%[2]
1953	281,63	11.2.53	281,57	255,49	— 9,3	— 0,2	— 3,8	— 0,7
1956	480,72	9.1.56	479,74	462,35	— 3,6	4,1	2,3	— 3,6[2,3]
1957	480,61	18.1.57	477,46	419,79	— 12,1	— 8,7	— 12,8	— 4,2
1960	661,29	12.1.60	660,43	566,05	— 14,3	— 6,7	— 9,3	— 7,1
1962	720,10	5.1.62	714,84	535,76	— 25,1	— 8,8	— 10,8	— 3,8
1966	939,53	1.3.66	938,19	744,32	— 20,7	— 16,3	— 18,9	0,5[1]
1968	879,16	22.1.68	871,71	825,13	— 5,3	8,3	4,3	— 4,4[1,2]
1969	943,75	6.1.69	936,66	769,93	— 17,8	— 14,6	— 15,2	— 0,8
1970	769,93	26.1.70	768,88	631,16	— 17,9	9,1	4,8	— 7,6[2,3]
1973	1000,00	29.1.73	996,46	788,31	— 20,9	— 14,6	— 16,6	— 1,7
1977	946,64	7.2.77	946,31	800,85	— 15,4	— 12,2	— 17,3	— 5,1
1978	806,22	5.1.78	804,92	742,12	— 7,8	0,01	— 3,1	— 6,2[3]
1980	819,62	10.3.80	818,94	759,13	— 7,3	17,7	14,9	5,8[2]
1982	868,25	5.1.82	865,30	776,92	— 10,2	20,9	19,6	— 1,8[1,2]
1984	1236,79	25.1.84	1231,89	1086,57	— 11,8	— 1,6	— 3,7	— 0,9[3]
1990	2687,93	15.1.90	2669,37	2365,10	— 11,4	— 1,3	— 4,3	— 6,9
1991	2565,59	7.1.91	2522,77	2470,30	— 2,1	25,6	20,3	4,2[2]
1993	3255,18	8.1.93	3251,67	3241,95	— 0,3	15,5	13,7	0,7[2]
1994	3697,08	30.3.94	3626,75	3593,35	— 0,9	5,7	2,1	3,3[2,3]
1996	5059,32	10.1.96	5032,94	5032,94	NC	28,1	26,0	3,3[2]
1998	7660,13	9.1.98	7580,42	7539,07	— 0,5	21,1	16,1	1,0[2]
2000	10998,39	4.1.00	10997,93	9796,03	— 10,9	— 1,9	— 6,2	— 5,1
2001	10318,93	12.3.01	10208,25	8235,81	— 19,3	— 1,8	— 7,1	3,5[1]
2002	9763,96	16.1.02	9712,27	7286,27	— 25,0	— 14,1	— 16,8	— 1,6
2003	8303,78	24.1.03	8131,01	7524,06	— 7,5	28,6	25,3	— 2,7[1,2]
2005	10440,58	21.1.05	10392,99	10012,36	— 3,7	3,1	— 0,6	— 2,5[3]
2006	10717,50	20.1.06	10667,39	10667,39	NC	Zur Zeit des Drucks – nicht im Durchschnitt		2,5
				Durchschnittlicher Verlust	**— 10,5%**			

[1] Januar-Barometer falsch   [2] Dezember-Tief-Indikator falsch   [3] Jahr mit geringen Umsätzen

APRIL

Ostermontag
Achten Sie auf Dow und S&P MACD SELL-Signal (S. 50 und 52)

MONTAG
D 38,1
S 42,9
N 42,9
9

Wenn ich mein Leben noch einmal leben müsste, würde ich lieber Warenhändler als Wissenschaftler werden. Ich finde, Tauschhandel ist etwas sehr Edles. – Albert Einstein (Deutsch-amerikanischer Physiker, Nobelpreisträger 1921, 1934, 1879–1955)

DIENSTAG
D 52,4
S 57,1
N 61,9
10

Erfolg wird nicht danach gemessen, welche Position man erreicht hat. Er wird nach den Hindernissen gemessen, die man zu überwinden hat. – Booker T. Washington (Gründer des Tuskegee-Institutes, 1856–1915)

April ist der beste Monat für den Dow, durchschn. 1,8 % seit 1950

MITTWOCH
D 57,1
S 57,1
N 57,1
11

Intensive Konzentration über Stunden kann in Menschen Ressourcen wecken, von denen sie selbst nichts wussten. – Edwin Land (Erfinder und Gründer von Polaroid, 1909–1991)

DONNERSTAG
D 61,9
S 47,6
N 57,1
12

Die meisten Menschen haben keine Ahnung von dem gigantischen Leistungsvermögen, das wir abrufen können, wenn wir alle unsere Ressourcen auf das Bewältigen eines einzigen Lebensbereichs konzentrieren. – Anthony Robbins (Motivator, Berater, Ratgeber, Autor, Unternehmer, Philanthrop)

FREITAG
D 52,4
S 42,9
N 47,6
13

Von Frauen wird erwartet, dass sie doppelt soviel wie Männer in der Hälfte der Zeit schaffen, ohne dass ihnen dafür Annerkennung zuteil wird. Glücklicherweise ist das nicht schwierig. – Charlotte Whitton (Ehemalige Bürgermeisterin von Ottawa, Feministin, 1896–1975)

SAMSTAG
14

SONNTAG
15

Fallende Kurse im Januar: Eine bemerkenswerte Bilanz

Im ersten Drittel des 20. Jahrhunderts gab es keinen Zusammenhang zwischen dem Markt im Januar und dem Jahr im Ganzen (S. 24). Dann entdeckten wir 1972, dass der Verfassungszusatz von 1993 den politischen Kalender verändert hatte, und das Januar-Barometer war geboren – seine Bilanz zeigt: es ist ziemlich exakt (S. 16).

Januare mit fallenden Kursen sind Vorboten des Unheils in den Bereichen Wirtschaft, Politik oder Militär. Eisenhowers Herzanfall im Jahr 1955 warf Zweifel auf, ob er 1956 zur Wahl stehen könnte – kaum Umsätze in diesem Jahr. Zwei weitere Wahljahre mit fallenden Kursen im Januar waren ebenfalls flaue Jahre (1984 und 1982). Mit schlechten Januaren begannen 12 Baissemärkte und weitere 5 dauerten in solchen Monaten an. 1968 zeigten die Kurse auf Grund von Vietnam nach unten, doch Johnsons „Bombardierungsstopp" veränderte das Klima. Der Januar 2003 schloss im Angesicht einer unmittelbar bevorstehenden Militäraktion im Irak mit Kursverlusten, und der Markt zeigte einen Dreifachboden im März, kurz bevor die von US-Kräften angeführten Truppen ihren Angriff auf Bagdad begannen. Der Fall Bagdads, die bevorstehenden Wahlen und die Erholungskräfte machten aus 2003 dann ein herausragendes Jahr. 2005 war flau, mit der niedrigsten Dow-Handelsspanne aller Zeiten.

Leider starten Haussen und Baissen praktischerweise nicht zu Beginn oder Ende von Monaten oder Jahren. Obwohl einige Jahre höher endeten, **folgte jedem Januar mit Kursverlusten eine neue oder andauernde Baisse oder ein umsatzschwaches Jahr**. Mit der Ausnahme von 1965 **folgten Januare mit Kursverlusten deutliche Abschläge von durchschn. –12,6 %**, was natürlich eine gute Gelegenheit zum Kauf in den späten Monaten des Jahres bot.

Von S&P-Verlusten zum Januarschluss zu Tiefstständen in den folgenden 11 Monaten

Jahr	Schlusswert Januar	+/– (%)	11-Monats-Tief	Tag des Tiefststands	Schlusswert zu Tief (%)	Feb.–Dez. (%)	+/– (%) Jahr	
1953	26,38	– 0,7%	22,71	14. Sep	– 13,9%	– 6,0%	– 6,6%	Baisse
1956	43,82	– 3,6	44,10	28. Mai	0,9	6,5	2,6	umsatzschwach
1957	44,72	– 4,2	38,98	22. Okt	– 12,8	– 10,6	– 14,3	Baisse
1960	55,61	– 7,1	52,30	25. Okt	– 6,0	4,5	– 3,0	Baisse
1962	68,84	– 3,8	52,32	26. Jun	– 24,0	– 8,3	– 11,8	Baisse
1968	92,24	– 4,4	87,72	5. Mär	– 4,9	12,6	7,7	Baisse andauernd
1969	103,01	– 0,8	89,20	17. Dez	– 13,4	– 10,6	– 11,4	Baisse
1970	85,02	– 7,6	69,20	26. Mai	– 18,6	8,4	0,1	Baisse andauernd
1973	116,03	– 1,7	92,16	5. Dez	– 20,6	– 15,9	– 17,4	Baisse
1974	96,57	– 1,0	62,28	3. Okt	– 35,5	– 29,0	– 29,7	Baisse
1977	102,03	– 5,1	90,71	2. Nov	– 11,1	– 6,8	– 11,5	Baisse
1978	89,25	– 6,2	86,90	6. Mär	– 2,6	7,7	1,1	Baisse andauernd
1981	129,55	– 4,6	112,77	25. Sep	– 13,0	– 5,4	– 9,7	Baisse
1982	120,40	– 1,8	102,42	12. Aug	– 14,9	16,8	14,8	Baisse andauernd
1984	163,42	– 0,9	147,82	24. Jul	– 9,5	2,3	1,4	umsatzschwach
1990	329,07	– 6,9	295,46	11. Okt	– 10,2	0,4	– 6,6	Baisse
1992	408,79	– 2,0	394,50	8. Apr	– 3,5	6,6	4,5	umsatzschwach
2000	1394,46	– 5,1	1264,74	20. Dez	– 9,3	– 5,3	– 10,1	Baisse
2002	1130,20	– 1,6	776,76	9. Okt	– 31,3	– 22,2	– 23,4	Baisse
2003	855,70	– 2,7	800,73	11. Mär	– 6,4	29,9	26,4	Baisse andauernd
2005	1181,27	– 2,5	1137,50	20. Apr	– 3,7	5,7	3,0	umsatzschwach
Gesamt					– 264,3%	– 18,7%	– 94,0%	
Durchschnitt					– 12,6%	– 0,9%	– 4,5%	

APRIL

Einreichungsfrist Einkommensteuer in den USA
Montag vor Verfallstag April, Dow-Minus 3 von 5,
6 Anstiege in Reihe 1996–2001

MONTAG
D 76,2
S 61,9
N 61,9
16

Wegen der Steuern einen Kampf bis zum Tod ausfechten? Oh nein! Frauen, Heimatland, Gott, solche Sachen. Steuern? Nein. – Daniel Patrick Moynihan (US-Senator New York 1976–2001, im Gespräch mit Tim Russert bei „Meet The Press" am 23.5.1993)

DIENSTAG
D 71,4
S 61,9
N 47,6
17

Wenn Paris niest, bekommt Europa einen Schnupfen. – Prinz Klemens Metternich (Österreichischer Staatsmann, 1773–1859)

April neigt zur Schwäche nach Ablauf der US-Steuerfrist

MITTWOCH
D 52,4
S 61,9
N 61,9
18

Ein Verlust stört mich niemals, nachdem ich ihn mitgenommen habe. Den habe ich schon am nächsten Tag vergessen. Aber falsch zu liegen – den Verlust nicht mitzunehmen – das fügt Geldbeutel und Seele schwere Schäden zu. – Jesse Livermore

DONNERSTAG
D 42,9
S 47,6
N 52,4
19

Sich ein Ziel setzen ist nicht das Wichtigste. Das Wichtigste ist die Entscheidung, wie man es erreichen will und bei diesem Plan zu bleiben. – Tom Landry (Cheftrainer Dallas Cowboys 1960–1988)

Verfallstag im April, Dow-Anstieg 8 der letzten 10,
aber große Verluste 2001 und 2005

FREITAG
D 52,4
S 57,1
N 47,6
20

Wenn Du in die Ecke gedrängt wirst und alles gegen Dich läuft, bis es so aussieht, als ob Du keine Minute länger durchhalten könntest, dann gib niemals auf, weil genau das der Augenblick ist, an dem der Wind sich dreht. – Harriet Beecher Stowe (Amerikanische Schriftstellerin und Gegnerin der Sklaverei)

SAMSTAG
21

Weißer Sonntag

SONNTAG
22

Beste Monate der vergangenen 56 ½ Jahre
Standard & Poor's 500 & Dow Jones Industrials

Hier eine Rangliste der nach Monaten geordneten Performance des S&P und des Dow in den vergangenen 56½ Jahren. Die Monatsübersicht für den NASDAQ finden Sie auf S. 56. Januar, April, November und Dezember halten immer noch bei beiden Indizes die ersten vier Plätze. Dies führte 1986 zu unserer Entdeckung des bestgehüteten Geheimnisses der Börse. Man kann das Jahr in zwei Abschnitte unterteilen und praktisch sämtliche Gewinne in dem einen sechsmonatigen Abschnitt haben, und nur sehr wenige im anderen. September ist in beiden Ranglisten der schlechteste Monat (Siehe „Beste sechs Monate" auf S. 48).

Monatliche Gewinne & Verluste (%, Januar 1950 – Juni 2006)

Standard & Poor's 500					Dow Jones Industrials				
Monat	+/– (%) Gesamt	+/– (%) Durch- schnitt	Anzahl An- stiege	Anzahl Ver- lust	Month	+/– (%) Gesamt	+/– (%) Durch- schnitt	Anzahl An- stiege	Anzahl Ver- lust
Jan	79,9%	1,4%	36	21	Jan	75,9%	1,3%	38	19
Feb	— 0,9	— 0,02	31	26	Feb	12,4	0,2	33	24
Mär	56,4	1,0	37	20	Mär	51,8	0,9	36	21
Apr	73,1	1,3	38	19	Apr	101,3	1,8	35	22
Mai	14,0	0,2	32	25	Mai	3,8	0,1	29	28
Jun	13,1	0,2	31	26	Jun	— 5,7	— 0,1	28	29
Jul	49,3	0,9	30	26	Jul	59,6	1,1	34	22
Aug	— 0,03	— 0,001	30	26	Aug	— 3,9	— 0,1	31	25
Sep*	— 37,6	— 0,7	23	33	Sep	— 57,7	— 1,0	20	36
Okt	48,9	0,9	33	23	Okt	30,4	0,5	32	24
Nov	98,6	1,8	38	18	Nov	95,1	1,7	38	18
Dez	95,4	1,7	42	14	Dez	97,9	1,7	40	16
% Rangliste					% Rangliste				
Nov	98,6%	1,8%	38	18	Apr	101,3%	1,8%	35	22
Dez	95,4	1,7	42	14	Dez	97,9	1,7	40	16
Jan	79,9	1,4	36	21	Nov	95,1	1,7	38	18
Apr	73,1	1,3	38	19	Jan	75,9	1,3	38	19
Mär	56,4	1,0	37	20	Jul	59,6	1,1	34	22
Jul	49,3	0,9	30	26	Mär	51,8	0,9	36	21
Okt	48,9	0,9	33	23	Okt	30,4	0,5	32	24
Mai	14,0	0,2	32	25	Feb	12,4	0,2	33	24
Jun	13,1	0,2	31	26	Mai	3,8	0,1	29	28
Aug	— 0,03	— 0,001	30	26	Aug	— 3,9	— 0,1	31	25
Feb	— 0,9	— 0,02	31	26	Jun	— 5,7	— 0,1	28	29
Sep*	— 37,6	— 0,7	23	33	Sep	— 57,7	— 1,0	20	36
Gesamt	**490,2%**	**8,7%**			**Gesamt**	**460,9%**	**8,1%**		
Durchschnitt		**0,72%**			**Durchschnitt**		**0,68%**		

*1979 unverändert

Antizipatoren, kulturelle Veränderungen und ein schnellerer Informationsfluss haben in den letzten Jahren saisonale Ereignisse verschoben. Die Rangliste der Monate in den letzten 15 ½ Jahren (186 Monate) unter Verwendung der prozentualen Zuwächse des S&P 500: Oktober (33,5), November (30,4), Dezember (30,4), April (20,1), Januar (20,1), Januar (18,9), Mai (18,5), März (10,9), Juli (4,3), Februar (2,6), Juni (2,5), September (–10,7), August (–11,3).

In den letzten 15 ½ Jahren haben die Spitzenreiter unserer „Besten 6 Monate" möglicherweise den Oktober auf den ersten Platz gehoben. Der Mai hat März und Juli übersprungen und liegt auf dem 6. Rang. Der Januar musste in vier der letzten sechs Jahre Verluste hinnehmen. Der Oktober 1987 mit einem Verlust von 23,3 % liegt nicht mehr innerhalb der letzten 15 Jahre und wir haben einige beachtliche Wendungen im „Bärentöter" Oktober in den letzten acht Jahren gesehen. Große Verluste innerhalb dieses Zeitraums betrafen: August 1990 (Kuwait), minus 10,0 %; August 1998 (Südostasienkrise), minus 15,1 %; September 2001 (11. September), minus 11,1 %; September 2002 (Vorboten des Irak-Kriegs), minus 12,4 %.

APRIL

MONTAG
D 52,4
S 52,4
N 52,4
23

Hindernisse dürfen Dich nicht aufhalten. Wenn Du gegen eine Wand rennst, dreh Dich nicht um und gib auf! Finde raus, wie Du drüberkletterst, durchkommst oder finde einen Weg drum herum. – Michael „Air" Jordan (ehemaliger Basketballspieler)

DIENSTAG
D 33,3
S 33,3
N 47,6
24

Wenn Leute wie ich ein Währungsregime stürzen können, stimmt das System nicht. – George Soros (Finanzier, Philanthrop, politischer Aktivist, Autor und Philosoph)

April 1999 war der erste Monat mit einem Dow-Anstieg um 1 000 Punkte

MITTWOCH
D 57,1
S 57,1
N 52,4
25

Warum soll ich die zweitbeste Aktie kaufen, wenn ich die beste haben kann? – Warren Buffett

DONNERSTAG
D 57,1
S 57,1
N 61,9
26

Verwirren Sie Gehirne nicht mit einer Hausse. – Humphrey Neill

FREITAG
D 52,4
S 52,4
N 57,1
27

Für jeden großen naturwissenschaftlichen Fortschritt war die totale Ablehnung der Obrigkeit notwendig. – Thomas Huxley (Britischer Wissenschaftler und Humanist, Verteidiger des Darwinismus, 1825–1895)

SAMSTAG
28

Saisonale Stärken im Mai: siehe Seiten 78, 114 und 116.

SONNTAG
29

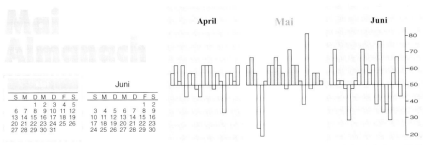

Die oben abgebildete Marktwahrscheinlichkeitstabelle ist eine graphische Umsetzung des S&P 500 Marktwahrscheinlichkeitskalenders auf S. 124

„Katastrophengebiet Mai/Juni" zwischen 1965 und 1984 mit Minus im Mai 15 von 20   Zwischen 1985 und 1997 war der Mai der beste Monat mit 13 Gewinnen in Folge, durchschn. Plus von 3,3 %   Neuste Daten: S&P 4 Plus, 5 Minus, durchschn. Minus von 0,1 %, Rang 8   Schlechtesten sechs Monate des Jahres beginnen mit dem Mai (S. 48)   Aus einer Investition i. H. v. 10 000 $ wären bei einer Berücksichtigung der Monate November–April in den letzten 56 Jahren 544 323 $ geworden, bei Mai–Oktober wäre hingegen ein Verlust von 272 $ erzielt worden.   Bilanz der Memorial-Day-Woche: 12 Anstiege nacheinander (1984–1995), in 7 der letzten 11 Jahre mit Minus   Mai in Vor-Wahljahren ist für NASDAQ und Russell 2000 wesentlich besser

Mai – Grundlegende Statistiken

	DJIA		S&P 500		NASDAQ		Russell 1000		Russell 2000	
Rang	9		8		5		4		4	
Plus	29		32		21		19		18	
Minus	28		25		15		9		10	
Durchschn. +/–	0,1%		0,2%		1,0%		1,3%		1,7%	
Vor-Wahljahre	–0,1%		0,1%		2,0%		1,2%		3,2%	
Tops & Flops Mai										
	+/– (%)		+/– (%)		+/– (%)		+/– (%)		+/– (%)	
Top	1990	8,3	1990	9,2	1997	11,1	1990	8,9	1997	11,0
Flop	1962	–7,8	1962	–8,6	2000	–11,9	1984	–5,9	2000	–5,9
Tops & Flops Mai: Wochen										
Top	29.5.70	5,8	2.5.97	6,2	17.5.02	8,8	2.5.97	6,4	2.5.97	5,4
Flop	25.5.62	–6,0	25.5.62	–6,8	12.5.00	–7,5	25.5.86	–2,9	12.5.06	–5,0
Tops & Flops Mai: Tage										
Top	27.5.70	5,1	27.5.70	5,0	30.5.00	7,9	8.5.02	3,7	30.5.00	4,2
Flop	28.5.62	–5,7	28.5.62	–6,7	23.5.00	–5,9	19.5.03	–2,5	10.5.00	–3,4
Erster Handelstag der Verfallswoche: 1980–2006										
Bilanz (#Plus–#Minus)	18-9		19-8		15-12		18-9		14-13	
	U2		U2		D1		U2		D1	
Durchschn. +/– (%)	0,29		0,30		0,19		0,26		0,04	
Optionsverfallstag: 1980–2006										
Bilanz (#Plus–#Minus)	12-15		14-13		13-14		14-13		13-14	
Derzeitiger Lauf	U1		U1		U3		U1		U1	
Durchschn. Änderung	–0,17		–0,19		–0,19		–0,17		–0,06	
Verfallswoche: 1980–2006										
Bilanz (#Plus–#Minus)	15-12		14-13		15-12		13-14		16-11	
Derzeitiger Lauf	D1		D1		D1		D1		D1	
Durchschn. Änderung	0,34		0,33		0,54		0,35		0,37	
Woche nach Optionsverfall: 1980–2006										
Bilanz (#Plus–#Minus)	16-11		17-10		19-8		17-10		19-8	
Derzeitiger Lauf	U3		U3		U3		U3		U4	
Durchschn. Änderung	0,11		0,20		0,13		0,20		0,18	
Performance erster Handelstag										
Häufigkeit Anstiege (%)	56,1		56,1		58,3		50,0		64,3	
Durchschn. +/– (%)	0,17		0,20		0,26		0,20		0,30	
Performance letzter Handelstag										
Häufigkeit Anstiege (%)	64,9		63,2		72,2		57,1		71,4	
Durchschn. +/– (%)	0,24		0,32		0,22		0,30		0,39	

Dow & S&P 1950–Juni 2006, NASDAQ 1971–Juni 2006, Russell 1000 & 2000 1979–Juni 2006

Mai war der Beste in neun aufeinander folgenden Jahren von den letzten neun aber fünf Verlustbringer waren

APRIL/MAI

MONTAG
D 52,4
S 61,9
N 76,2
30

...dividualismus, privates Vermögen, das Recht auf die Anhäufung von Reichtum und das Wettbewerbsrecht ...
...nd die besten Ergebnisse der menschlichen Erfahrung, der Boden, der bisher die besten Früchte hervorgebracht hat. –
...ndrew Carnegie (In Schottland geborener US-Industrieller, Philanthrop, The Gospel of Wealth, 1835–1919)

Maifeiertag
Erster Handelstag im Mai, Dow mit ordentlichem Plus 7
der letzen 9

DIENSTAG
D 61,9
S 61,9
N 66,7
1

Wir zahlen die Schulden der letzten Generation, in dem wir Obligationen herausgeben,
die von der nächsten Generation zu bezahlen sind. – Lawrence J. Peter

MITTWOCH
D 66,7
S 66,7
N 71,4
2

...mmer, wenn man ein erfolgreiches Unternehmen sieht, hat jemand eine mutige Entscheidung getroffen. –
...eter Drucker (In Österreich geborener Pionier der Management-Theorie, 1919–2005)

DONNERSTAG
D 47,6
S 57,1
N 76,2
3

...ch war noch nie arm, nur pleite. Arm sein ist ein Gemütszustand. Pleite sein ist eine vorübergehende Situation. –
...Mike Todd (Filmproduzent, 1903–1958)

FREITAG
D 38,1
S 23,8
N 42,9
4

Versuche, gierig zu sein, wenn die anderen Angst haben, und Angst zu haben, wenn andere gierig sind. – Warren Buffett

Europatag

SAMSTAG
5

SONNTAG
6

„Beste sechs Monate" immer noch eine erstaunlich gute Strategie

Unsere Beste-6-Monate-Wechselstrategie erfüllt durchgängig die Erwartungen. Zwischen dem 1. November und 30. April in Dow-Jones-Industrial-Average-Werte investieren und in den anderen sechs Monaten zu festverzinslichen Wertpapieren zu wechseln, hat seit 1950 verlässlich Erträge mit geringem Risiko erzielt.

Die Tabelle auf S. 147 weist November, Dezember, Januar, März und April als die besten Monate seit 1950 aus. Nehmen Sie den Februar noch dazu, und eine exzellente Strategie ist aus der Taufe gehoben! Diese sechs aufeinander folgenden Monate haben in 56 Jahren einen Anstieg des Dow um 11 691,79 Punkte erbracht, während die restlichen Monate Mai-Oktober 538,98 Punkte *Verlust* einbrachten. Der S&P legte um 1 157,39 Punkte während des gleichen Sechsmonatszeitraums zu, gegenüber 135,15 Punkten in den schlechtesten sechs.

Die prozentualen Veränderungen des Dow während eines jeden Sechsmonatszeitraums seit 1950 sind hier zusammen mit einer Anfangsinvestition von 10 000 $ dargestellt.

Der November-April-Gewinn von 534 323 $ stellt den Mai-Oktober-Verlust von 272 $ klar in den Schatten. (Das Ergebnis beim S&P waren 389 426 $ gegenüber 8 209 $.) Nur zwei November-April-Verluste waren zweistellig: April 1970 (Invasion in Kambodscha) und 1973 (OPEC-Ölembargo). Damit vergleichbar schwächte 2003 der Irakkrieg die besten Sechs und ließ die Schlechtesten Sechs steigen.

Als wir diese Strategie 1986 entwickelten, lag der Ertrag der Monate November-April mit 88 145 $ mehr als deutlich über dem Minus von 1 420 $ der Monate Mai-Oktober. Die Ergebnisse haben sich in diesen vergangenen 20 Jahren deutlich verbessert: 446 175 $ im Vergleich zu 1 248 $. So sensationell diese Ergebnisse auch sind, sie werden durch einen einfachen Timing-Indikator sogar fast verdreifacht, siehe S. 50.

6-Monate-Wechselstrategie

	+/– (%) DJIA 1. Mai– 31. Okt.	Investition 10.000 $	+/– (%) DJIA 1. Nov.– 30. Apr.	Investition 10.000 $
1950	5,0%	$10.500	15,2%	$11.520
1951	1,2	10.626	– 1,8	11.313
1952	4,5	11.104	2,1	11.551
1953	0,4	11.148	15,8	13.376
1954	10,3	12.296	20,9	16.172
1955	6,9	13.144	13,5	18.355
1956	– 7,0	12.224	3,0	18.906
1957	– 10,8	10.904	3,4	19.549
1958	19,2	12.998	14,8	22.442
1959	3,7	13.479	– 6,9	20.894
1960	– 3,5	13.007	16,9	24.425
1961	3,7	13.488	– 5,5	23.082
1962	– 11,4	11.950	21,7	28.091
1963	5,2	12.571	7,4	30.170
1964	7,7	13.539	5,6	31.860
1965	4,2	14.108	– 2,8	30.968
1966	– 13,6	12.189	11,1	34.405
1967	– 1,9	11.957	3,7	35.678
1968	4,4	12.483	– 0,2	35.607
1969	– 9,9	11.247	– 14,0	30.622
1970	2,7	11.551	24,6	38.155
1971	– 10,9	10.292	13,7	43.382
1972	0,1	10.302	– 3,6	41.820
1973	3,8	10.693	– 12,5	36.593
1974	– 20,5	8.501	23,4	45.156
1975	1,8	8.654	19,2	53.826
1976	– 3,2	8.377	– 3,9	51.727
1977	– 11,7	7.397	2,3	52.917
1978	– 5,4	6.998	7,9	57.097
1979	– 4,6	6.676	0,2	57.211
1980	13,1	7.551	7,9	61.731
1981	– 14,6	6.449	– 0,5	61.422
1982	16,9	7.539	23,6	75.918
1983	– 0,1	7.531	– 4,4	72.578
1984	3,1	7.764	4,2	75.626
1985	9,2	8.478	29,8	98.163
1986	5,3	8.927	21,8	119.563
1987	– 12,8	7.784	1,9	121.835
1988	5,7	8.228	12,6	137.186
1989	9,4	9.001	0,4	137.735
1990	– 8,1	8.272	18,2	162.803
1991	6,3	8.793	9,4	178.106
1992	– 4,0	8.441	6,2	189.149
1993	7,4	9.066	0,03	189.206
1994	6,2	9.628	10,6	209.262
1995	10,0	10.591	17,1	245.046
1996	8,3	11.470	16,2	284.743
1997	6,2	12.181	21,8	346.817
1998	– 5,2	11.548	25,6	435.602
1999	– 0,5	11.490	0,04	435.776
2000	2,2	11.743	– 2,2	426.189
2001	– 15,5	9.923	9,6	467.103
2002	– 15,6	8.375	1,0	471.774
2003	15,6	9.682	4,3	492.060
2004	– 1,9	9.498	1,6	499.933
2005	2,4	9.728	8,9	544.323
Durchschnitt	0,3%		7,9%	
# +	33		44	
# –	23		12	
56 Jahre Gewinn (Verlust)		(–272 $)		534.323 $

MAI

MONTAG 7
🐂
D 28,6
S 19,0
N 42,9

Ich glaube an den außergewöhnlichen Menschen – den Unternehmer, der ständig vor der Zahlungsunfähigkeit steht, nicht den Bürokraten, der Cashflows generiert und Dividenden zahlt. – Armand Erpf

DIENSTAG 8
D 57,1
S 52,4
N 66,7

Ein guter neuer US-Notenbank-Präsident ist genauso gut wie eine Steuersenkung in Höhe von 10 Mrd. Dollar. – Paul H. Douglas (US-Senator 1949–1967)

MITTWOCH 9
🐂
D 66,7
S 61,9
N 52,4

Der Unwissende ist stets zuversichtlich. – Anonym

DONNERSTAG 10
🐂
D 61,9
S 61,9
N 42,9

Erfolg ist die Fähigkeit, von einem Misserfolg in den nächsten zu geraten, ohne dabei seine Begeisterung zu verlieren. – Winston Churchill (Britischer Staatsmann, 1874–1965)

Freitag vor Muttertag, Dow-Anstieg 8 der letzten 12

FREITAG 11
🐂
D 66,7
S 66,7
N 61,9

Die Worte „Ich bin …" sind mächtige Worte, pass auf, was Du ihnen folgen lässt. Dinge, die man behauptet, fallen gerne auf einen selbst zurück. – A. L. Kitselman (Autor, Lehrer für Mathematik)

SAMSTAG 12

Muttertag

SONNTAG 13

MACD-Timing verdreifacht das Ergebnis der „Besten sechs Monate"

Die Verwendung des einfachen MACD-Indikators (Moving Average Convergence Divergence, Gleitender Mittelwert Konvergenz/Divergenz), der von Gerald Appel entwickelt wurde, um die besten Zeitpunkte für Ein- und Ausstieg in und aus dem Beste-6-Monats-Zeitraum zu finden, verdreifacht die Ergebnisse fast.

In Sy Hardings *Riding the Bear* wurde dem Handel mit unserer Beste-6-Monate-Wechselstrategie (S. 46) in Verbindung mit dem MACD der Titel „Bestes mechanisches System aller Zeiten" verliehen.

Unser *Almanac Investor Newsletter* und *Platform* setzen dieses System mit ziemlich großem Erfolg um. Ab 1. Oktober suchen wir am Markt nach dem ersten Hinweis auf einen Aufwärtstrend nach der Sommerflaute und ab 1. April machen wir uns bereit, diese saisonalen Positionen aufzulösen, sobald der Markt ins Wanken gerät.

Bei einem Markt mit Aufwärtstrend signalisiert der MACD einen früheren Ein- und einen späteren Ausstieg. Zeigt der Markt aber einen Abwärtstrend, wird der Einstieg verzögert, bis der Markt wieder anzieht und der Ausstiegszeitpunkt kann einen ganzen Monat früher erfolgen. Somit können unsere „Beste-6-Monate" ungefähr einen Monat länger oder kürzer ausfallen.

Die Anwendung des einfachen MACD-Signals zeigt erstaunliche Ergebnisse. Statt einem Gewinn von 534 323 $ über die letzten 56 Jahre bei einer Investition von 10 000 $ nur über die Besten 6 Monate (s. 46), steigt der Gewinn auf fast das Dreifache: 1 548 121 $. Der Verlust von 272 $ während der schlechtesten sechs Monate erhöht sich auf 6 646 $.

Beeindruckende Ergebnisse für Investitionen über im Durchschnitt nur 6 ½ Monate des Jahres! Den Rest des Jahres könnte das Geld in einem Geldmarktfonds geparkt werden, Index-Puts oder Bärenfonds gekauft werden, oder, wenn Sie ein langfristiger Anleger sind, könnten Sie Optionen auf ihre Positionen verkaufen.

Aktuelle Signale werden den Beziehern unseres monatlichen Newsletters bei Auslösung per E-Mail mitgeteilt. Weitere Informationen zur Berechnung des MACD-Indikators und zu den Tagen, an denen der Indikator auslöste, finden sich unter *www.stocktradersalmanac.com*.

6-Monate-Wechselstrategie + Timing

	+/– (%) DJIA 1. Mai– 31. Okt.*	Investition 10.000 $	+/– (%) DJIA 1. Nov.– 30. Apr.	Investition 10.000 $
1950	7,3	$10.730	13,3	$11.330
1951	0,1	10.741	1,9	11.545
1952	1,4	10.891	2,1	11.787
1953	0,2	10.913	17,1	13.803
1954	13,5	12.386	16,3	16.053
1955	7,7	13.340	13,1	18.156
1956	– 6,8	12.433	2,8	18.664
1957	– 12,3	10.904	4,9	19.579
1958	17,3	12.790	16,7	22.849
1959	1,6	12.995	– 3,1	22.141
1960	– 4,9	12.358	16,9	25.883
1961	2,9	12.716	– 1,5	25.495
1962	– 15,3	10.770	22,4	31.206
1963	4,3	11.233	9,6	34.202
1964	6,7	11.986	6,2	36.323
1965	2,6	12.298	– 2,5	35.415
1966	– 16,4	10.281	14,3	40.479
1967	– 2,1	10.065	5,5	42.705
1968	3,4	10.407	0,2	42.790
1969	– 11,9	9.169	– 6,7	39.923
1970	– 1,4	9.041	20,8	48.227
1971	– 11,0	8.046	15,4	55.654
1972	– 0,6	7.998	– 1,4	54.875
1973	– 11,0	7.118	0,1	54.930
1974	– 22,4	5.524	28,2	70.420
1975	0,1	5.530	18,5	83.448
1976	– 3,4	5.342	– 3,0	80.945
1977	– 11,4	4.733	0,5	81.350
1978	– 4,5	4.520	9,3	88.916
1979	– 5,3	4.280	7,0	95.140
1980	9,3	4.678	4,7	99.612
1981	– 14,6	3.995	0,4	100.010
1982	15,5	4.614	23,5	123.512
1983	2,5	4.729	– 7,3	114.496
1984	3,3	4.885	3,9	118.961
1985	7,0	5.227	38,1	164.285
1986	– 2,8	5.081	28,2	210.613
1987	– 14,9	4.324	3,0	216.931
1988	6,1	4.588	11,8	242.529
1989	9,8	5.038	3,3	250.532
1990	– 6,7	4.700	15,8	290.116
1991	4,8	4.926	11,3	322.899
1992	– 6,2	4.621	6,6	344.210
1993	5,5	4.875	5,6	363.486
1994	3,7	5.055	13,1	411.103
1995	7,2	5.419	16,7	479.757
1996	9,2	5.918	21,9	584.824
1997	3,6	6.131	18,5	693.016
1998	– 12,4	5.371	39,9	969.529
1999	– 6,4	5.027	5,1	1.018.975
2000	– 6,0	4.725	5,4	1.074.000
2001	– 17,3	3.908	15,8	1.243.692
2002	– 25,2	2.923	6,0	1.318.314
2003	16,4	3.402	7,8	1.421.142
2004	– 0,9	3.371	1,8	1.446.723
2005	– 0,5	3.354	7,7	1.558.121
Durchschn.	– 1,5%		9,9%	
# +	28		49	
# –	28		7	
56 Jahre Gewinn (Verlust)	(–6.646 $)			1.548.121 $

* Der Einstiegs- oder Ausstiegszeitpunkt nach MACD kann den 6-Monats-Zeitraum verlängern oder verkürzen.

MAI

Montag vor Mai-Verfallstag, Dow Plus 17 der letzten 19
Montag nach Muttertag, Dow Plus 10 der letzten 12

MONTAG
D 57,1
S 61,9
N 57,1
14

Die Technologie wird schrittweise die Demokratie in jedem Land und auf jeder Ebene stärken. – William H. Gates (Microsoft-Gründer)

DIENSTAG
D 57,1
S 57,1
N 61,9
15

Es gibt nur einen kleinen Punkt im Universum, von dem Du sicher sein kannst, dass Du ihn verbessern kannst, und das bist Du selbst. – Aldous Huxley (Englischer Autor, *Brave New World*, 1894–1963)

MITTWOCH
D 47,6
S 47,6
N 57,1
16

Der Unterschied zwischen Leben und Film ist, dass ein Drehbuch einen Sinn ergeben muss, das Leben aber nicht. – Joseph Mankiewicz (Regisseur, Drehbuchautor, Produzent, 1909–1993)

Christi Himmelfahrt

DONNERSTAG
D 61,9
S 71,4
N 71,4
17

Lerne von den Fehlern der anderen. Du lebst nicht lange genug, sie alle selbst zu machen. – Eleanor Roosevelt (First Lady, 1884–1962)

Mai-Verfallstag, 7 Plus 7 Minus seit 1993

FREITAG
D 61,9
S 61,9
N 52,4
18

Die Fähigkeit, vorauszusagen, was morgen, nächste Woche, nächsten Monat und nächstes Jahr passiert. Und dann noch die Fähigkeit, hinterher erklären zu können, warum es nicht eingetreten ist. – Winston Churchill (Britischer Staatsmann, 1874–1965, auf die Frage, welche Eigenschaften ein Politiker haben sollte.)

SAMSTAG
19

SONNTAG
20

40 Jahre an der Wall Street: Damals und heute

Natürlich haben sich die Zeiten verändert. Am Schwarzen Montag, dem 28.5.1962, nach einem Verlust über 10 Wochen von 20 %, schmierte der Dow um 5,7 % an einem einzigen Tag ab, um bei 576,93 zu schließen. Eine Woche zuvor vervierfachte sich das Handelsvolumen der New Yorker Börse auf 9,24 Mio. Aktien: der Ticker lief bis nach 19 Uhr. Das Volumen war am nächsten Tag noch größer, was die Verarbeitung so erschwerte, dass der Markt am Mittwoch geschlossen wurde.

Heute haben wir das über 200-fache Handelsvolumen an einem durchschnittlichen Tag und dennoch nie ein Problem. 60 % des Handels an der New Yorker Börse in den ersten sechs Monaten des Jahres 2006 war Programmhandel, ein Großteil davon wurde von einigen wenigen Top-Maklerfirmen übernommen.

Im Jahr 1969 gab es 269 offene Investmentfonds mit Vermögenswerten i.H.v. 48,3 Mrd. $. Laut dem Investment Company Institute (ICI) gibt es derzeit 8.015 Fonds mit Vermögenswerten i.H.v. 9,3 Bill. $. Darüber hinaus gibt es heute 9.000 Hedgefonds mit Vermögenswerten i.H.v. 1,5 Bill. $. Und die ca. 250 Exchange Traded Funds (ETF) mit ungefähr 300 Mrd. $ an Vermögenswerten verzeichnen hohe Zuwachsraten.

Der Dow schloss im Juni 2006 bei 11 150,22 Punkten, ein Plus von 1 181,5 % seit der Erstausgabe des Wall Street Börsen-Almanach. Im gleichen Zeitraum stieg die Inflation um 506,5 %. Inflationsbereinigt ist der Dollar daher ca. 20 Cents wert und der Dow von 11 150,22 steht eigentlich bei 2 230 Punkten.

Eine ganze Reihe von „todsicheren" Indikatoren wurden in der Vergangenheit von uns aus der Taufe gehoben, die später auf dem „Indikatoren-Friedhof" landeten. Darunter sind der *Barron's* Vertrauensindex, der Odd-Lot-Indikator und das September-Umkehr-Barometer. Der „Januar-Effekt" für kleinere Werte ist mittlerweile in die beiden letzten Dezemberwochen verschoben worden.

Der Großvater der zyklischen Muster und eine Bastion unserer Marktanalyse, der vierjährige Präsidentschaftswahlzyklus, hat stets richtig gelegen. Tiefs finden sich in zehn der letzten elf Jahre in der Mitte der Amtszeiten. Seit 1914 hat der Dow Jones sich um durchschnittlich 50 % vom Tief in der Mitte der Amtszeit bis zum folgenden Hoch im nachfolgenden Vorwahljahr nach oben bewegt. Die meisten Baissemärkte fielen in die ersten zwei Jahre der Amtszeit des Präsidenten. Dritte Jahre waren die besten.

1986 machten wir unsere größte saisonale Entdeckung, die Beste-6-Monate-Strategie. Weiterhin erzielte der Markt die meisten seiner Gewinne in dem Sechsmonatszeitraum von November bis April. In jüngster Zeit haben wir eine NASDAQ-Beste-8-Monate-Strategie von November bis Juni entwickelt.

Am Beginn unseres fünften Jahrzehnts haben wir der Patchwork-Decke unserer gelernten Lektionen ein neues Motiv hinzugefügt, denn wir haben die seltsame Geschichte der Börse dokumentiert und analysiert. Kriege haben die Wall Street schon beeinflusst, als öffentliche Erstemissionen der Western Union noch unter Platanen getauscht wurden. In vielerlei Hinsicht sind wir zu den frühen Jahren zurückgekehrt. Die heutigen innenpolitischen Herausforderungen und geopolitischen Instabilitäten erinnern an die Kuba-Krise und beschwören Visionen des Vietnamkriegs und der OPEC-Embargos in den späten 60ern und frühen 70ern herauf.

Wir wollen unsere Sichtweise Ihnen, dem *Almanac Investor*, nicht nur als einfache Geschichtsstunde näherbringen. Natürlich kann man mit den Handelsmustern und Methoden, die Sie auf diesen Seiten finden, Geld verdienen. Aber wichtiger sind die Warnungen. Es wurde wesentlich mehr Vermögen verloren, weil die Vergangenheit nicht verstanden wurde, als durch perfektes Timing Vermögen am Markt erzielt wurde.

Wir haben uns die zeitlosen Worte von George Santanaya zu eigen gemacht: „Wer sich nicht an die Vergangenheit erinnert, ist dazu verdammt, sie zu wiederholen" und daraus unser eigenes Mantra entwickelt: „Wer die Geschichte der Börse kennt, wird zwangsläufig davon profitieren." Hoffen wir, dass wir unsere Ansichten weitere 40 Jahre an der Börse kundtun können.

MAI

MONTAG
D 71,4
S 61,9
N 66,7
21

den schlechtesten Geschäften kommt es in der Regel, wenn Leute erstarren, beten und hoffen, statt selbst das Zepter in die Hand zu nehmen. – Robert Mnuchin (Goldman, Sachs)

DIENSTAG
D 47,6
S 52,4
N 52,4
22

wie das Eisen rostet, wenn es nicht gebraucht wird und das stillstehende Wasser verdirbt oder bei Kälte gefriert, verkommt der Geist ohne Übung. – Leonardo da Vinci (Italienischer Universalgelehrter der Renaissance, 52–1519)

lai war von 1985–1997 bester S&P-Monat mit durchschn. ewinn von 3,3 %, 13 Plus nacheinander, S&P Minus 5 er letzten 9 Maimonate

MITTWOCH
D 38,1
S 38,1
N 47,6
23

n guter Manager ist ein Mann, der sich nicht um seine eigene Karriere kümmert, sondern um die Karrieren derjenigen, die ihn arbeiten ... Sorge Dich nicht um Dich selbst! Gib Acht auf diejenigen, die für Dich arbeiten und Du wirst Dich durch e Leistung zu Größe aufschwingen. – H. S. M. Burns

DONNERSTAG
D 71,4
S 81,0
N 66,7
24

ahle niemals zuviel für eine Aktie. Durch nichts wird soviel Geld verloren wie durch die Erwartung eines erdurchschnittlichen Wachstums, das man zu hoch bezahlt. – Charles Neuhauser (Bear Stearns)

*reitag vor Memorial Day neigt zur Lustlosigkeit
it geringen Umsätzen*

FREITAG
D 38,1
S 47,6
N 47,6
25

stitute neigen dazu, Aktienpakete in einem Schwung abzustoßen und – wenn möglich – in kleineren Quantitäten kaufen, um so schrittweise eine Position zu bilden. Daher werden bei Downticks mehr große Pakte gehandelt s bei Upticks. – Justin Mamis

SAMSTAG
26

fingstsonntag
aisonale Stärken im Juni: siehe Seiten 78, 114 und 116

SONNTAG
27

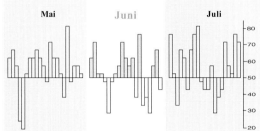

Die oben abgebildete Marktwahrscheinlichkeitstabelle ist eine graphische Umsetzung des S&P 500 Marktwahrscheinlichkeitskalenders auf S. 124

In den meisten Jahren ist die „Sommer-Rallye" die schwächste Rallye aller vier Jahreszeiten (S. 70) ◆ Woche nach dreifachem Hexensabbat im Juni, Dow Minus 15 der letzten 17 (S. 76) ◆ Neueste Daten: S&P 9 Plus, 3 Minus, durchschn. Gewinn 1,0 %, Rang 7 ◆ Wesentlich stärker für NASDAQ, durchschn. Gewinn 2,9 % in letzten 12 Jahren ◆ Vorsicht vor dem „Portfolio Pumping" zum Quartalsende am letzten Junitag, Dow Minus 13 der letzten 19, aber NASDAQ-Plus 14 der letzten 19 ◆ Vor-Wahljahre wesentlich stärker, S&P Plus 8 von 14, durchschn. 2,3 %, NASDAQ durchschn. 3,0 % ◆ Juni-Ende der NASDAQ-Beste-8-Monate ◆ Die Jahresmitte-Rallye des NASDAQ beginnt am drittletzten Handelstag des Juni (S. 60)

Juni – Grundlegende Statistiken

	DJIA	S&P 500	NASDAQ	Russell 1000	Russell 2000
Rang	11	9	4	7	7
Plus	28	31	22	18	19
Minus	29	26	14	10	9
Durchschn. +/–	–0,1%	0,2%	1,2%	0,8%	1,1%
Vor-Wahljahre	1,3%	1,8%	3,0%	2,4%	2,4%
Tops & Flops Juni					
	+/– (%)	+/– (%)	+/– (%)	+/– (%)	+/– (%)
Top	1955 6,2	1955 8,2	2000 16,6	1999 5,1	2000 8,6
Flop	1962 –8,5	1962 –8,2	2002 –9,4	2002 –7,5	1991 –6,0
Tops & Flops Juni: Wochen					
Top	7.6.74 6,4	2.6.00 7,2	2.6.00 19,0	2.6.00 8,0	2.6.00 12,2
Flop	30.6.50 –6,8	30.6.50 –7,6	15.6.01 –8,4	15.6.01 –4,2	9.6.06 –4,9
Tops & Flops Juni: Tage					
Top	28.6.62 3,8	28.6.62 3,4	2.6.00 6,4	17.6.02 2,8	2.6.00 4,2
Flop	26.6.50 –4,7	26.6.50 –5,4	14.6.01 –3,7	3.6.02 –2,4	5.6.06 –3,2
Erster Handelstag der Verfallswoche: 1980–2006					
Bilanz (#Plus–#Minus)	15-12	16-11	12-15	15-12	10-17
	D1	D1	D1	D1	D1
Durchschn. +/– (%)	0,11	0,003	–0,23	–0,02	–0,30
Optionsverfallstag: 1980–2006					
Bilanz (#Plus–#Minus)	16-11	16-11	15-12	16-11	14-13
Derzeitiger Lauf	D1	D1	D1	D1	D1
Durchschn. Änderung	–0,06	0,03	–0,03	–0,02	–0,06
Verfallswoche: 1980–2006					
Bilanz (#Plus–#Minus)	15-12	13-14	11-16	12-15	11-16
Derzeitiger Lauf	U4	D1	D1	D1	D1
Durchschn. Änderung	–0,04	–0,09	–0,03	–0,16	–0,41
Woche nach Optionsverfall: 1980–2006					
Bilanz (#Plus–#Minus)	10-17	16-11	16-11	16-11	13-14
Derzeitiger Lauf	D8	D4	D2	D2	D2
Durchschn. Änderung	–0,14	0,14	0,39	0,17	0,08
Performance erster Handelstag					
Häufigkeit Anstiege (%)	54,4	52,6	61,1	60,7	64,3
Durchschn. +/– (%)	0,20	0,19	0,25	0,21	0,30
Performance letzter Handelstag					
Häufigkeit Anstiege (%)	54,4	50,9	72,2	50,0	71,4
Durchschn. +/– (%)	0,03	0,08	0,33	–0,04	0,39

Dow & S&P 1950–Juni 2006, NASDAQ 1971–Juni 2006, Russell 1000 & 2000 1979–Juni 2006

Letzter Tag im Juni, nicht toll für den Dow –
die Aktien der NASDAQ stattdessen WOW!

MAI/JUNI

Pfingstmontag
Memorial Day (Börse geschlossen)

MONTAG
28

jeder Generation muss es einen Narren geben, der die Wahrheit ausspricht, wenn er sie sieht. – Boris Pasternak
russischer Schriftsteller und Dichter, Literaturnobelpreisträger 1958, *Doktor Schiwago*, 1890–1960)

DIENSTAG
D 57,1
S 57,1
N 66,7
29

Sorgen Sie für einen Hofnarren, Leute in hohen Positionen bekommen nur selten die Wahrheit zu hören. –
Anrufer im Radio zu Präsident Ronald Reagan

Memorial-Day-Woche, Dow-Minus 7 der letzten 11,
Plus 2,3 % im Jahr 1999, 4,8 % im Jahr 2000, 2,9 % im Jahr 2003

MITTWOCH
D 66,7
S 57,1
N 66,7
30

Ich bewerte, was abläuft, und passe mich an. Ich versuche, mein Ego herauszuhalten. Der Markt ist klüger als ich, also verbiege ich mich. – Martin Zweig (Herausgeber eines Börsenbriefs und Autor von *Winning on Wall Street*)

DONNERSTAG
D 52,4
S 52,4
N 71,4
31

Hat ein Mann kein Talent, ist er schon unglücklich genug; aber wenn er es hat, verfolgt ihn der Neid im Verhältnis zu seiner Fähigkeit. – Leopold Mozart (zu seinem Sohn Wolfgang Amadeus, 1768)

Erster Handelstag im Juni, Dow-Plus 8 der letzten 9,
Einbruch 2002 minus 215 Punkte

FREITAG
D 71,4
S 61,9
N 61,9
1

Verfüge nie über Geld, ehe Du es hast. – Thomas Jefferson

SAMSTAG
2

SONNTAG
3

NASDAQ-Monate mit der besten Performance in den letzten 35 ½ Jahren

NASDAQ-Aktien sind weiterhin in drei aufeinander folgenden Monaten stark; im November, Dezember und Januar, mit einem durchschnittlichen Gewinn von 7,9 % trotz der Katastrophenmonate November 2000 mit einem Minus von 22,9 %, Dezember 2001 mit einem Plus von nur 1,0 %, Januar 2002, Minus 0,8 % und Dezember 2002 mit einem Minus von 9,7 % während der dreijährigen Baisse, in der der technologiedominierte Index um 77,9 % abnahm. Ordentliche Gewinne im November und Dezember 2004 glichen das durch die Irak-Unruhen verursachte Minus von 5,2 % im Januar 2005 aus.

Eine graphische Darstellung der Monate findet sich auf S. 139. Januar alleine ist schon beeindruckend, mit einem Plus von 3,7 % im Durchschnitt. April, Mai und Juni stechen ebenfalls heraus, wodurch sich unsere NASDAQ-Beste-8-Monate ergibt. In den trostlosesten Monaten für den NASDAQ – Juli, August, September und Oktober – erlebt der NASDAQ regelmäßig starke Einbrüche. Die NASDAQ-Beste-8-Monate-Strategie in Kombination mit dem MACD-Timing wird auf S. 58 beschrieben.

Monatliche Veränderungen in % (Januar 1971 – Mai 2006)

	NASDAQ Composite*					Dow Jones Industrials			
	+/– (%)	+/– (%)	Anz.	Anz.		+/– (%)	+/– (%)	Anz.	Anz.
Monat	Gesamt		+	–	Monat	Gesamt		+	–
Jan	133,1%	3,7%	25	11	Jan	66,3%	1,8%	24	12
Feb	20,1	0,6	19	17	Feb	18,2	0,5	21	15
Mär	12,1	0,3	22	14	Mär	30,2	0,8	23	13
Apr	36,2	1,0	22	14	Apr	70,5	2,0	20	16
Mai	36,1	1,0	21	15	Mai	17,3	0,5	19	17
Jun	43,1	1,2	22	14	Jun	11,7	0,3	20	16
Jul	– 8,8	– 0,3	17	18	Jul	16,1	0,5	18	17
Aug	6,1	0,2	18	17	Aug	– 6,8	– 0,2	19	16
Sep	– 34,7	– 1,0	18	17	Sep	– 53,6	– 1,5	10	25
Okt	18,5	0,5	18	17	Okt	19,0	0,5	20	15
Nov	75,5	2,2	24	11	Nov	51,1	1,5	24	11
Dez	70,6	2,0	21	14	Dez	61,6	1,8	25	10
% Rang					% Rang				
Jan	133,1%	3,7%	25	11	Apr	70,5%	2,0%	20	16
Nov	75,5	2,2	24	11	Jan	66,3	1,8	24	12
Dez	70,6	2,0	21	14	Dez	61,6	1,8	25	10
Jun	43,1	1,2	22	14	Nov	51,1	1,5	24	11
Apr	36,2	1,0	22	14	Mär	30,2	0,8	23	13
Mai	36,1	1,0	21	15	Okt	19,0	0,5	20	15
Feb	20,1	0,6	19	17	Feb	18,2	0,5	21	15
Okt	18,5	0,5	18	17	Mai	17,3	0,5	19	17
Mär	12,1	0,3	22	14	Jul	16,1	0,5	18	17
Aug	6,1	0,2	18	17	Jun	11,7	0,3	20	16
Jul	– 8,8	– 0,3	17	18	Aug	– 6,8	– 0,2	19	16
Sep	– 34,7	– 1,0	18	17	Sep	– 53,6	– 1,5	10	25
Gesamt	407,9%	11,4%			Gesamt	301,6%	8,5%		
Durchschnitt		0,95%			Durchschnitt		0,71%		

Basiert auf dem NASDAQ-Composite, vor dem 5.2.1971 auf den National Quotation Bureau-Indizes basierend

Zum Vergleich sind die Dow-Zahlen angegeben. Während dieses Zeitraums erzielte der NASDAQ ein Plus von durchschn. 0,94 % je Monat, 32 Prozent mehr als die 0,71 % monatlich des Dow. Zwischen Januar 1971 und 1982 verdoppelte sich der NASDAQ-Composite innerhalb von 12 Jahren, während der Dow kaum Veränderung zeigte. Während der NASDAQ jedoch vom Hoch des Jahres 2000 bis zum Tiefpunkt 2002 77,9 % verlor, gab der Dow nur um 37,8 % nach.

JUNI

chten Sie auf das NASDAQ-MACD-Verkaufsignal (S. 58)
ezieher des Almanac Investor-Newsletters werden
er E-Mail benachrichtigt

🐷 **MONTAG**
D 57,1
S 71,4
N 81,0
4

ine Maschine kann die Arbeit von 50 gewöhnlichen Menschen erledigen.
ber keine Maschine kann die Arbeit eines außergewöhnlichen Menschen erledigen. –
bert Hubbard (Amerikanischer Autor, *A Message to Garcia*, 1856–1915)

DIENSTAG
D 57,1
S 52,4
N 57,1
5

ind die Bestseller-Listen voll mit Büchern zu Businessstrategien und Management-Ideen, ist ein bevorstehender
irtschaftscrash zu erwarten. – Peter Drucker (in Österreich geborener Pionier der Management-Theorie, 1919–2005)

MITTWOCH
D 61,9
S 52,4
N 61,9
6

onzentrieren Sie Ihre Investitionen. Wenn Sie über einen Harem mit 40 Frauen verfügen,
rnen Sie keine richtig kennen. – Warren Buffett

Fronleichnam

DONNERSTAG
D 52,4
S 47,6
N 47,6
7

er Besitz von Gold hat weniger Menschen ruiniert als der Mangel daran. – Thomas Bailey Aldridge (1903)

🐻 **FREITAG**
D 42,9
S 28,6
N 38,1
8

lle freien Regierungen werden von der vereinten Weisheit und Torheit der Menschen geleitet. –
ames A. Garfield (20. US-Präsident, 1831–1881)

SAMSTAG
9

SONNTAG
10

Machen Sie mehr aus den „Besten acht Monaten" des NASDAQ mit MACD-Timing

Den auf den Seiten 56 und 148 dargestellten, beeindruckenden achtmonatigen Run des NASDAQ zwischen November und Juni werden Sie wohl kaum verpasst haben. Eine Investition i.H.v. 10 000 $ in diesen acht Monaten seit 1971 hätte einen Gewinn von 331 530 $ erzielt, im Vergleich zu dem Verlust von 4 100 $ in der Lücke, die der Viermonatszeitraum zwischen Juli und Oktober bildet.

Die Nutzung der gleichen MACD-Timing-Indikatoren beim NASDAQ wie beim Dow (S. 50) hat uns in die Lage versetzt, viel von der verbesserten Performance im Oktober mitzunehmen, was die NASDAQ-Ergebnisse deutlich in die Höhe schnellen lässt. In den 35 Jahren seit Einführung des NASDAQ wird der Gewinn auf die gleichen 10 000 $ mehr als verdoppelt auf 713 553 $ und der Verlust während des Viermonatslochs erhöht sich auf 7 202 $. Nur vier nennenswerte Verluste sind in dem günstigen Zeitraum aufgetreten und der Großteil der NASDAQ-Baissemärkte wurden, vermieden, darunter der schlimmste Teil der 2000–2002-Baisse.

Aktuelle Signale werden den Beziehern unseres monatlichen Newsletters bei Auslösung per E-Mail mitgeteilt. Weitere Informationen zur Berechnung des MACD-Indikators finden Sie auf *www.stocktradersalmanac.com.*

Beste-8-Monate-Strategie + Timing

MACD Signal-Datum	Schlechteste 4 Monate 1. Juli–31. Okt.* NASDAQ	+/– (%)	Investition 10.000 $	MACD Signal-Datum	Schlechteste 4 Monate 1. Juli–31. Okt.* NASDAQ	+/– (%)	Investition 10.000 $
22. Jul 71	109,54	– 3,6	$9,640	4. Nov 71	105,56	24,1	$12,410
7. Jun 72	131,00	– 1,8	9,466	23. Okt 72	128,66	–22,7	9,593
25. Jun 73	99,43	– 7,2	8,784	7. Dez 73	92,32	–20,2	7,655
3. Jul 74	73,66	–23,2	6,746	7. Okt 74	56,57	47,8	11,314
11. Jun 75	83,60	– 9,2	6,125	7. Okt 75	75,88	20,8	13,667
22. Jul 76	91,66	– 2,4	5,978	19. Okt 76	89,45	13,2	15,471
27. Jul 77	101,25	– 4,0	5,739	4. Nov 77	97,21	26,6	19,586
7. Jun 78	123,10	– 6,5	5,366	6. Nov 78	115,08	19,1	23,327
3. Jul 79	137,03	– 1,1	5,307	30. Okt 79	135,48	15,5	26,943
20. Jun 80	156,51	26,2	6,697	9. Okt 80	197,53	11,2	29,961
4. Jun 81	219,68	–17,6	5,518	1. Okt 81	181,09	– 4,0	28,763
7. Jun 82	173,84	12,5	6,208	7. Okt 82	195,59	57,4	45,273
1. Jun 83	307,95	–10,7	5,544	3. Nov 83	274,86	–14,2	38,844
1. Jun 84	235,90	5,0	5,821	15. Okt 84	247,67	17,3	45,564
3. Jun 85	290,59	– 3,0	5,646	1. Okt 85	281,77	39,4	63,516
10. Jun 86	392,83	–10,3	5,064	1. Okt 86	352,34	20,5	76,537
30. Jun 87	424,67	–22,7	3,914	2. Nov 87	328,33	20,1	91,921
8. Jul 88	394,33	-6,6	3,656	29. Nov 88	368,15	22,4	112,511
13. Jun 89	450,73	0,7	3,682	9. Nov 89	454,07	1,9	114,649
11. Jun 90	462,79	–23,0	2,835	2. Okt 90	356,39	39,3	159,706
11. Jun 91	496,62	6,4	3,016	1. Okt 91	528,51	7,4	171,524
11. Jun 92	567,68	1,5	3,061	14. Okt 92	576,22	20,5	206,686
7. Jun 93	694,61	9,9	3,364	1. Okt 93	763,23	– 4,4	197,592
17. Jun 94	729,35	5,0	3,532	11. Okt 94	765,57	13,5	224,267
1. Jun 95	868,82	17,2	4,140	13. Okt 95	1018,30	21,6	272,709
3. Jun 96	1238,73	1,0	4,181	7. Okt 96	1250,87	10,3	300,798
4. Jun 97	1379,67	24,4	5,201	3. Okt 97	1715,87	1,8	306,212
1. Jun 98	1746,82	– 7,8	4,795	15. Okt 98	1611,01	49,7	458,399
1. Jun 99	2412,03	18,5	5,682	6. Okt 99	2857,21	35,7	622,047
29. Jun 00	3877,23	–18,2	4,648	18. Okt 00	3171,56	–32,2	421,748
1. Jun 01	2149,44	–31,1	3,202	1. Okt 01	1480,46	5,5	444,944
3. Jun 02	1562,56	–24,0	2,434	2. Okt 02	1187,30	38,5	616,247
20. Jun 03	1644,72	15,1	2,802	6. Okt 03	1893,46	4,3	642,746
21. Jun 04	1974,38	– 1,6	2,757	1. Okt 04	1942,20	6,1	681,954
8. Jun 05	2060,18	1,5	2,798	19. Okt 05	2091,76	6,1	723,553
1. Jun 06	2219,86						
	35-Jahre-Verlust (7.202 $)				**35-Jahre-Gewinn 713.553 $**		

* Der Einstiegs- oder Ausstiegszeitpunkt nach MACD kann den 8-Monats-Zeitraum verlängern oder verkürzen.

JUNI

Montag vor dreifachem Hexensabbat im Juni, Dow 50/50 Plus 5,
Minus 5 letzten 10, aber aufeinander folgende Gewinne
um mehr als 200 Punkte 2002–2003

MONTAG
D 38,1
S 47,6
N 52,4
11

Den größtmöglichen Bankrott erlebt ein Mensch, der seinen Enthusiasmus verloren hat. – H.W. Arnold

DIENSTAG
D 61,9
S 52,4
N 52,4
12

Wenn Sie dieses absolute Gefühl der Sicherheit entwickeln, dass durch starke Überzeugungen entsteht, dann können Sie fast alles erreichen, auch das, von dem die anderen sicher sind, dass es unmöglich ist. – Anthony Robbins (Motivator, Berater, Ratgeber, Autor, Unternehmer, Philanthrop)

MITTWOCH
D 47,6
S 57,1
N 52,4
13

Siehe, mein Sohn, mit wie wenig Weisheit die Welt regiert wird. – Graf Axel Gustafsson Oxenstierna
Brief von 1648 an seinen Sohn zum Ende des 30-jährigen Krieges, 1583–1654)

DONNERSTAG
D 71,4
S 71,4
N 61,9
14

Eine entschlossene Person kann einen wesentlichen Unterschied ergeben; eine kleine Gruppe entschlossener Personen kann den Lauf der Geschichte ändern. – Sonia Johnson (Autorin, Dozentin)

Dreifacher Hexensabbat Juni, Dow 3 Plus in Folge

FREITAG
D 52,4
S 61,9
N 57,1
15

Kaufen Sie billig, verkaufen Sie nie! – Warren Buffett

SAMSTAG
16

Vatertag (USA)

SONNTAG
17

Jahresmitte-Rallye: Weihnachten im Juli

Altes ist oft neu an der Börse. Nichts versetzt die Wall Street mehr in Aufregung, als die Aussicht auf eine „Sommer-Rallye". Jedes Jahr, wenn das Wetter wärmer wird, steigt die Erwartung auf eine Spitze im Verlauf der Aktienkurse. Auf S. 70 stellen wir dar, dass die „Summer-Rallye" die schwächste aller saisonalen Rallyes ist. Allerdings hat sich in den letzten Jahren eine kurze, ertragsträchtige Jahresmitte-Rallye für den NASDAQ entwickelt. Im Almanach von 1969 zitierten wir einen Artikel des *Wall Street Journal* vom 27. 6.1900 (107 Jahre alt!): „Der Markt nimmt am ehesten Mitte des Sommers zu. Der Markt war in der Vergangenheit im Wesentlichen ein Eisenbahn-Markt, der im Sommer von der Aussicht auf die Ernte beherrscht wurde." Da die USA mit weniger als 2 % Landwirtschaft keine Agrargesellschaft mehr ist, ist diese „Sommermitte-Rallye" verschwunden.

Seit Mitte der 1980er Jahre jedoch wird der Markt zunehmend von Technologie bestimmt und beherrschendes Thema im Sommer waren die Aussichten auf die Einnahmen der Technologiefirmen im zweiten Quartal. Die Jahresmitte-Rallye des NASDAQ ist Ende Juni bis Mitte Juli am stärksten. Die nachstehende Übersicht zeigt durchschnittliche Gewinne von 3,2 % seit 1987 während des 12-Tage-Zeitraums vom drittletzten Handelstag im Juni bis zum 9. Handelstag im Juli (im Vergleich zu 0,1 % im gesamten Juli).

NASDAQ-Composite 12-tägige Jahresmitte-Rallye

	Juni Schlusswert	4. letzter Juni-Handelstag	9. Juli-Handelstag	Juli Schlusswert	+/− (%) 12 Tage	+/− (%) Juli
1985	296,20	292,30	302,39	301,29	3,5%	1,7%
1986	405,51	402,22	384,80	371,37	− 4,3	− 8,4
1987	424,67	427,20	431,14	434,93	0,9	2,4
1988	394,66	389,00	394,67	387,33	1,5	− 1,9
1989	435,29	448,55	448,90	453,84	0,1	4,3
1990	462,29	455,38	468,44	438,24	2,9	− 5,2
1991	475,92	473,30	492,71	502,04	4,1	5,5
1992	563,60	548,20	575,21	580,83	4,9	3,1
1993	703,95	694,81	712,49	704,70	2,5	0,1
1994	705,96	702,68	721,56	722,16	2,7	2,3
1995	933,45	919,56	999,33	1001,21	8,7	7,3
1996	1185,02	1172,58	1103,49	1080,59	− 5,9	− 8,8
1997	1442,07	1446,24	1523,88	1593,81	5,4	10,5
1998	1894,74	1863,25	1968,41	1872,39	5,6	− 1,2
1999	2686,12	2552,65	2818,13	2638,49	10,4	− 1,8
2000	3966,11	3858,96	4246,18	3766,99	10,0	− 5,0
2001	2160,54	2064,62	2084,79	2027,13	1,0	− 6,2
2002	1463,21	1423,99	1373,50	1328,26	− 3,5	− 9,2
2003	1622,80	1602,66	1754,82	1735,02	9,5	6,9
2004	2047,79	2025,47	1914,88	1887,36	− 5,5	− 7,8
2005	2056,96	2045,20	2152,82	2184,83	5,3	6,2
			1985 Durchschnitt		2,8%	− 0,2%
			1987 Durchschnitt		3,2%	0,1%

JUNI

Woche nach dreifachem Hexensabbat im Juni,
Dow Minus 14 der letzten 16

MONTAG
D 57,1
S 57,1
N 47,6
18

Die Fakten sind unwichtig! Für was sie gehalten werden, bestimmt den Lauf der Dinge. – R. Earl Hadaday

DIENSTAG
D 52,4
S 61,9
N 47,6
19

Wenn Sie mit einem dem Wachstum entsprechenden Kurs-Gewinn-Verhältnis kaufen können, ist das schon mal ein guter Anfang. – Alan Lowenstein (Co-Portfolio Manager, John Hancock Technology Fund, TheStreet.com, 12.3.2001)

MITTWOCH
D 33,3
S 38,1
N 42,9
20

Die Wall Street hat eine einzigartig hysterische Art zu denken, dass die Welt zwar morgen untergeht, aber sich auf lange Sicht erholt, nur um ein paar Jahre später zu glauben, dass die unmittelbare Zukunft rosig aussieht, aber langfristig alles den Bach runtergeht. – Kenneth L. Fisher *(Wall Street Waltz)*

Sommeranfang

DONNERSTAG
D 61,9
S 76,2
N 57,1
21

Die größte Lüge, die jemals erzählt wurde: Baue eine bessere Mausfalle und die Welt wird Dir die Bude einrennen. – Yale Hirsch

FREITAG
D 38,1
S 33,3
N 38,1
22

Wissen, das eigener Erfahrung entstammt, ist die Antwort auf die Frage, warum jemand Gewinne erzielt; fehlt dieses Wissen, ist das der Grund für Verluste. – Gerald M. Loeb

SAMSTAG
23

SONNTAG
24

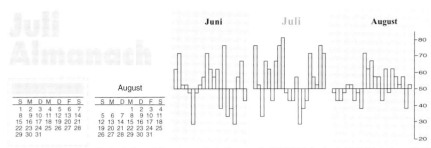

Die oben abgebildete Marktwahrscheinlichkeitstabelle ist eine graphische Umsetzung des S&P 500 Marktwahrscheinlichkeitskalenders auf S. 124

Juli ist – abgesehen vom NASDAQ – der beste Monat des dritten Quartals (S. 74) Beginn der 2. Hälfte bringt einen Geldzufluss aus Rentenfonds Erster Handelstag: Dow Plus 14 der letzten 17 Graphik oben zeigt Stärke für die meiste Zeit des Juli, außer in der Mitte NASDAQ 12-tägige Jahresmitte-Rallye bringt durchschn. 3,2 % seit 1987 gegenüber 0,1 % für den Monat Juli Juli schließt gut, wenn keine Baisse herrscht Hoher Gewinn im Juli sorgt i. d. R. für bessere Kaufgelegenheiten in den nächsten vier Monaten Beginn der schlechtesten vier Monate des Jahres für den NASDAQ (S. 56) Juli in Vor-Wahljahren bestens für Russell 2000: 2,1 % Plus 5 Minus 2

Juli – Grundlegende Statistiken

	DJIA		S&P 500		NASDAQ		Russell 1000		Russell 2000	
Rang	5		6		11		10		12	
Plus	34		30		17		11		13	
Minus	22		26		18		16		14	
Durchschn. +/–	1,1%		0,9%		–0,3%		0,3%		–0,8%	
Vor-Wahljahre	1,5%		1,3%		1,2%		1,3%		2,1%	
Tops & Flops Juli										
	+/– (%)		+/– (%)		+/– (%)		+/– (%)		+/– (%)	
Top	1989	9,0	1989	8,8	1997	10,5	1989	8,2	1980	11,0
Flop	1969	–6,6	2002	–7,9	2002	–9,2	2002	–7,5	2002	–15,2
Tops & Flops Juli: Wochen										
Top	2.7.99	5,6	2.7.99	7,4	2.7.99	5,7	18.7.80	4,2		
Flop	19.7.02	–7,7	19.7.02	–8,0	28.7.00	–10,5	19.7.02	–7,4	19.7.02	–6,6
Tops & Flops Juli: Tage										
Top	24.7.02	6,4	24.7.02	5,7	29.7.02	5,8	24.7.02	5,6	29.7.02	4,9
Flop	19.7.02	–4,6	19.7.02	–3,8	28.7.00	–4,7	19.7.02	–3,6	23.7.02	–4,1
Erster Handelstag der Verfallswoche: 1980–2006										
Bilanz (#Plus–#Minus)	15-11		18-8		18-8		18-8		16-10	
	U3		U3		U1		U3		U1	
Durchschn. +/– (%)	0,06		0,03		0,06		0,01		0,01	
Optionsverfallstag: 1980–2006										
Bilanz (#Plus–#Minus)	12-14		14-12		12-14		14-12		11-15	
Derzeitiger Lauf	U1		U1		U1		U1		U1	
Durchschn. Änderung	–0,21		–0,24		–0,38		–0,25		–0,33	
Verfallswoche: 1980–2006										
Bilanz (#Plus–#Minus)	16-10		13-13		14-12		13-13		15-11	
Derzeitiger Lauf	U1		U1		U1		U1		U1	
Durchschn. Änderung	0,14		–0,12		–0,24		–0,17		–0,24	
Woche nach Optionsverfall: 1980–2006										
Bilanz (#Plus–#Minus)	12-14		11-15		8-18		11-15		7-19	
Derzeitiger Lauf	U1		U1		U1		U1		U1	
Durchschn. Änderung	–0,29		–0,55		–1,06		–0,57		–0,94	
Performance erster Handelstag										
Häufigkeit Anstiege (%)	62,5		67,9		54,3		66,7		55,6	
Durchschn. +/– (%)	0,22		0,20		–0,04		0,21		–0,19	
Performance letzter Handelstag										
Häufigkeit Anstiege (%)	57,1		67,9		57,1		66,7		74,1	
Durchschn. +/– (%)	0,14		0,18		0,07		0,16		0,12	

Dow & S&P 1950–Juni 2006, NASDAQ 1971–Juni 2006, Russell 1000 & 2000 1979–Juni 2006

Findest Du Dow und S&P im Juli schlecht
macht's Dir der NASDAQ schon gar nicht recht

JUNI/JULI

Juni beendet die „Besten 8 Monate" beim NASDAQ
(S. 56, 58 und 148)

MONTAG
D 42,9
S 38,1
N 47,6
25

Wäre ich bei einem Handel aufs Hoffen angewiesen, bin ich draußen. – Jesse Livermore

DIENSTAG
D 42,9
S 28,6
N 33,3
26

Die einzigen Dinge, die sich in einer Organisation von selbst entwickeln, sind Unordnung, Reibereien und schlechte Leistungen. – Peter Drucker (in Österreich geborener Pionier der Management-Theorie, 1919–2005)

MITTWOCH
D 52,4
S 57,1
N 61,9
27

Investoren arbeiten mit begrenzten Mitteln und begrenzter Intelligenz, sie müssen nicht alles wissen. So lange sie irgendetwas besser verstehen als andere, haben sie die Nase vorn. – George Soros (Finanzier, Philanthrop, politischer Aktivist, Autor und Philosoph)

DONNERSTAG
D 57,1
S 66,7
N 66,7
28

Ein Abwiegler ist einer, der ein Krokodil in der Hoffnung füttert, dass es ihn als letzten frisst. – Winston Churchill (Britischer Staatsmann, 1874–1965)

Letzter Tag des Quartals, Dow-Minus 11 der letzten 15 –
NASDAQ Plus 12 von 15

FREITAG
D 38,1
S 42,9
N 76,2
29

Ich habe sehr früh verstanden, dass man ein Blatt Papier nur einmal anfassen kann... wenn man es zum zweiten Mal anfasst, ist man tot. Daher berühren Papiere meine Hand nur einmal. Danach wird es entweder weggeschmissen, darauf reagiert oder jemand anderem gegeben. – Manuel Fernandez (Geschäftsmann, *Investor's Business Daily*)

SAMSTAG
30

Saisonale Stärken im Juli: siehe Seiten 78, 114 und 116

SONNTAG
1

Das Phänomen des ersten Handelstags im Monat
Dow gewinnt mehr an einem Tag als an allen anderen Tagen

In den letzten neun Jahren hat der Dow Jones Industrial Average mehr Punkte an dem jeweils ersten Handelstag des Monats gewonnen als an allen anderen Tagen zusammen. Während der Dow 3637,86 Punkte zwischen dem 2.9.1997 (7622,42) und 1.6.2006 (11260,28) zulegte, ist es fast unglaublich, dass ein Plus von 4420,64 Punkten an den ersten Handelstagen dieser 106 Monate erzielt wurde. An den verbleibenden 2095 Handelstagen in diesem Zeitraum verlor der Dow insgesamt 728,78 Punkte. Durchschnittlich sind dies 41,70 Punkte Gewinn an den ersten Handelstagen, im Gegensatz zu einem Verlust von 0,37 Punkten an allen anderen Handelstagen.

Zu beachten ist, dass der Dow von September 1997 bis Oktober 2000 einen Gesamtgewinn von 2632,39 Punkten an den ersten Handelstagen dieser 38 Monate (bis auf sieben Ausnahmen alles Gewinntage) zu verzeichnen hatte. Hingegen gingen Investoren zwischen November 2000, als die letzten beiden zyklischen Baissemärkte einen Großteil ihres Schadens anrichteten, und September 2002 dazu über, dem Markt Geld zu entziehen, statt es hineinzupumpen. Dies geschah an 14 von 23 Monaten mit einem Verlust von insgesamt 404,80 Dow-Punkten.

Der August hat die schlechteste Bilanz, mit Verlusten an sechs von acht ersten Handelstagen. Der erste Tag des Januars war ebenfalls schwach: Durch Gewinnverschiebungen am Beginn des neuen Jahres viermal Minus in den letzten sieben Jahren. In Aufwärtstrends am Markt verlaufen erste Tage wesentlich besser, sehr wahrscheinlich, weil die Institute zu Beginn eines jeden Monats eine starke Performance erwarten. Beim S&P 500 verhält es sich hinsichtlich der ersten Handelstage ähnlich wie beim Dow, nur für den NASDAQ sind erste Handelstage mit Schwächen im Januar, April, Juli, August und Oktober nicht so positiv.

Dow-Gewinne in Punkten am ersten Tag des Monats
Von September 1997 bis 1. Juni 2006

	1997	1998	1999	2000	2001	2002	2003	2004	2005	2006	Gesamt
Jan		56,79	2,84	–139,61	–140,70	51,90	265,89	–44,07	–53,58	129,91	129,37
Feb		201,28	–13,13	100,52	96,27	–12,74	56,01	11,11	62,00	89,09	590,41
Mär		4,73	18,20	9,62	–45,14	262,73	–53,22	94,22	63,77	60,12	415,03
Apr		68,51	46,35	300,01	–100,85	–41,24	77,73	15,63	–99,46	35,62	302,30
Mai		83,70	225,65	77,87	163,37	113,41	–25,84	88,43	59,19	–23,85	761,93
Jun		22,42	36,52	129,87	78,47	–215,46	47,55	14,20	82,39	91,97	287,93
Jul		96,65	95,62	112,78	91,32	–133,47	55,51	–101,32	28,47		245,56
Aug		–96,55	–9,19	84,97	–12,80	–229,97	–79,83	39,45	–17,76		–321,68
Sep	257,36	288,36	108,60	23,68	47,74	–355,45	107,45	–5,46	–21,97		450,31
Okt	70,24	–210,09	–63,95	49,21	–10,73	346,86	194,14	112,38	–33,22		454,84
Nov	232,31	114,05	–81,35	–71,67	188,76	120,61	57,34	26,92	–33,30		553,67
Dez	189,98	16,99	120,58	–40,95	–87,60	–33,52	116,59	162,20	106,70		550,97
Gesamt	749,89	646,84	486,74	636,30	268,11	–126,34	819,32	413,69	143,23	382,86	4420,64

Gegenüberstellung erste Tage und andere Tage des Monats

	Anzahl Tage	Gesamtgewinn (Punkte)	Durchschnittlicher Punktgewinn/Tag
Erste Tage	106	4 420,64	41,70
Andere Tage	2 095	– 782,78	– 0,37

JULI

Erster Handelstag Juli, Dow-Plus 14 der letzten 17 –
Über 100 Punkte Verlust 2002 und 2004

MONTAG
D 76,2
S 76,2
N 66,7

2

Ich kaufe nie zum Tiefstwert und verkaufe immer zu früh. –
Erfolgsformel von Baron Nathan Rothschild (Londoner Finanzier, 1777–1836)

(Verkürzter Handelstag)

DIENSTAG
D 57,1
S 52,4
N 52,4

3

Der Preis einer Aktie verhält sich umgekehrt proportional zur Dicke der Analyse-Akte. – Martin Sosnoff

Unabhängigkeitstag (Börse geschlossen)

MITTWOCH

4

Wenn ich acht Stunden hätte, um einen Baum zu fällen, würde ich sechs Stunden damit verbringen,
meine Axt zu schärfen. – Abraham Lincoln (16. US-Präsident, 1809–1865)

Mit dem Juli starten die „Schlechtesten 4 Monate"
des NASDAQ (S. 56, 58 und 148)

DONNERSTAG
D 33,3
S 33,3
N 38,1

5

Mach' es idiotensicher und es findet sich ein noch nicht gesehener, größerer Idiot. – Autoaufkleber

FREITAG
D 61,9
S 66,7
N 57,1

6

Die Menschheit besteht aus drei Klassen: Die Unbeweglichen, die Beweglichen und diejenigen, die sich bewegen. –
Arabisches Sprichwort (wird auch Benjamin Franklin zugeschrieben)

SAMSTAG

7

SONNTAG

8

Dow-Punkteveränderungen 2005
(Dow Jones Industrial Average)

Kalender-woche		Montag**	Dienstag	Mitwoch	Donnerstag	Freitag**	Wöchentl. Dow Schlusswert	+/– Punkte
1						Schlusswert 2004	10783,01	
2		– 53,58	– 98,65	– 32,95	25,05	– 18,92	10603,96	– 179,05
3	J	17,07	– 64,81	61,56	– 111,95	52,17	10558,00	– 45,96
4	A	Feiertag	70,79	– 88,82	– 68,50	**– 78,48**	10392,99	– 165,01
5	N	**– 24,38**	92,95	37,03	– 31,19	– 40,20	10427,20	34,21
6		62,74	62,00	44,85	– 3,69	123,03	10716,13	288,93
7	F	– 0,37	8,87	– 60,52	85,50	46,40	10796,01	79,88
8	E	– 4,88	46,19	– 2,44	– 80,62	30,96	10785,22	– 10,79
9	B	Feiertag	– 174,02	62,59	75,00	92,81	10841,60	56,38
10		– 75,37	63,77	– 18,03	21,06	107,52	10940,55	98,95
11	M	– 3,69	– 24,24	– 107,00	45,89	– 77,15	10774,36	– 166,19
12	Ä	30,15	– 59,41	– 112,03	– 6,72	3,32	10629,67	– 144,69
13	R	– 64,28	– 94,88	– 14,49	– 13,15	Feiertag	10442,87	– 186,80
14		42,78	– 79,95	135,23	– 37,17	– 99,46	10404,30	– 38,57
15	A	16,84	37,32	27,56	60,30	**– 84,98**	10461,34	57,04
16	P	**– 12,78**	59,41	– 104,04	– 125,18	**– 191,24**	10087,51	– 373,83
17	R	**– 16,26**	56,16	– 115,05	206,24	– 60,89	10157,71	70,20
18		84,76	– 91,34	47,67	– 128,43	122,14	10192,51	34,80
19	M	59,19	5,25	127,69	– 44,26	5,02	10345,40	152,89
20	A	38,94	– 103,23	19,14	– 110,77	– 49,36	10140,12	– 205,28
21	I	112,17	79,59	132,57	28,74	– 21,28	10471,91	331,79
22		51,65	– 19,88	– 45,88	79,80	4,95	10542,55	70,64
23		Feiertag	– 75,07	82,39	3,62	– 92,52	10460,97	– 81,58
24	J	6,06	16,04	– 6,21	26,16	9,61	10512,63	51,66
25	U	9,93	25,01	18,80	12,28	44,42	10623,07	110,44
26	N	– 13,96	– 9,44	– 11,74	– 166,49	– 123,60	10297,84	– 325,23
27		– 7,06	114,85	– 31,15	– 99,51	28,47	10303,44	5,60
28	J	Feiertag	68,36	– 101,12	31,61	146,85	10449,14	145,70
29	U	70,58	– 5,83	43,50	71,50	11,94	10640,83	191,69
30	L	– 65,84	71,57	42,59	– 61,38	23,41	10651,18	10,35
31		– 54,70	– 16,71	57,32	68,46	**– 64,64**	10640,91	– 10,27
32		**– 17,76**	60,59	13,85	– 87,49	**– 52,07**	10558,03	– 82,88
33	A	**– 21,10**	78,74	– 21,26	91,48	– 85,58	10600,31	42,28
34	U	34,07	– 120,93	37,26	4,22	4,30	10559,23	– 41,08
35	G	10,66	– 50,31	– 84,71	15,76	– 53,34	10397,29	– 161,94
36		65,76	– 50,23	68,78	– 21,97	– 12,26	10447,37	50,08
37		Feiertag	141,87	44,26	– 37,57	82,63	10678,56	231,19
38	S	4,38	– 85,50	– 52,54	13,85	83,19	10641,94	– 36,62
39	E	– 84,31	– 76,11	– 103,49	44,02	– 2,46	10419,59	– 222,35
40	P	24,04	12,58	16,88	79,69	15,92	10568,70	149,11
41		– 33,22	– 94,37	– 123,75	– 30,26	5,21	10292,31	– 276,39
42	O	– 53,55	14,41	– 36,26	– 0,32	70,75	10287,34	– 4,97
43	K	60,76	– 62,84	128,87	– 133,03	– 65,88	10215,22	– 72,12
44	T	169,78	– 7,13	– 32,89	– 115,03	172,82	10402,77	187,55
45		37,30	– 33,30	65,96	49,86	8,17	10530,76	127,99
46	N	55,47	– 46,51	6,49	93,89	45,94	10686,04	155,28
47	O	11,13	– 10,73	– 11,68	45,46	46,11	10766,33	80,29
48	V	53,95	51,15	44,66	Feiertag	15,53*	10931,62	165,29
49		– 40,90	– 2,56	– 82,29	106,70	**– 35,06**	10877,51	– 54,11
50	D	**– 42,50**	21,85	– 45,95	– 55,79	23,46	10778,58	– 98,93
51	E	– 10,81	55,95	59,79	– 1,84	**– 6,08**	10875,59	97,01
52	Z	**– 39,06**	– 30,98	28,18	55,71	**– 6,17**	10883,27	7,68
53		Feiertag	**– 105,50**	18,49	– 11,44	– 67,32	10717,50	– 165,77
Gesamt		316,23**	– 305,62	27,67	– 128,75	24,96**		– 65,51

Fettdruck: Minus Freitag, Minus Montag   * verkürzter Handelstag: 25. Nov.

** Bei Feiertagen an Montagen ist der folgende Dienstag beim Gesamtbetrag für Montage berücksichtigt.
** Bei Feiertagen an Freitagen ist der vorhergehende Donnerstag beim Gesamtbetrag für Montage berücksichtigt.

JULI

Achte auf große Marktbewegungen
(sowohl nach oben als auch nach unten) nach dem 4. Juli

MONTAG
D 57,1
S 61,9
N 66,7
9

Die größte Gefahr im ersten Lebensabschnitt eines Mannes ist, das Risiko nicht einzugehen. – Søren Kierkegaard

DIENSTAG
D 47,6
S 42,9
N 61,9
10

Je schlimmer die Situation ist, desto weniger wird zur Verbesserung benötigt und desto weiter geht es aufwärts. –
George Soros (Finanzier, Philantroph, politischer Aktivist, Autor und Philosoph)

Juli ist der beste Monat für Dow und S&P im dritten Quartal

MITTWOCH
D 71,4
S 66,7
N 66,7
11

Ein gutes Urteilsvermögen resultiert in der Regel aus Erfahrungen, und Erfahrungen resultieren häufig aus einem schlechten
Urteilsvermögen. – Robert Lovell (zitiert nach Robert Sobel, *Panic on Wall Street*)

DONNERSTAG
D 66,7
S 76,2
N 81,0
12

Der Durchschnittstyp verlangt, dass man ihm genau sagen soll, welche Aktie er kaufen oder verkaufen soll.
Er will etwas umsonst. Er möchte nicht arbeiten. – William Lefevre *(Reminiscences of a Stock Operator)*

12-tägige Jahresmitte-Rallye des NASDAQ endet am 13. Juli –
Durchschnittlich 3,2 % seit 1987 gegenüber 0,1 % im Juli

FREITAG
D 71,4
S 81,0
N 81,0
13

In der Geschichte der Welt hat es noch nie eine kommerzielle Technologie wie diese (das Internet) gegeben,
bei der man ab der Sekunde, in der man sie anwendet, gezwungen ist, global zu denken und zu handeln. –
Robert Hormats (Goldman, Sachs)

SAMSTAG
14

SONNTAG
15

Verkaufen Sie freitags keine Aktien!

Seit 1989 waren Montage* und Dienstage die am durchgängigsten mit einem Dow-Aufwärtstrend versehenen Wochentage, Donnerstage und Freitage** hatten die unfreundlichsten Tendenzen, da die Händler mittlerweile ungern übers Wochenende „long" bleiben. Seit 1989 haben Montage und Dienstage 8 164,29 Dow-Punkte dazu gewonnen, während Donnerstag und Freitag zusammen einen Gesamtverlust von 1 249,23 zu verzeichnen haben. In diesem Jahr haben wir uns auf die letzten fünfeinhalb Jahre konzentriert, um die schlechte Performance von Freitagen zu illustrieren. Nach unseren Beobachtungen verkaufen Händler oft vor dem Wochenende und zögern, an Montagen einzusteigen. Siehe auch S. 66, 100, 141–144.

Jährliche Dow-Punkteveränderungen für die Tage der Woche seit 1953

Jahr	Montag*	Dienstag	Mitwoch	Donnerstag	Freitag**	Jahres-Schlusswert DJIA	Jahres-Punkteveränderung
1953	− 36,16	− 7,93	19,63	5,76	7,70	280,90	− 11,00
1954	15,68	3,27	24,31	33,96	46,27	404,39	123,49
1955	− 48,36	26,38	46,03	− 0,66	60,62	488,40	84,01
1956	− 27,15	− 19,36	− 15,41	8,43	64,56	499,47	11,07
1957	− 109,50	− 7,71	64,12	3,32	− 14,01	435,69	− 63,78
1958	17,50	23,59	29,10	22,67	55,10	583,65	147,96
1959	− 44,48	29,04	4,11	13,60	93,44	679,36	95,71
1960	− 111,04	− 3,75	− 5,62	6,74	50,20	615,89	− 63,47
1961	− 23,65	10,18	87,51	− 5,96	47,17	731,14	115,25
1962	− 101,60	26,19	9,97	− 7,70	− 5,90	652,10	− 79,04
1963	− 8,88	47,12	16,23	22,39	33,99	762,95	110,85
1964	− 0,29	− 17,94	39,84	5,52	84,05	874,13	111,18
1965	− 73,23	39,65	57,03	3,20	68,48	969,26	95,13
1966	− 153,24	− 27,73	56,13	− 46,19	− 12,54	785,69	− 183,57
1967	− 68,65	31,50	25,42	92,25	38,90	905,11	119,42
1968 †	− 6,41	34,94	25,16	− 72,06	44,19	943,75	38,64
1969	− 164,17	− 36,70	18,33	23,79	15,36	800,36	− 143,39
1970	− 100,05	− 46,09	116,07	− 3,48	72,11	838,92	38,56
1971	− 2,99	9,56	13,66	8,04	23,01	890,20	51,28
1972	− 87,40	− 1,23	65,24	8,46	144,75	1020,02	129,82
1973	− 174,11	10,52	− 5,94	36,67	− 36,30	850,86	− 169,16
1974	− 149,37	47,51	− 20,31	− 13,70	− 98,75	616,24	− 234,62
1975	39,46	− 109,62	56,93	124,00	125,40	852,41	236,17
1976	70,72	71,76	50,88	− 33,70	− 7,42	1004,65	152,24
1977	− 65,15	− 44,89	− 79,61	− 5,62	21,79	831,17	− 173,48
1978	− 31,29	− 70,84	71,33	− 64,67	69,31	805,01	− 26,16
1979	− 32,52	9,52	− 18,84	75,18	0,39	838,74	33,73
1980	− 86,51	135,13	137,67	− 122,00	60,96	963,99	125,25
1981	− 45,68	− 49,51	− 13,95	− 14,67	34,82	875,00	− 88,99
1982	5,71	86,20	28,37	− 1,47	52,73	1046,54	171,54
1983	30,51	− 30,92	149,68	61,16	1,67	1258,64	212,10
1984	− 73,80	78,20	− 139,24	92,79	− 4,84	1211,57	− 47,07
1985	80,36	52,70	51,26	46,32	104,46	1546,67	335,10
1986	− 39,94	97,63	178,65	29,31	83,63	1895,95	349,28
1987	− 559,15	235,83	392,03	139,73	− 165,56	1938,83	42,88
1988	268,12	166,44	− 60,48	− 230,84	86,50	2168,57	229,74
1989	− 53,31	143,33	233,25	− 90,25	171,11	2753,20	584,63
Zwischenerg.	− 1937,20	941,79	1708,54	330,82	1417,35		2461,30
1990	219,90	− 25,22	47,96	− 352,55	− 9,63	2633,66	− 119,54
1991	191,13	47,97	174,53	254,79	− 133,25	3168,83	535,17
1992	237,80	− 49,67	3,12	108,74	− 167,71	3301,11	132,28
1993	322,82	− 37,03	243,87	4,97	− 81,65	3754,09	452,98
1994	206,41	− 95,33	29,98	− 168,87	108,16	3834,44	80,35
1995	262,97	210,06	357,02	140,07	312,56	5117,12	1282,68
1996	626,41	155,55	− 34,24	268,52	314,91	6448,27	1331,15
1997	1136,04	1989,17	− 590,17	− 949,80	− 125,26	7908,25	1459,98
1998	649,10	679,95	591,63	− 1579,43	931,93	9181,43	1273,18
1999	980,49	− 1587,23	826,68	735,94	1359,81	11497,12	2315,69
2000	2265,45	306,47	− 1978,34	238,21	− 1542,06	10786,85	− 710,27
Zwischenerg.	7098,52	1594,69	− 327,96	− 1299,41	967,81		8033,65
2001	− 389,33	336,86	− 396,53	976,41	− 1292,76	10021,50	− 765,35
2002	− 1404,94	− 823,76	1443,69	− 428,12	− 466,74	8341,63	− 1679,87
2003	978,87	482,15	− 425,46	566,22	510,55	10453,92	2112,29
2004	201,12	523,28	358,76	− 409,74	− 344,35	10783,01	329,00
2005	316,23	− 305,62	27,67	− 128,75	24,96	10717,50	− 65,51
2006 ‡	− 486,66	42,92	666,12	113,19	− 38,52	11014,55	297,05
Zwischenerg.	− 784,71	255,79	1674,25	689,23	− 1606,86		227,70
Gesamt	4376,61	2792,27	3054,83	− 279,36	778,30		10722,65

* Bei Feiertagen an Montagen ist der folgende Dienstag beim Gesamtbetrag für Montage berücksichtigt.
** Bei Feiertagen an Freitagen ist der vorhergehende Donnerstag beim Gesamtbetrag für Montage berücksichtigt.
† In den letzten sieben Monaten des Jahres 1968 mittwochs geschlossen.
‡ Teil des Jahres bis 16. Juni 2006

JULI

MONTAG
Monat vor Juli-Verfallstag, Dow-Plus 3 nacheinander nach
3 Minus in Folge zuvor

D 47,6
S 47,6
N 61,9
16

Die Geschichte ist voll von Abschnitten, in denen die wirklichen Patrioten diejenigen waren, die ihrer Regierung die Stirn boten. – Jim Rogers (Finanzier, Risikokapitalgeber)

DIENSTAG

D 47,6
S 42,9
N 47,6
17

Jeder Mann mit einer neuen Idee ist ein Spinner, bis die Idee Erfolg hat. – Mark Twain (amerikanischer Romanautor und Satiriker, Pseudonym von Samuel Longhorne Clemens, 1835–1910)

MITTWOCH

D 42,9
S 42,9
N 42,9
18

Das politische Problem der Menschheit ist es, drei Dinge miteinander zu verbinden: wirtschaftliche Effizienz, soziale Gerechtigkeit und die individuelle Freiheit. – John Maynard Keynes

DONNERSTAG

D 52,4
S 57,1
N 52,4
19

Manche Menschen sind so langweilig, dass man mit ihnen einen ganzen Tag in fünf Minuten verschwendet. – Jules Renard (Französischer Autor, 1864–1910)

Juli-Verfallstag, Dow-Minus 4 der letzten 6 – Einbruch 2002, Dow minus 390 Punkte

FREITAG

D 38,1
S 28,6
N 33,3
20

Es gab drei große Erfindungen seit Anbeginn der Zeiten: Das Feuer, das Rad und die Zentralbank. – Will Rogers

SAMSTAG
21

SONNTAG
22

Eine Rallye für jede Jahreszeit

In den meisten Jahren, besonders wenn in der ersten Hälfte viele Aktien abgestoßen werden, werden die Aussichten auf eine andauernde Sommerrallye zu dem Gerücht an der Börse. Die Parameter für diese „Rallye" wurden vom verstorbenen Ralph Rotnem festgelegt: niedrigster Schlusswert des Dow Jones im Mai oder Juni und höchster Schlusswert im Juli, August oder September. Um die „Sommerrallye" herrscht soviel Trubel, dass man meinen könnte, der Markt zeige seine beste Performance im Sommer. Aber das ist einfach falsch! Nicht nur, dass es in jeder Jahreszeit zu einer „Rallye" kommt, diese sind im Winter, Frühling und Herbst sogar wesentlich ausgeprägter.

Der Winter hat in 43 Jahren einen durchschnittlichen Gewinn von 13,3 % zwischen dem Tiefstwert im November oder Dezember bis zum höchsten Schlusswert im ersten Quartal erbracht. Im Frühling gab es einen Anstieg von 11,0 %, gefolgt vom Herbst mit 10,8 %. Letztgenannt und letztplatziert in dieser Liste ist die durchschnittlich 9,2 %-ige der „Sommerrallye". Auch die beeindruckende 14,3 %-„Sommerrallye" des Jahres 2003 wurde von Frühling und Herbst übertroffen. Dennoch, egal wie düster die Aussichten auch sind, nur nicht verzweifeln! Es gibt eine Rallye zu jeder Jahreszeit, statistisch gesehen. Bei der 12-tägigen Jahresmitte-Rallye auf S. 60 lohnt es sich zu handeln.

Jahreszeitliche Zugewinne des Dow Jones

	Winterrallye Nov/Dez-Tief bis Q1-Hoch	Sommerrallye Feb/Mär-Tief bis Q2-Hoch	Sommerrallye Mai/Jun-Tief bis Q3-Hoch	Herbstrallye Aug/Sep-Tief bis Q4-Hoch
1964	15,3%	6,2%	9,4%	8,3%
1965	5,7	6,6	11,6	10,3
1966	5,9	4,8	3,5	7,0
1967	11,6	8,7	11,2	4,4
1968	7,0	11,5	5,2	13,3
1969	0,9	7,7	1,9	6,7
1970	5,4	6,2	22,5	19,0
1971	21,6	9,4	5,5	7,4
1972	19,1	7,7	5,2	11,4
1973	8,6	4,8	9,7	15,9
1974	13,1	8,2	1,4	11,0
1975	36,2	24,2	8,2	8,7
1976	23,3	6,4	5,9	4,6
1977	8,2	3,1	2,8	2,1
1978	2,1	16,8	11,8	5,2
1979	11,0	8,9	8,9	6,1
1980	13,5	16,8	21,0	8,5
1981	11,8	9,9	0,4	8,3
1982	4,6	9,3	18,5	37,8
1983	15,7	17,8	6,3	10,7
1984	5,9	4,6	14,1	9,7
1985	11,7	7,1	9,5	19,7
1986	31,1	18,8	9,2	11,4
1987	30,6	13,6	22,9	5,9
1988	18,1	13,5	11,2	9,8
1989	15,1	12,9	16,1	5,7
1990	8,8	14,5	12,4	8,6
1991	21,8	11,2	6,6	9,3
1992	14,9	6,4	3,7	3,3
1993	8,9	7,7	6,3	7,3
1994	9,7	5,2	9,1	5,0
1995	13,6	19,3	11,3	13,9
1996	19,2	7,5	8,7	17,3
1997	17,7	18,4	18,4	7,3
1998	20,3	13,6	8,2	24,3
1999	15,1	21,6	8,2	12,6
2000	10,8	15,2	9,8	3,5
2001	6,4	20,8	1,7	23,1
2002	14,8	7,9	2,8	17,6
2003	6,5	23,9	14,3	15,7
2004	11,6	5,2	4,4	10,6
2005	9,0	2,1	5,6	5,3
2006	8,8	8,3		
Gesamt	**571,0%**	**474,3%**	**385,4%**	**453,6%**
Durchschn.	**13,3%**	**11,0%**	**9,2%**	**10,8%**

JULI

MONTAG
D 38,1
S 38,1
N 33,3
23

egierungen halten sich so lange, wie sich die zu gering Besteuerten gegen die zu hoch Besteuerten verteidigen können. – ernard Berenson (Amerikanischer Kunstkritiker, 1865–1959)

DIENSTAG
D 47,6
S 42,9
N 42,9
24

ichts verbessert das Gehör eines Menschen besser als aufrichtiges Lob. – Harvey Mackay (Pushing the Envelope, 1999)

Juli schließt gut, kann bei einer laufenden Baisse schlecht enden

MITTWOCH
D 66,7
S 71,4
N 66,7
25

er einzige Weg, diese neue Welt zu ordnen, ist die Konzentration auf ... Nationenbildung – anderen zu helfen, re Wirtschaft neu zu ordnen, und anständige, nicht korrupte Regierungen zu installieren. – Thomas L. Friedman olumnist der New York Times)

DONNERSTAG
D 52,4
S 57,1
N 61,9
26

ie inzestuöse Beziehung zwischen Regierungen und dem Big Business gedeiht im Dunklen. – ck Anderson (Journalist und Autor aus Washington, Peace, War and Politics, 1922–2005)

FREITAG
D 47,6
S 52,4
N 52,4
27

enn Du nicht von Deinen Fehlern bei Investitionen profitierst, wird es jemand anders tun. – Yale Hirsch

SAMSTAG
28

Saisonale Stärken im August: siehe Seiten 78, 114 und 116

SONNTAG
29

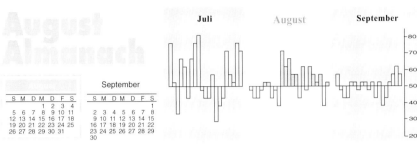

Die oben abgebildete Marktwahrscheinlichkeitstabelle ist eine graphische Umsetzung des S&P 500 Marktwahrscheinlichkeitskalenders auf S. 124

Durch die Ernte war der August der beste Börsenmonat zwischen 1901 und 1950 Jetzt, da die Landwirtschaft unter 2 % ausmacht, ist der August der schlechteste S&P-Monat in den vergangenen 19 Jahren, zweitschlechtester Dow- und NASDAQ-Monat (NAS plus 11,7 % im Jahr 2001, aber minus 10,9 % im Jahr 2001) Kürzeste Baisse der Geschichte (45 Tage) durch Chaos in Russland verursacht, Währungskrise und das Hedgefonds-Debakel endete im August 1998 mit einem Rekordminus des Dow von 1 344,22 Punkten (–15,1 %) Saddam Hussein löste 1990 einen Abrutsch von 10 % aus Höchste Dow-Gewinne: 1982 (11,5 %) und 1984 (9,8 %) zum Ende von Baissemärkten Ende des Augusts gnadenlos 6 der letzten 10; durchschn. Minus in den letzten fünf Jahren: Dow –2,6 %, S&P –2,3 %, NASDAQ –2,1 %

August – Grundlegende Statistiken

	DJIA		S&P 500		NASDAQ		Russell 1000		Russell 2000	
Rang	10		10		10		9		9	
Plus	31		30		18		17		15	
Minus	25		26		17		10		12	
Durchschn. +/–	–0,1%		–0,001%		0,2%		0,5%		0,5%	
Vor-Wahljahre	1,8%		1,4%		2,2%		1,9%		1,8%	
Tops & Flops August										
	+/– (%)		+/– (%)		+/– (%)		+/– (%)		+/– (%)	
Top	1982	11,5	1982	11,6	2000	11,7	1982	11,3	1984	11,5
Flop	1998	–15,1	1998	–14,6	1998	–19,9	1998	–15,1	1998	–19,5
Tops & Flops August: Wochen										
Top	20.8.82	10,3	20.8.82	8,8	3.8.84	7,4	20.8.82	8,5	3.8.84	7,0
Flop	23.8.74	–6,1	16.8.74	–6,4	28.8.98	–8,8	28.8.98	–5,4	28.8.98	–9,4
Tops & Flops August: Tage										
Top	17.8.82	4,9	17.8.82	4,8	14.8.02	5,1	17.8.82	4,4	6.8.02	3,7
Flop	31.8.98	–6,4	31.8.98	–6,8	31.8.98	–8,6	31.8.98	–6,7	31.8.98	–5,7
Erster Handelstag der Verfallswoche: 1980–2006										
Bilanz (#Plus–#Minus)	18-8		20-6		19-7		19-7		16-10	
	U3		U3		U8		U3		U6	
Durchschn. +/– (%)	0,36		0,35		0,34		0,31		0,20	
Optionsverfallstag: 1980–2006										
Bilanz (#Plus–#Minus)	13-13		14-12		14-12		14-12		17-9	
Derzeitiger Lauf	U3		U3		D1		U3		U4	
Durchschn. Änderung	–0,15		–0,17		–0,20		–0,11		0,02	
Verfallswoche: 1980–2006										
Bilanz (#Plus–#Minus)	14-12		16-10		14-12		16-10		16-10	
Derzeitiger Lauf	D1		D1		D1		D1		D1	
Durchschn. Änderung	0,38		0,55		0,66		0,58		0,64	
Woche nach Optionsverfall: 1980–2006										
Bilanz (#Plus–#Minus)	17-9		18-8		17-9		18-8		17-9	
Derzeitiger Lauf	D1		D1		D1		D1		D1	
Durchschn. Änderung	0,16		0,17		0,35		0,15		–0,12	
Performance erster Handelstag										
Häufigkeit Anstiege (%)	48,2		51,8		54,3		48,1		48,1	
Durchschn. +/– (%)	–0,03		–0,001		–0,12		0,02		–0,02	
Performance letzter Handelstag										
Häufigkeit Anstiege (%)	62,5		66,1		74,3		59,3		81,5	
Durchschn. +/– (%)	0,16		0,16		0,12		–0,03		0,14	

Dow & S&P 1950–Juni 2006, NASDAQ 1971–Juni 2006, Russell 1000 & 2000 1979–Juni 2006

*Im August ist der Urlaub eine Lust
Aktienhandel führt hier eher zu Frust*

JULI/AUGUST

MONTAG
D 66,7
S 76,2
N 61,9
30

...aufen Sie, wenn andere verzagend verkaufen und verkaufen Sie, wenn andere gierig kaufen. – ...ark Mobius (Über Investitionen im Ausland)

DIENSTAG
D 61,9
S 71,4
N 66,7
31

...ie großen Tiere sind der Status quo, nicht die Erneuerer. – Kenneth L. Fisher (Forbes-Kolumnist)

'rster Handelstag im August horrendes Minus 13 der letzten 20

MITTWOCH
D 38,1
S 47,6
N 52,4
1

...achen Sie sich keine Gedanken über Leute, die Ihre Ideen stehlen. Wenn die Ideen etwas taugen, ...uss man sie den Leuten in den Rachen stopfen. – Howard Aiken (US-Computerwissenschaftler, 1900–1973)

DONNERSTAG
D 52,4
S 42,9
N 38,1
2

...leine Geister werden durch das Unglück gezähmt und unterworfen, aber große Geister sind darüber erhaben. – ...ashington Irving (Amerikanischer Essayist, Historiker, Romanautor, The Legend of Sleepy Hollow, ...S-Botschafter in Spanien 1842–1846, 1793–1859)

\ugust seit 1987 schlechtester S&P-Monat
:rnte machte August zum besten Dow-Monat 1901–1950

FREITAG
D 42,9
S 42,9
N 38,1
3

...in geschwächtes Weißes Haus schafft Unsicherheit an der Wall Street. – ...obert Hormats (stellvertretender Vorsitzender Goldman Sachs Int., CNN 28.10.2005)

SAMSTAG
4

SONNTAG
5

Erste Quartalsmonate mit größtem Aufwärtstrend

Wir haben über die Jahre beobachtet, dass der Investment-Kalender die jährlichen, halbjährlichen und vierteljährlichen Aktivitäten der Institute während Januar, April und Juni widerspiegelt. Im ersten Monat der ersten drei Quartale erzielen Dow Jones und S&P 500 die höchsten Zuwächse. Die Bilanz des NASDAQ weicht davon leicht ab.

Das vierte Quartal hatte sich früher ganz anders verhalten, weil es von Portfolio-Anpassungen zum Jahresende und in geraden Jahren von Präsidenten- und Kongresswahlen bestimmt ist. In den letzten Jahren (Oktober 1987 einmal ausgenommen) hat sich der Oktober jedoch zu einem Monat entwickelt, in dem Baissemärkte den Wendepunkt erleben, mit einigen hohen Zuwächsen in sechs der letzten acht Jahre (siehe S. 152–160).

Nach dem stärksten Haussemarkt aller Zeiten während der 1990er, gefolgt von dem heftigen Baissemarkt zu Beginn des neuen Jahrtausends, haben wir die monatlichen durchschnittlichen prozentualen Veränderungen in zwei Gruppen eingeteilt: Vor 1991 und danach. Vergleicht man die Ergebnisse der drei amerikanischen Hauptindizes in den einzelnen Monaten der Quartale, so erkennt man, dass die ersten Monate der drei ersten Quartale die besten Erfolge erzielen. Hohe Abverkäufe im April der Jahre 2000, 2002, 2004 und 2005 und im Juli 2000–2002 sowie 2004 trafen den NASDAQ am schwersten (siehe S. 152–160).

Zwischen 1950 und 1990 gewann der S&P 500 durchschnittlich 1,3 % (Dow 1,4 %) in den ersten Monaten der ersten drei Quartale. Zweite Monate brachten kaum einen Gewinn, während dritte Monate dank des März einen Zuwachs von durchschnittlich 0,23 % (Dow 0,07 %) erbrachten. Für den NASDAQ erbrachten die ersten Monate der ersten drei Quartale zwischen 1971–1990 durchschnittlich 1,67 %, wobei der Juli negativ heraus fiel.

Seit 1991 haben große Umschwünge dem Oktober dazu verholfen, auch in die Reihe der haussierenden ersten Monate der Quartale aufzusteigen. Der einst gefürchtete Monat wurde zum späten Retter der Haussemärkte.

Dow Jones Industrials, S&P 500 und NASDAQ
Durchschnittliches +/– je Monat nach Quartalen

	DJIA 1950–1990			S&P 500 1950–1990			NASDAQ 1971–1990		
	1. Monat	2. Monat	3. Monat	1. Monat	2. Monat	3. Monat	1. Monat	2. Monat	3. Monat
1Q	1,5%	—0,01%	1,0%	1,5%	—0,1%	1,1%	3,8%	1,2%	0,9%
2Q	1,6	—0,4	0,1	1,3	—0,1	0,3	1,7	0,8	1,1
3Q	1,1	0,3	—0,9	1,1	0,3	—0,7	—0,5	0,1	—1,6
Ges	4,2%	—0,1%	0,2%	3,9%	0,1%	0,7%	5,0%	2,1%	0,4%
Dur	1,40%	—0,04%	0,07%	1,30%	0,03%	0,23%	1,67%	0,70%	0,13%
4Q	—0,1%	1,4%	1,7%	0,4%	1,7%	1,6%	—1,4%	1,6%	1,4%
	DJIA 1991–Juni 2006			S&P 500 1991–Juni 2006			NASDAQ 1991–Juni 2006		
1Q	1,0%	0,8%	0,6%	1,2%	0,2%	0,7%	3,6%	—0,3%	—0,4%
2Q	2,1	1,3	—0,5	1,3	1,2	0,2	0,1	1,2	1,4
3Q	1,0	—1,1	—1,5	0,3	—0,8	—0,7	0,1	0,3	0,2
Ges	4,1%	1,0%	—1,4%	2,8%	0,6%	0,2%	3,8%	1,2%	0,8%
Dur	1,37%	0,33%	—0,47%	0,93%	0,20%	0,07%	1,27%	0,40%	0,27%
4Q	2,3%	2,4%	2,0%	2,2%	2,0%	2,0%	3,0%	2,9%	2,8%
	DJIA 1950–Juni 2006			S&P 500 1950–Juni 2006			NASDAQ 1971–Juni 2006		
1Q	1,3%	0,2%	0,9%	1,4%	—0,02%	1,0%	3,7%	0,6%	0,3%
2Q	1,8	0,1	—0,1	1,3	0,2	0,2	1,0	1,0	1,2
3Q	1,1	—0,1	—1,0	0,9	—0,001	—0,7	—0,3	0,2	1,0
Ges	4,2%	0,2%	—0,2%	3,6%	0,2%	0,5%	4,4%	1,8%	0,5%
Dur	1,40%	0,07%	—0,07%	1,20%	0,06%	0,17%	1,47%	0,61%	0,17%
4Q	0,5%	1,7%	1,7%	0,9%	1,8%	1,7%	0,5%	2,2%	2,0%

AUGUST

Erste neun Tage des Augusts – historisch gesehen – schwach

MONTAG
D 47,6
S 47,6
N 57,1
6

Die Börse ist ein Barometer, kein Thermometer. – Yale Hirsch

DIENSTAG
D 47,6
S 52,4
N 52,4
7

Mal gewinnt man, mal verliert man. Und dann gibt es noch diese wenig bekannte dritte Kategorie. – Albert Gore (US-Vizepräsident 1993–2000, ehemaliger Präsidentschaftskandidat von 2000)

Friedensfest (Augsburg)

MITTWOCH
D 47,6
S 52,4
N 47,6
8

Würden wir alles tun, was wir könnten, würden wir uns buchstäblich selbst verblüffen. – Thomas Alva Edison (Amerikanischer Erfinder, 1093 Patente, 1847–1931)

DONNERSTAG
D 47,6
S 42,9
N 47,6
9

Der höchste Lohn für die Mühe der Menschen ist nicht, was sie dafür bekommen, sondern was sie dadurch werden. – John Ruskin (Englischer Schriftsteller)

FREITAG
D 52,4
S 47,6
N 47,6
10

Erstklassige Leute stellen erstklassige Leute ein, zweitklassige Leute stellen drittklassige Leute ein. – Leo Rosten (Amerikanischer Autor, 1908–1997)

SAMSTAG
11

SONNTAG
12

Aura des dreifachen Hexensabbats –
4. Quartal größter Aufwärtstrend
Minuswochen ziehen weitere schwache Wochen nach sich

Optionen verfallen an jedem dritten Freitag eines Monats, aber in März, Juni, September und Dezember kommt ein mächtiger Hexenzirkel zusammen. Seit die S&P-Indexterminkontrakte am 21.4.1982 erstmals gehandelt wurden, verfallen Aktienoptionen, Indexoptionen und Indexterminkontrakte vier Mal im Jahr zum selben Zeitpunkt, dem so genannten dreifachen Hexensabbat. Händler versuchen seit langem, die Magie dieses vierteljährlichen Phänomens zu verstehen und in den Griff zu bekommen.

Der Markt für die neuen Terminkontrakte auf Einzelaktien ist immer noch klein (zum Drucktzeitpunkt waren es 160), daher glauben wir nicht, dass der Begriff des „vierfachen Hexensabbats" jetzt schon seine Berechtigung hat.

Wir haben analysiert, wie sich der Markt vor, während und nach dem dreifachen Hexensabbat verhält und nach durchgängigen Handelsmustern gesucht. Leicht ist das nicht. Sobald ein Muster offensichtlich wird, beginnt der Markt fast immer, es vorwegzunehmen, und das Muster verschiebt sich. Hier sind einige unserer Ergebnisse zur Performance des Dow um die Woche mit dreifachem Hexensabbat (DHW).

- DHW zeigen seit 1991 einen größeren Aufwärtstrend, ausgenommen im 2. Quartal.
- Die folgenden Wochen zeigen seitdem eine fallende Tendenz. Seit dem 1. Quartal waren nur 8 von 25 im Plus, 5 davon im Dezember.
- DHW zeigten fallende Kurse in Zeiten mit geringen Umsätzen, sehr dramatisch während der Baisse 2000–2002.
- **Minus-DHW ziehen Minus-Wochen nach sich**. Dies ist ein höchst interessantes Muster. Seit 1991 wurden 21 DHW mit fallenden Kursen 17 Mal von einem Abwärtstrend in den folgenden Wochen gefolgt. Dies ist insoweit überraschend, als das vorangegangene Jahrzehnt einen genau gegenläufigen Trend aufwies: Da gab es 13 DHW mit Verlusten, auf die 12 Wochen mit Aufwärtstrend folgten.
- DHW im zweiten und dritten Quartal (schlechteste sechs Monate Mai bis Oktober) sind wesentlich schwächer und die folgenden Wochen furchtbar. Aber im ersten und vierten Quartal (besten sechs Monate November bis April) ist nur die Woche nach dem Verfallstag im ersten Quartal schlecht.

Im gesamten Almanach finden sich Hinweise zur Performance auf die Montage und Freitage von DHW, da wir besonderes Augenmerk auf Beginn und Ende einer Woche legen (S. 66, 68, 100, 141–144). Mehr dazu im *Almanac Investor Newsletter* vom März 2004 auf *stocktradersalmanac.com*.

Dow-Veränderungen in Woche mit dreifachem Hexensabbat und folgende Woche

	Verfalls-woche	Woche danach	Verfalls-woche	Woche danach	Verfalls-woche	Woche danach	Verfalls-woche	Woche danach
1991	— 6,93	— 89,36	— 34,98	— 58,81	33,54	— 13,19	20,12	167,04
1992	40,48	— 44,95	— 69,01	— 2,94	21,35	— 76,73	9,19	12,97
1993	43,76	— 31,60	— 10,24	— 3,88	— 8,38	— 70,14	10,90	6,15
1994	32,95	—120,92	3,33	—139,84	58,54	—101,60	116,08	26,24
1995	38,04	65,02	86,80	75,05	96,85	— 33,42	19,87	— 78,76
1996	114,52	51,67	55,78	— 50,60	49,94	— 15,54	179,53	76,51
1997	—130,67	— 64,20	14,47	—108,79	174,30	4,91	— 82,01	— 76,98
1998	303,91	—110,35	—122,07	231,67	100,16	133,11	81,87	314,36
1999	27,20	— 81,31	365,05	—303,00	— 224,80	—524,30	32,73	148,33
2000	666,41	517,49	—164,76	— 44,55	— 293,65	— 79,63	—277,95	200,60
2001	—821,21	—318,63	—353,36	— 19,05	—1369,70	611,75	224,19	101,65
2002	34,74	—179,56	—220,42	— 10,53	— 326,67	—284,57	77,61	—207,54
2003	662,26	—376,20	83,63	—211,70	173,27	—331,74	236,06	46,45
2004	— 53,48	26,37	6,31	— 44,57	— 28,61	—237,22	106,70	177,20
2005	—144,69	—186,80	110,44	—325,23	— 36,62	—222,35	97,01	7,68
2006	203,31	0,32	122,63	— 25,46				
Plus	11	5	9	2	8	3	13	12
Minus	5	11	7	14	7	12	2	3

AUGUST

ontag vor August, Verfallstag Dow-Plus 9 der letzten 11

MONTAG 13
D 42,9
S 38,1
N 52,4

---

kann die Bahn der Himmelskörper berechnen, nicht aber, wohin eine verrückte Menge die Kurse treibt. –
Isaac Newton

DIENSTAG 14
D 66,7
S 71,4
N 76,2

---

e Sie Ihr Leben verändern? Fangen Sie sofort damit an. Tun Sie es möglichst auffällig. Machen Sie keine Ausnahmen. –
lliam James (Philosoph, Psychologe, 1842–1910)

lariä Himmelfahrt
itte des August, stärker als Anfang und Ende

MITTWOCH 15
D 57,1
S 61,9
N 66,7

---

hres Wissen ist, das Ausmaß seiner Unwissenheit zu kennen. – Konfuzius (Chinesischer Philosoph, 551–478 v. Chr.)

DONNERSTAG 16
D 61,9
S 66,7
N 57,1

---

dere zu kennen, ist Intelligenz; sich selbst zu kennen, ist wahre Weisheit. Andere im Griff zu haben, ist Stärke;
h selbst im Griff zu haben, ist wahre Macht. – Lau Tzu (Shaolin-Mönch, Begründer des Taoismus,
, 6.-4. Jahrhundert vor Christus)

ugust-Verfallstag, Dow-Plus 3 mal nacheinander,
inus 10 von 13 vor jüngstem Aufwärtstrend

FREITAG 17
D 47,6
S 57,1
N 57,1

---

eine Chancen auf Erfolg bei einer Unternehmung können durch Deinen Glauben an Dich selbst bestimmt werden. –
bert Collier (Werbetexter und Autor, 1885–1950)

SAMSTAG 18

SONNTAG 19

Die ETF-Strategie des *Almanac Investors*

Wir haben Exchange Traded Funds (ETF) erstmals im *Wall Street Börsen-Almanach 2002* behandelt. Nur wenige Investoren wussten etwas über dieses seltsame neue Anlageinstrument. Es war der Herbst 2001, die Blase war geplatzt und ein Skandal gärte an der Wall Street. Keiner wollte etwas mit irgendwelchen neuen Anlageformen zu tun haben.

Fünf Jahre später: Die „Modeerscheinung" ETF ist zu einer ausgewachsenen Branche gereift und nunmehr glauben viele Profis am Markt, darunter auch wir, dass ETF nicht nur bleiben werden, sondern sogar die Zukunft sind. Jeder hat von ETF gehört, dank des aggressiven Marketings von AMEX sowie den Emittenten. Die Zahl der ETF hat sich auf 250 vervielfacht, und es ist kein Ende des Wachstums in Sicht. ETF kommen mittlerweile bei Index-Trackern (wie Diamonds, Spiders und QQQQ) und den wichtigeren Indizes (wie Biotech, Financial Services und Semiconductors) sowie auch bei Nischeninvestments wie PowerShares WilderHill Clean Energy, Commodity Fonds und Bear-Fonds, um nur einige zu nennen, vor. Die bemerkenswerteste Tatsache über die Beliebtheit von ETF ist jedoch, dass zum Zeitpunkt der Drucklegung für den Almanach 2007 die gesamte Marktkapitalisierung von ausstehenden ETF sich der 300 Mrd. $-Grenze nähert!

ETF sind im Wesentlichen offene Investmentfonds, die wie Aktien gehandelt werden. Es bestehen allerdings verschiedene wichtige Unterschiede. Man kann ETF während des gesamten Tages kaufen und leer verkaufen sowie Optionen kaufen und verkaufen, all dies ist mit offenen Investmentfonds nicht möglich. Vor Kauf eines ETF sollte man sich weitere Informationen auf den Webseiten der Emittenten holen, die durch die Bank hervorragend sind.

Da sich ETF entwickelt haben und gereift sind, haben wir unsere Strategien verfeinert und aufpoliert. Weil uns jetzt mehr historische Informationen zur Analyse vorliegen und wir ein besseres Verständnis von ihren Tendenzen haben, waren wir in der Lage, unsere Ergebnisse aus ETF zu verbessern.

Unsere Übersicht über saisonale Stärken von Branchen auf den Seiten 114 und 116 dient als grober Anhaltspunkt. Erscheint eine Branche günstig, suchen wir nach einem entsprechenden ETF auf den Seiten 188–189, um an diesen saisonalen Stärken teilzuhaben. Einige Branchen haben nur wenige mit ihnen verbundene ETF, während viele andere eine große Bandbreite von Investmentmöglichkeiten bieten. ETF der gleichen Branche verhalten sich nicht notwendigerweise gleich. Ein guter Ansatzpunkt für ihre Analyse ist es, einen Blick auf Top-Holdings in dem Fonds zu werfen.

ETF-Handelsregeln des *Almanac Investors*

Wir befürworten, ein Kauflimit festzusetzen, das auf der jüngsten Performance nicht nur des ETF, sondern auch der Branche selbst basiert. Saisonabhängigkeiten wiederholen sich nicht immer, und wenn der Preis eines ETF zu hoch erscheint, ist er es wahrscheinlich auch.

Stop Loss Order sind Pflicht, besonders bei sprunghaften Branchen. Erhöhen Sie die Stop Loss Order, wenn die Preise steigen, um Gewinne festzuzurren. Aber denken Sie stets daran, dass es wichtig ist, nicht in eine Zwickmühle zu geraten. Kauflimit und Stop Loss Order richtig zu setzen, verlangt Geschick und ist eine Kunst für sich.

Nach Bildung einer Position behalten wir ein Kursziel im Sinn, das auf der historischen Performance des entsprechenden Index basieren. Wenn der ETF 10 % über diesen Level steigt, empfehlen wir den Verkauf zu dem von uns so genannten „automatischen Verkaufspunkt". Nehmen Sie ihren Gewinn und ab dafür! Es ist in Ordnung, ein Geschäft nicht zu machen. Es ist in Ordnung, über dem Tiefstwert zu kaufen und unter dem Höchstwert zu verkaufen. Ziel dieser Strategie ist es, größtmögliche Gewinne innerhalb eines kurzen, festen Zeitrahmens zu erzielen.

Wir laden Sie ein, unser *Almanac Investor*-Newsletterarchiv auf *stocktradersalmanac.com* nach Updates und Änderungen zu dieser Strategie zu durchstöbern. Das ETF-Portfolio findet sich unten auf Seite 15. Beachten Sie den Kasten „In This Issue..." auf der Titelseite, um die Artikel über ETF zu finden. Die Ausgabe vom Mai 2005 ist besonders informativ. Wir teilen unseren Abonnenten Einstiegs- und Ausstiegszeitpunkte mit. Unser neues Buch *Almanac Investor* geht detailliert auf Saisonabhängigkeiten in Branchen und ETF ein.

AUGUST

MONTAG
D 57,1
S 57,1
N 47,6
20

r Wert des Geldes ist der Pulsschlag des Staates. – Voltaire (Französischer Philosoph)

DIENSTAG
D 42,9
S 42,9
N 38,1
21

n Mann wird härter für seine Interessen kämpfen als für seine Rechte. –
poleon Bonaparte (Kaiser von Frankreich 1804–1815, 1769–1821)

MITTWOCH
D 66,7
S 61,9
N 76,2
22

**orsicht vor dem „Sommerrallye"-Hype –
istorisch die schwächste Rallye aller Jahreszeiten (S. 70)**

e Börse ist ein Markt für Illusionen, die Geld bringen sollen. –
org von Siemens (Deutscher Bankier, Politiker, 1839–1901)

DONNERSTAG
D 42,9
S 47,6
N 57,1
23

*n gutes Geschäft ist es, wenn der gleitende Durchschnitt über 10 Wochen den gleitenden Durchschnitt über 30 Wochen
euzt und beide nach oben zeigen.* – Victor Sperandeo *(Trader Vic – Methods of a Wall Street Master)*

FREITAG
D 57,1
S 61,9
N 47,6
24

*enn wir Leute einstellen, die größer sind als wir selbst, werden wir eine Gesellschaft der Riesen – kleiner als wir,
ne Gesellschaft der Zwerge.* – David Oglivy *(Forbes ASAP)*

SAMSTAG
25

SONNTAG
26

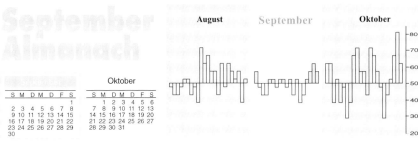

Die oben abgebildete Marktwahrscheinlichkeitstabelle ist eine graphische Umsetzung des S&P 500 Marktwahrscheinlichkeitskalenders auf S. 124

Beginn des Wirtschaftsjahres, Urlaubsende und Schulbeginn machten aus dem September einen führenden Barometer-Monat in den ersten 60 Jahren des Jahrhunderts; heute neigen Portfolio-Manager, die nach dem Tag der Arbeit zurückkehren, dazu, erst einmal aufzuräumen. ● Verliert bei S&P, Dow und NASDAQ am meisten (S. 44 und 56) ● Vier tolle September in Reihe mit durchschn. Gewinnen von 4,2 % endeten 1999 gefolgt von sechs Verlustmonaten nacheinander mit durchschn. Verlusten von 5,9 % (siehe S. 152) ● Tag nach dem Tag der Arbeit, Dow-Plus 9 der letzten 11 ● Eröffnete stark 8 der letzten 11 Jahre, aber tendiert zu schwachem Schluss auf Grund der Portfolio-Neustrukturierung zum Quartalsende ● Die Woche des dreifachen Hexensabbats im September ist gefährlich, die Woche danach erbärmlich (siehe S. 76)

September – Grundlegende Statistiken

	DJIA	S&P 500	NASDAQ	Russell 1000	Russell 2000
Rang	12	12	12	12	11
Plus	20	23	18	12	14
Minus	36	32	17	15	13
Durchschn. +/–	–1,0%	–0,7%	–1,0%	–1,0%	–0,7%
Vor-Wahljahre	–0,9%	–0,6%	–0,6%	–0,4%	–0,1%
Tops & Flops September					
	+/– (%)	+/– (%)	+/– (%)	+/– (%)	+/– (%)
Top	1954 7,3	1954 8,3	1998 13,0	1998 6,5	1998 7,6
Flop	2002 –12,4	1974 –11,9	2001 –17,0	2002 –10,9	2001 –13,6
Tops & Flops September: Wochen					
Top	28.9.01 7,4	28.9.01 7,8	20.9.74 5,7	28.9.01 7,6	28.9.01 6,9
Flop	21.9.01 –14,3	21.9.01 –11,6	21.9.01 –16,1	21.9.01 –11,7	21.9.01 –14,0
Tops & Flops September: Tage					
Top	8.9.98 5,0	8.9.98 5,1	8.9.98 6,0	8.9.98 5,0	8.9.98 4,3
Flop	17.9.01 –7,1	26.9.55 –6,6	17.9.01 –6,8	17.9.01 –5,0	17.9.01 –5,2
Erster Handelstag der Verfallswoche: 1980–2006					
Bilanz (#Plus–#Minus)	17-9	14-12	9-17	14-12	10-16
	U2	D1	U2	D1	U2
Durchschn. +/– (%)	–0,01	–0,07	–0,39	–0,10	–0,23
Optionsverfallstag: 1980–2006					
Bilanz (#Plus–#Minus)	11-15	13-13	16-10	13-13	16-10
Derzeitiger Lauf	U2	U2	U2	U2	U1
Durchschn. Änderung	–0,14	0,004	0,01	–0,02	0,03
Verfallswoche: 1980–2006					
Bilanz (#Plus–#Minus)	12-14	13-13	12-14	13-13	11-15
Derzeitiger Lauf	D2	D1	D1	D1	D1
Durchschn. Änderung	–0,84	–0,57	–0,71	–0,59	–0,75
Woche nach Optionsverfall: 1980–2006					
Bilanz (#Plus–#Minus)	10-16	8-18	12-14	8-18	10-16
Derzeitiger Lauf	D4	D4	D4	D4	D4
Durchschn. Änderung	–0,59	–0,52	–0,74	–0,51	–0,98
Performance erster Handelstag					
Häufigkeit Anstiege (%)	62,5	64,3	54,3	51,9	48,1
Durchschn. +/– (%)	0,04	0,01	–0,04	–0,05	0,01
Performance letzter Handelstag					
Häufigkeit Anstiege (%)	41,1	44,6	54,3	55,6	74,1
Durchschn. +/– (%)	–0,17	–0,12	–0,09	–0,04	0,46

Dow & S&P 1950–Juni 2006, NASDAQ 1971–Juni 2006, Russell 1000 & 2000 1979–Juni 2006

September, wenn Blätter und Kurse fallen
an der Wall Street der schlechteste Monat von allen

AUGUST/SEPTEMBER

Mörderisches Augustende in 6 der letzten 10 Jahre,
Durchschn. Verlust letzte 5 Tage: Dow –2,6 %, S&P –2,3 %,
NASDAQ –2,1 %

MONTAG
D 52,4
S 57,1
N 52,4
27

% der Gäste [von TV-Finanznachrichtenprogrammen] mögen eine Aktie, wenn der Kurs fast auf dem Höchststand ist; der Kurs kurz vor dem Tiefststand, hassen sie 90 % der Gäste. – Michael L. Burke *(Investor Intelligence*, Mai 2002)

DIENSTAG
D 47,6
S 52,4
N 52,4
28

s ist eine Strafe für weise Menschen, die sich nicht in der Politik engagieren, von dummen Menschen regiert zu werden. – ato

MITTWOCH
D 57,1
S 57,1
N 61,9
29

Wie ein junger Mann seine Abende verbringt, ist Teil der dünnen Linie zwischen Erfolg und Scheitern. – Robert R. Young

Vorletzter Tag nur ein Dow-Plus und S&P-Plus
in den letzten 10 Jahren

DONNERSTAG
D 28,6
S 38,1
N 57,1
30

Wenn ich weiter als andere gesehen habe, dann nur deshalb, weil ich auf den Schultern von Riesen stand. – Sir Isaac Newton (Englischer Physiker, Mathematiker, Gesetz der Schwerkraft, Brief an Robert Hooke 15.2.1676, 1643–1727)

Kürzester Baissemarkt in der Geschichte (45 Tage)
endete am 31.8.1998 – S&P Minus 19,3 %

FREITAG
D 47,6
S 52,4
N 71,4
31

Wenn man einen freien Markt vernichtet, schafft man einen Schwarzmarkt. Wenn man zehntausend Vorschriften erlässt, vernichtet man jede Achtung vor dem Gesetz. – Winston Churchill (Britischer Staatsmann, 1874–1965)

SAMSTAG
1

Saisonale Stärken im September: siehe Seiten 78, 114 und 116

SONNTAG
2

Verkaufe an Rosh ha-Schanah, kaufe an Jom Kippur, verkaufe zum Pessach-Fest

Unsere Überschrift wird vielleicht einige Investoren überraschen, die sich vage an das alte Sprichwort erinnern können: „Kaufe an Rosh ha-Schanah, verkaufe an Jom Kippur!" Obwohl dies früher eine gute Bilanz aufwies, funktioniert es seit Mitte des letzten Jahrhunderts nicht mehr. Dennoch wird es jeden Herbst wieder hervorgeholt, wenn viele Händler und Investoren die „hohen Feiertage" im Kopf haben, da sich viele jüdische Kollegen zur Feier des jüdischen Neujahrsfestes und des Versöhnungstags verabschieden. Es ähnelt der „Sommerrallye", die jedes Jahr wieder erwähnt wird, unabhängig von dem Faktum (S. 70), dass es die schlechteste Jahreszeit für Aktienkurse ist.

Grundlage dieses neuen Musters ist, dass, wenn viele Händler und Investoren mit religiösen Feiern und Familie beschäftigt sind, Positionen abgewickelt werden und ein geringeres Handelsvolumen ein Nachfragevakuum schafft. Feiertagsbedingte Besonderheiten rund um offizielle Börsenfeiertage sind etwas, auf das wir unser besonderes Augenmerk richten (S. 86). Wir haben nie etwas Empirisches in diesem Muster gesehen. Statistiken der meistbeobachteten hebräischen Feiertage sind in der folgenden Tabelle zu finden.

	Rosh ha-Schanah bis Jom Kippur					Jom Kippur bis Pessach		
	Rosh ha-Schanah	Dow Schlusswert	Jom Kippur	Dow Schlusswert	+/– (%)	Folgejahr Pessach	Dow Schlusswert	+/– (%)
1971	Sep 20	905,15	Sep 29	883,83	– 2,4%	Mär 30	940,70	6,4%
1972	**Sep 9**	961,24	Sep 18	945,36	– 1,7%	Apr 17	953,42	0,9%
1973	Sep 27	953,27	**Okt 6**	971,25	1,9%	**Apr 7**	847,54	– 12,7%
1974	Sep 17	648,78	Sep 26	637,98	– 1,7%	Mär 27	770,26	20,7%
1975	**Sep 6**	835,97	Sep 15	803,19	– 3,9%	Apr 15	980,48	22,1%
1976	**Sep 25**	1009,31	Okt 4	977,98	– 3,1%	**Apr 3**	927,36	– 5,2%
1977	Sep 13	854,56	Sep 22	839,41	– 1,8%	Apr 22	812,80	– 3,2%
1978	Okt 2	871,36	Okt 11	901,42	3,4%	Apr 12	870,50	– 3,4%
1979	**Sep 22**	893,94	Okt 1	872,95	– 2,3%	Apr 1	784,47	– 10,1%
1980	Sep 11	941,30	**Sep 20**	963,74	2,4%	Apr 19	1005,58	4,3%
1981	Sep 29	847,89	Okt 8	878,14	3,6%	Apr 8	842,94	– 4,0%
1982	**Sep 18**	916,94	Sep 27	920,90	0,4%	Mär 29	1131,19	22,8%
1983	Sep 8	1246,14	**Sep 17**	1225,71	– 1,6%	Apr 17	1164,57	– 5,0%
1984	Sep 27	1216,76	**Okt 6**	1182,53	– 2,8%	**Apr 6**	1259,05	6,5%
1985	Sep 16	1309,14	Sep 25	1312,05	0,2%	Apr 24	1831,72	39,6%
1986	**Okt 4**	1774,18	Okt 13	1798,37	1,4%	Apr 14	2252,98	25,3%
1987	Sep 24	2566,42	**Okt 3**	2640,99	2,9%	**Apr 2**	1988,06	– 24,7%
1988	Sep 12	2072,37	Sep 21	2090,50	0,9%	Apr 20	2377,38	13,7%
1989	**Sep 30**	2692,82	Okt 9	2791,41	3,7%	Apr 11	2729,73	– 2,2%
1990	Sep 20	2518,32	**Sep 29**	2452,48	– 2,6%	**Mär 31**	2913,86	18,8%
1991	Sep 9	3007,16	Sep 18	3017,89	0,4%	**Apr 18**	3366,50	11,6%
1992	Sep 28	3276,26	Okt 7	3152,25	– 3,8%	Apr 6	3377,57	7,1%
1993	Sep 16	3630,85	**Sep 25**	3543,11	– 2,4%	**Mär 27**	3774,73	6,5%
1994	**Sep 6**	3898,70	Sep 15	3953,88	1,4%	**Apr 15**	4208,18	6,4%
1995	Sep 25	4769,93	Okt 4	4740,67	– 0,6%	Apr 4	5682,88	19,9%
1996	**Sep 14**	5838,52	Sep 23	5894,74	1,0%	Apr 22	6833,59	15,9%
1997	Okt 2	8027,53	**Okt 11**	8045,21	0,2%	**Apr 11**	8994,86	11,8%
1998	Sep 21	7933,25	**Sep 30**	7842,62	– 1,1%	Apr 1	9832,51	25,4%
1999	**Sep 11**	11028,43	Sep 20	10823,90	– 1,9%	Apr 20	10844,05	0,2%
2000	**Sep 30**	10650,92	Okt 9	10568,43	– 0,8%	**Apr 8**	9791,09	– 7,4%
2001	Sep 18	8903,40	Sep 27	8681,42	– 2,5%	Mär 28	10403,94	19,8%
2002	**Sep 7**	8427,20	Sep 16	8380,18	– 0,6%	Apr 17	8337,65	– 0,5%
2003	**Sep 27**	9313,08	Okt 6	9594,98	3,0%	Apr 6	10570,81	10,2%
2004	Sep 16	10244,49	**Sep 25**	10047,24	– 1,9%	**Apr 24**	10157,71	1,1%
2005	Okt 4	10441,11	Okt 13	10216,59	– 2,2%	Apr 13	11137,65	9,0%
Fett = Samstag oder Sonntag				**Durchschnitt**	**– 0,4%**			**7,1%**
* Fällt der Tag auf einen Samstag oder Sonntag, wird der letzte Schlusswert angegeben.				# Plus	15			24
				# Minus	20			11

Wir stellen diese Daten bis zurück zum Jahr 1971 dar; fällt der Feiertag auf ein Wochenende, wird der vorige Schlusswert angegeben. Es ist kein Zufall, das Rosh ha-Schanah und Jom Kippur in den September und/oder Oktober fallen, zwei gefährliche und günstige Monate. Wir gingen dann noch einen Schritt weiter und berechneten Ertrag von Jom Kippur bis zum Pessach-Fest, das praktischerweise im März oder April stattfindet, nah am Ende unserer „Beste-6-Monate-Strategie".

Vielleicht ist es eine talmudische Weisheit, aber ein Verkauf von Aktien vor der 8-tägigen Zeitspanne zwischen den hohen Feiertagen hat viele Abwärtsbewegungen vermieden, insbesondere in unsicheren Zeiten. Obwohl zwischen Jom Kippur und dem Pessach-Fest ein langer Zeitraum liegt, hat er mehr als das zweifache an Kursgewinnen erbracht, mit durchschnittlichen Gewinnen von 7,1 %. Es zahlt sich oftmals aus, dem Trend entgegenzugehen, wenn alte Binsenwahrheiten umherschwirren, an Jom Kippur zu kaufen statt zu verkaufen.

SEPTEMBER

Tag der Arbeit (USA, Börse geschlossen)

MONTAG
3

Ein Zyniker ist ein Mann, der von allem den Preis und von nichts den Wert kennt. – Oscar Wilde

Erster Handelstag im September, Dow-Minus 3 der letzten 4
nach 7 Jahre Hausse in Folge
Tag nach dem Tag der Arbeit, Dow-Plus an 10 der letzten 12 –
Einbruch 2002 Minus 4,1 %

DIENSTAG
D 47,6
S 57,1
N 52,4
4

Der wahre Erfolg zeigt sich nicht darin, was man tut, wenn man oben ist. Erfolg ist, wie hoch man abprallt, wenn man unten aufschlägt. – General George S. Patton, Jr. (1885–1945)

MITTWOCH
D 57,1
S 47,6
N 61,9
5

Manchmal sind die besten Investitionen diejenigen, die man nicht tätigt. –
Donald Trump (Immobilienmogul und Unternehmer, *Trump: How to Get Rich*, 2004)

DONNERSTAG
D 47,6
S 42,9
N 47,6
6

In der Geschichte der Finanzmärkte ist mehr Kapital durch Arroganz zerstört worden als durch Dummheit. –
Jason Trennert (Chefstratege der ISI Group, 27.März 2006)

FREITAG
D 38,1
S 42,9
N 61,9
7

Wird in einem Aufwärtstrend ein neues Hoch erreicht, bei dem die Preise aber nicht das vorherige Hoch erreichen, wird sich der Trend oftmals umkehren. Das Umgekehrte gilt für einen Abwärtstrend. –
Victor Sperandeo *(Trader Vic – Methods of a Wall Street Master)*

SAMSTAG
8

SONNTAG
9

Eine Kurskorrektur für jede Jahreszeit

Während es in jeder Jahreszeit eine Rallye gibt (S. 70), gibt es fast immer auch einen Abwärtstrend oder Kurskorrekturen. Glücklicherweise tendieren Kurskorrekturen dazu, geringer auszufallen als Rallyes, daher der langfristige Aufwärtstrend der Börse. In jeder Jahreszeit ist der durchschnittliche Ausschlag nach oben größer als die durchschnittliche Einbuße. Im Durchschnitt ist der Nettogewinn zwischen der Rallye und der Kurskorrektur am kleinsten in Sommer und Herbst.

Die Sommereinbuße wird in der Regel durch die durchschnittlichen Kurskorrekturen im Herbst noch übertroffen. Steuerlich motivierter Absatz von Wertpapieren und Portefeuille-Bereinigungen sind die üblichen Erklärungen – Einzelpersonen verkaufen, um einen steuerlichen Verlust zu erzielen und Institute werden gerne ihre Verlustpapiere los, bevor sie ihren Jahresabschluss anfertigen. Der Oktober-Fluch spielt auch eine wichtige Rolle. Seit 1964 gab es 16 Herbsteinbußen von mehr als 10 %; bei neun davon (1966, 1974, 1978, 1979, 1987, 1990, 1997, 2000 und 2002) fiel ein Großteil des Schadens in den Oktober, in dem so viele Baissemärkte enden. Oktobertiefs jüngeren Datums gab es auch 1998, 1999, 2004 und 2005. Zumeist hat es sich ausgezahlt, nach den „wasserfallartigen Abstürzen" im vierten oder späten dritten Quartal zu kaufen und auf eine Rallye zu hoffen, die durchaus bis in den Januar oder sogar noch länger andauern kann. Der Krieg im Irak störte dieses Muster im Jahr 2003. Die Erwartung der Invasion drückte im ersten Quartal auf den Markt. Die schnellen Erfolge inspirierten die Haussetendenzen, die während des Sommers anhielten.

Saisonale Kurskorrekturen bei Dow Jones-Werten

	Winter-Kurseinbruch Nov/Dez-Hoch bis Q1-Tief	Frühlings-Kurseinbruch Feb/März-Hoch bis Q2-Tief	Sommer-Kurseinbruch Mai/Jun-Hoch bis Q3-Tief	Herbst-Kurseinbruch Aug/Sep-Hoch bis Q4-Tief
1964	− 0,1%	− 2,4%	− 1,0%	− 2,1%
1965	− 2,5	− 7,3	− 8,3	− 0,9
1966	− 6,0	− 13,2	− 17,7	− 12,7
1967	− 4,2	− 3,9	− 5,5	− 9,9
1968	− 8,8	− 0,3	− 5,5	+ 0,4
1969	− 8,7	− 8,7	− 17,2	− 8,1
1970	− 13,8	− 20,2	− 8,8	− 2,5
1971	− 1,4	− 4,8	− 10,7	− 13,4
1972	− 0,5	− 2,6	− 6,3	− 5,3
1973	− 11,0	− 12,8	− 10,9	− 17,3
1974	− 15,3	− 10,8	− 29,8	− 27,6
1975	− 6,3	− 5,5	− 9,9	− 6,7
1976	− 0,2	− 5,1	− 4,7	− 8,9
1977	− 8,5	− 7,2	− 11,5	− 10,2
1978	− 12,3	− 4,0	− 7,0	− 13,5
1979	− 2,5	− 5,8	− 3,7	− 10,9
1980	− 10,0	− 16,0	− 1,7	− 6,8
1981	− 6,9	− 5,1	− 18,6	− 12,9
1982	− 10,9	− 7,5	− 10,6	− 3,3
1983	− 4,1	− 2,8	− 6,8	− 3,6
1984	− 11,9	− 10,5	− 8,4	− 6,2
1985	− 4,8	− 4,4	− 2,8	− 2,3
1986	− 3,3	− 4,7	− 7,3	− 7,6
1987	− 1,4	− 6,6	− 1,7	− 36,1
1988	− 6,7	− 7,0	− 7,6	− 4,5
1989	− 1,7	− 2,4	− 3,1	− 6,6
1990	− 7,9	− 4,0	− 17,3	− 18,4
1991	− 6,3	− 3,6	− 4,5	− 6,3
1992	+ 0,1	− 3,3	− 5,4	− 7,6
1993	− 2,7	− 3,1	− 3,0	− 2,0
1994	− 4,4	− 9,6	− 4,4	− 7,1
1995	− 0,8	− 0,1	− 0,2	− 2,0
1996	− 3,5	− 4,6	− 7,5	+ 0,2
1997	− 1,8	− 9,8	− 2,2	− 13,3
1998	− 7,0	− 3,1	− 18,2	− 13,1
1999	− 2,7	− 1,7	− 8,0	− 11,5
2000	− 14,8	− 7,4	− 4,1	− 11,8
2001	− 14,5	− 13,6	− 27,4	− 16,2
2002	− 5,1	− 14,2	− 26,7	− 19,5
2003	− 15,8	− 5,3	− 3,1	− 2,1
2004	− 3,9	− 7,7	− 6,3	− 5,7
2005	− 4,5	− 8,5	− 3,3	− 4,5
2006	− 2,4	− 5,4		
Gesamt	**−261,8%**	**−286,6%**	**−368,7%**	**−380,3 %**
Durchschnitt	**− 6,1%**	**− 6,7%**	**− 8,8%**	**− 9,1%**

SEPTEMBER

MONTAG
D 47,6
S 52,4
N 57,1
10

Ich bin immer misstrauisch, wenn der Brief des Präsidenten im Jahresbericht zu optimistisch ist. Klingt sein Brief leicht pessimistisch, ist das für mich ein gutes Zeichen. – Philip Carret (gründete 1928 den Pioneer Fund, 1896–1998)

2001: Börse 4 Tage geschlossen, längste Schließung seit 9-tägigem Bankenmoratorium im März 1933

DIENSTAG
D 42,9
S 52,4
N 52,4
11

Let's roll! – Todd Beamer (Passagier auf United Airlines Flug 93 kurz vor dem Angriff auf die Entführer, 11. September 2001)

MITTWOCH
D 57,1
S 47,6
N 52,4
12

"Sei Du selbst!" ist so ziemlich der schlimmste Rat, den man manchen Leuten geben kann. – Tom Masson

Rosh ha-Schanah

DONNERSTAG
D 57,1
S 52,4
N 57,1
13

Wenn Sie Insiderinformationen vom Präsidenten kriegen, werden Sie vermutlich die Hälfte Ihres Geldes verlieren. Wenn Sie sie vom Vorstandsvorsitzenden bekommen, werden Sie ihr gesamtes Geld verlieren. – Jim Rogers

FREITAG
D 47,6
S 52,4
N 52,4
14

Zeige mir einen guten Empfangsmitarbeiter und ich zeige Ihnen eine gute Firma. – Harvey Mackay (*Pushing the Envelope*, 1999)

SAMSTAG
15

SONNTAG
16

Marktverhalten drei Tage vor und drei Tage nach Feiertagen

Der *Wall Street Börsen-Almanach* hat jährliche Feiertagsbesonderheiten seit der Erstausgabe 1968 beobachtet. Aktien stiegen früher am Tag vor Feiertagen und wurden am Tag danach zu Geld gemacht. Heutzutage hat jedoch jeder Feiertag seinen eigenen Rhythmus. Acht Feiertage werden in sieben Gruppen eingeteilt. Die durchschnittliche Änderung in Prozent für Dow, S&P 500, NASDAQ und Russell 2000 wird angegeben.

Der Dow und der S&P bestehen aus Blue Chips und den größten Aktienwerten, während NASDAQ und Russell 2000 kleinere Werte repräsentieren. Dies wird am letzten Tag des Jahres offensichtlich, an dem NASDAQ und der Russell 2000 einen großen Tag haben, während ihre größeren Brüder Dow und S&P im Durchschnitt Verluste einfahren.

Dank der Santa Claus-Rallye sind die drei Tage vor und nach Neujahr und Weihnachten die besten. NASDAQ und der Russell 2000 erzielten während dieser sechs Tage durchschn. Gewinne von 1,5–2 %. Allerdings war der Handelsverlauf um den ersten Tag des Jahres durchaus gemischt. Händler haben in jüngster Zeit am ersten Handelstag des neuen Jahres wieder mehr verkauft, und damit Gewinne und Verluste ins neue Jahr geschoben.

Die Haussetendenz vor dem Tag der Arbeit und nach dem Memorial Day ist durch die Stärke der ersten Tage des Septembers bzw. des Junis beeinflusst. Der schlechteste Tag nach einem Feiertag ist der Tag nach Ostern. Überraschenderweise ist der folgende Tag einer der besten zweiten Tage nach einem Feiertag, gleich nach dem zweiten Tag nach Neujahr.

President's Day ist der Feiertag mit der geringsten Haussetendenz, am Tag davor und drei Tage danach sogar zur Baisse tendierend. Der S&P und der NASDAQ sind an 13 der letzten 15 Tage vor dem President's Day gefallen(Dow 12 von 15; Russell 2000, 10 von 15).

Feiertage: 3 Tage vorher, 3 Tage danach (Durchschn. +/– (%) 1980 bis Juni 2006)

	–3	–2	–1	Gemischt	+1	+2	+3
S&P 500	0,12	0,24	—0,13	Neujahrstag	0,02	0,46	0,11
DJIA	0,06	0,17	—0,20	1.1.2007	0,21	0,47	0,28
NASDAQ	0,26	0,29	0,26		—0,04	0,83	0,33
Russell 2000	0,33	0,40	0,57		—0,16	0,42	0,23
S&P 500	0,34	—0,03	—0,27	Negativ vorher & nachher	—0,15	—0,04	—0,10
DJIA	0,36	—0,01	—0,19	Presidents' Day	—0,07	—0,09	—0,13
NASDAQ	0,54	0,24	—0,46	19.2.2007	—0,56	—0,02	—0,05
Russell 2000	0,41	0,08	—0,16		—0,42	—0,08	—0,04
S&P 500	0,12	—0,03	0,20	Positiv vorher & nachher	—0,33	0,46	0,15
DJIA	0,11	—0,05	0,14	Negativ nachher	—0,22	0,46	0,14
NASDAQ	0,43	0,30	0,34	Karfreitag	—0,55	0,45	0,30
Russell 2000	0,19	0,14	0,28	6.4.2007	—0,51	0,37	0,14
S&P 500	0,14	0,02	0,06	Positiver Tag danach	0,27	0,22	0,22
DJIA	0,12	—0,03	—0,003	Unabhängigkeitstag	0,35	0,24	0,15
NASDAQ	0,21	0,24	0,04	4.7.2007	0,07	—0,003	0,47
Russell 2000	—0,03	0,26	0,17		0,06	0,16	0,40
S&P 500	—0,004	0,09	0,07	Negativ danach	—0,16	—0,05	0,11
DJIA	—0,02	0,07	0,05	Tag der Arbeit	—0,10	—0,01	0,09
NASDAQ	0,11	0,11	0,05	3.9.2007	—0,16	—0,21	0,32
Russell 2000	0,09	—0,10	0,02		—0,13	—0,21	0,12
S&P 500	—0,03	—0,33	0,20	Negativ danach	0,06	0,04	—0,09
DJIA	—0,04	—0,39	0,20	Tag der Arbeit	0,16	0,11	—0,18
NASDAQ	0,21	—0,05	0,21	3.9.2007	—0,11	—0,13	0,11
Russell 2000	0,36	0,03	0,18		—0,01	0,04	0,13
S&P 500	—0,04	0,03	0,25	Positive vorher und	0,23	—0,17	0,14
DJIA	0,05	0,06	0,30	Erntedank	0,18	—0,14	0,20
NASDAQ	—0,19	—0,23	0,36	22.11.2007	0,60	—0,16	—0,07
Russell 2000	—0,11	—0,14	0,30		0,46	—0,13	0,03
S&P 500	0,21	0,20	0,22	Weihnachten	0,14	0,09	0,31
DJIA	0,28	0,27	0,28	25.12.2007	0,19	0,07	0,26
NASDAQ	—0,14	0,48	0,49		0,09	0,21	0,38
Russell 2000	0,16	0,38	0,40		0,14	0,33	0,51

SEPTEMBER

Montag vor dreifachem Hexensabbat im September, Dow-Plus 15 der letzten 21, 10. Handelstag NAS-Minus 19 von 23 – 10 in Reihe 1983–1992 und letzte 7

MONTAG
D 52,4
S 47,6
N 19,0
17

Leben ist eine Illusion. Man ist das, von dem man glaubt, dass man es ist. – Yale Hirsch

DIENSTAG
D 47,6
S 52,4
N 42,9
18

Eine Goldmine ist ein Loch im Boden mit einem Lügner oben drauf. – Mark Twain (1835 – 1910, Pseudonym von Samuel Longhorne Clemens, amerikanischer Romanautor und Satiriker)

Verfallswoche 2001, Dow-Minus 1 369,70 Punkte – Größter Dow-Verlust aller Zeiten

MITTWOCH
D 28,6
S 42,9
N 52,4
19

Diese Finanzhelden sind wie Perlen auf einer Schnur, fällt einer runter, fallen die anderen auch. – Henrik Ibsen

DONNERSTAG
D 47,6
S 52,4
N 66,7
20

Bei einem einzigen Leerverkauf von Sojabohnen-Terminkontrakten lernt man soviel wie in zwei Jahren an der Harvard Business School. – Robert Stovall (Generaldirektor von Wood Asset Management)

Dreifacher Hexensabbat im September, Dow-Plus 3 der letzten 4, hintereinander Plus von mehr als 100 Punkten 2000 und 2001

FREITAG
D 33,3
S 38,1
N 47,6
21

Technologie macht Menschen produktiver. Sie ersetzt sie aber nicht. – Michael Bloomberg

Jom Kippur

SAMSTAG
22

Herbstanfang

SONNTAG
23

Höhere Marktgewinne an Super-8-Tagen eines jeden Monats als an allen anderen 13 Tagen zusammen

Viele Jahre lang waren der letzte Tag zusammen mit den ersten vier Tagen die besten Tage eines Monats. Der Markt zeigt derzeit eine größere Haussetendenz von den letzten drei Handelstagen des vorigen Monats bis zu den ersten zwei Tagen des laufenden Monats, und eine besonders auffällige Haussetendenz während den mittleren drei Handelstagen (9 bis 11) auf Grund von hohen Geldzuflüssen (siehe S. 145 und 146). Dieses Muster war nicht so ausgeprägt während der Boomjahre der 1990er, als der Markt den gesamten Monat stark war. Aber die letzten sechseinhalb Jahre zeigen eine deutliche Haussetendenz zu Ende, Beginn und Mitte eines Monats gegenüber Verlusten im Rest des Monats. Waren die „Restmonats"-Haussetendenz des Jahres 1999 ein Omen für eine Baisse und die großen „Restmonats"-Verluste ein Zeichen für eine Hausse?

Super-8-Tage* Dow-Veränderungen (%) im Vergleich zum Rest des Monats

	Super 8 Tage	Rest des Monats	Super 8 Tage	Rest des Monats	Super 8 Tage	Rest des Monats
	1998		**1999**		**2000**	
Jan	4,18%	— 2,30%	0,98%	0,08%	— 4,09%	0,47%
Feb	5,43	1,55	0,76	1,62	0,43	— 9,10
Mär	3,06	2,53	— 0,68	3,74	2,76	5,62
Apr	2,29	— 1,47	2,84	7,09	— 2,79	4,77
Mai	2,37	— 1,79	— 0,83	— 1,92	0,71	— 7,86
Jun	— 4,64	4,47	0,20	0,01	5,99	— 4,10
Jul	3,55	— 3,43	5,87	— 1,74	— 0,65	0,83
Aug	— 4,75	0,17	— 0,35	2,41	3,08	3,75
Sep	— 4,92	— 0,59	— 5,83	— 2,32	— 3,27	— 2,34
Okt	0,68	3,59	— 2,86	2,97	— 0,85	— 1,47
Nov	6,19	4,57	4,25	2,45	5,81	— 4,06
Dez	— 2,75	2,11	0,29	3,92	— 2,96	4,44
Gesamt	10,69%	9,41%	4,64%	18,31%	4,17%	— 9,05%
Durchschnitt	0,89%	0,78%	0,39%	1,53%	0,35%	— 0,75%
	2001		**2002**		**2003**	
Jan	2,13%	— 2,36%	— 1,92%	— 0,24%	1,00%	— 4,86%
Feb	1,41	— 3,36	— 1,41	4,27	2,71	— 4,82
Mär	— 1,50	— 3,30	4,11	— 2,64	5,22	— 0,90
Apr	— 2,61	9,56	— 2,46	0,08	2,87	— 1,91
Mai	2,02	1,53	3,62	— 4,07	3,17	2,46
Jun	— 2,46	— 2,45	— 2,22	— 6,51	3,09	— 0,38
Jul	2,16	— 2,29	— 5,04	— 4,75	1,18	1,64
Aug	0,24	— 2,48	2,08	4,59	— 0,74	1,55
Sep	— 3,62	— 12,05	— 6,58	— 5,00	3,58	— 3,47
Okt	4,51	5,36	8,48	— 1,50	2,87	1,41
Nov	1,01	2,48	4,74	0,99	— 0,47	0,48
Dez	0,19	1,99	— 0,76	— 4,02	2,10	3,70
Gesamt	3,48%	— 7,37%	2,64%	— 18,80%	26,58%	— 5,10%
Durchschnitt	0,29%	— 0,61%	0,22%	— 1,57%	2,22%	— 0,43%
	2004		**2005**		**2006**	
Jan	3,79%	— 1,02%	— 1,96	— 1,35%	— 0,30%	0,34%
Feb	— 1,20	0,83	1,76	— 0,07	1,67	0,71
Mär	— 1,64	— 1,69	0,31	— 2,05	0,81	— 0,03
Apr	3,20	— 0,60	— 4,62	1,46	1,69	— 0,53
Mai	— 2,92	— 0,51	0,57	2,43	— 0,66	0,08
Jun	1,15	1,36	1,43	— 3,00	2,39	— 4,87
Jul	— 1,91	— 0,88	0,96	1,83		
Aug	0,51	0,40	1,36	— 3,07		
Sep	0,47	— 2,26	0,90	— 0,31		
Okt	0,85	— 1,82	1,14	— 2,18		
Nov	3,08	3,20	1,67	3,89		
Dez	2,03	1,13	0,57	— 1,96		
Gesamt	7,41%	— 1,86%	4,09%	— 4,37%	5,60%	— 4,30%
Durchschnitt	0,62%	— 0,16%	0,34%	— 0,36%	0,93%	— 0,72%

	Super-8 Tage*		Rest des Monats (13 Tage)	
102	Netto +/– (%)	69,30%	Netto +/– (%)	— 23,13%
Monat	Durchschnittlicher Zeitraum	0,68%	Durchschnittlicher Zeitraum	— 0,227%
Gesamt	Durchschnittlicher Tag	0,08%	Durchschnittlicher Tag	— 0,017%

* Super-8-Tage = Letzten 3 + Ersten 2 + Mittleren 3

SEPTEMBER

Woche nach dreifachem Hexensabbat im September,
Dow-Minus 13 der letzten 16

MONTAG
D 47,6
S 42,9
N 42,9
24

Zeige mir einen Börsenangestellten mit einem Ziel und ich zeige Dir einen Mann, der Geschichte machen wird.
Zeige mir einen Mann ohne Ziel und ich zeige Dir einen Börsenangestellten. – James Cash Penney
(Gründer von J.C. Penney)

DIENSTAG
D 57,1
S 52,4
N 47,6
25

Aufsichtsbehörden werden innerhalb von fünf Jahren von den Wirtschaftszweigen kontrolliert,
zu deren Beaufsichtigung sie gebildet wurden. – Gabriel Kolko

Historisch gesehen schließt der September schwach

MITTWOCH
D 52,4
S 57,1
N 38,1
26

Du weißt, dass Du Recht hast, wenn Dein Gegenüber anfängt, Dich anzuschreien. – I. A. O'Shaughnessy

 DONNERSTAG
D 57,1
S 61,9
N 47,6
27

Wenn Du nicht für die Zufriedenheit Deiner Angestellten sorgst, werden sie nicht für die Zufriedenheit
der Kunden sorgen. – Red Lobster V.P. *(New York Times* v. 23.4.1989)

Ende des 3. Quartals bringt Hausputz im Portfolio
und schwere Verkäufe

FREITAG
D 52,4
S 57,1
N 61,9
28

Bei der Globalisierung fressen nicht die großen [Länder] die kleinen, die schnellen fressen die langsamen. –
Thomas L. Friedman (Zeitungskolumnist, in Bezug auf die arabischen Nationen, *New York Times*)

SAMSTAG
29

Saisonale Stärken im Oktober: siehe Seiten 78, 114 und 116

SONNTAG
30

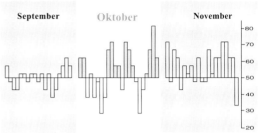

Die oben abgebildete Marktwahrscheinlichkeitstabelle ist eine graphische Umsetzung des S&P 500 Marktwahrscheinlichkeitskalenders auf S. 124

Auch der verhexte Monat genannt: Crashs in den Jahren 1929, 1987, der 554-Punkte-Einbruch am 27.10.1997, zwei aufeinander folgende Massaker in den Jahren 1978 und 1979 und Freitag der 13. im Jahr 1989 ◦ Doch der Oktober ist ein „Bärentöter" und brachte die Wende in elf Haussemärkten seit dem 2. Weltkrieg: 1946, 1957, 1960, 1962, 1966, 1974, 1987, 1990, 1998, 2001 und 2002 ◦ Schlechtesten 6 Monate des Jahres enden mit dem Oktober (S. 48) ◦ Nicht mehr der schlechteste Monat (S. 44 und 56) ◦ Bester Monat der letzten 8 Jahre ◦ Oktober ist eine gute Zeit für Käufe ◦ Hohe Oktober-Gewinne in den fünf Jahren 1999–2003 nach scheußlichen Septembern ◦ Kann bei Verwendung des MACD (S. 50) in die besten 6 Monate rutschen

Oktober – Grundlegende Statistiken

	DJIA	S&P 500	NASDAQ	Russell 1000	Russell 2000
Rang	7	7	8	6	10
Plus	32	33	18	17	14
Minus	24	23	17	10	13
Durchschn. +/–	0,5%	0,9%	0,5%	1,0%	–0,7%
Vor-Wahljahre	–1,9%	–1,3%	–2,9%	–2,6%	–6,0%
Tops & Flops Oktober					
	+/– (%)	+/– (%)	+/– (%)	+/– (%)	+/– (%)
Top	1982 10,7	1974 16,3	1974 17,2	1982 11,3	1982 14,1
Flop	1987 –23,2	1987 –21,8	1987 –27,2	1987 –21,9	1987 –30,8
Tops & Flops Oktober: Wochen					
Top	11.10.74 12,6	11.10.74 14,1	11.10.74 9,5	16.10.98 7,6	16.10.98 7,7
Flop	23.10.87 –13,2	23.10.87 –12,2	23.10.87 –19,2	23.10.87 –12,9	23.10.87 –20,4
Tops & Flops Oktober: Tage					
Top	21.10.87 10,2	21.10.87 9,1	13.10.00 7,9	21.10.87 8,9	21.10.87 7,6
Flop	19.10.87 –22,6	19.10.87 –20,5	19.10.87 –11,4	19.10.87 –19,0	19.10.87 –12,5
Erster Handelstag der Verfallswoche: 1980–2006					
Bilanz (#Plus–#Minus)	22-4	20-6	19-7	21-5	22-4
	U6	U4	U4	U4	U16
Durchschn. +/– (%)	0,69	0,61	0,42	0,58	0,33
Optionsverfallstag: 1980–2006					
Bilanz (#Plus–#Minus)	13-13	13-13	14-12	13-13	13-13
Derzeitiger Lauf	D1	U2	U2	U2	U2
Durchschn. Änderung	–0,13	–0,26	–0,14	–0,25	–0,02
Verfallswoche: 1980–2006					
Bilanz (#Plus–#Minus)	17-9	17-9	15-11	17-9	16-10
Derzeitiger Lauf	D2	D2	U1	D2	D2
Durchschn. Änderung	0,64	0,64	0,77	0,63	0,48
Woche nach Optionsverfall: 1980–2006					
Bilanz (#Plus–#Minus)	10-16	9-17	12-14	9-17	10-16
Derzeitiger Lauf	U1	U1	U2	U1	U16
Durchschn. Änderung	–0,66	–0,64	–0,66	–0,65	–0,78
Performance erster Handelstag					
Häufigkeit Anstiege (%)	50,0	50,0	51,4	55,6	51,9
Durchschn. +/– (%)	0,13	0,14	0,01	0,48	–0,04
Performance letzter Handelstag					
Häufigkeit Anstiege (%)	55,4	55,4	68,6	66,7	77,8
Durchschn. +/– (%)	0,12	0,21	0,67	0,54	0,76

Dow & S&P 1950–Juni 2006, NASDAQ 1971–Juni 2006, Russell 1000 & 2000 1979–Juni 2006

Der Oktober hat schon so manchen Bären erlegt
große Freude hat der, der Technologie hat gepflegt

OKTOBER

Erster Handelstag im Oktober 2005, Dow-Minus nach Plus
von 4,6 % 2002, 2,1 % 2003, 1,1 % 2004

MONTAG
D 66,7
S 61,9
N 57,1
1

Früh im März (1960) suchte mich Dr. Arthur F. Burns auf ... Burns' Schlussfolgerung war, dass, wenn nicht entscheidende Maßnahmen getroffen würden, und zwar bald, es einen weiteren Wirtschaftseinbruch mit einem Tiefpunkt im Oktober, kurz vor den Wahlen, geben würde. – Richard M. Nixon (37. US-Präsident, Sechs Krisen, 1913–1994)

DIENSTAG
D 47,6
S 61,9
N 57,1
2

Größere Tiefstwerte werden in der Regel erreicht, wenn Analysten ihre Ertragsschätzungen nach unten korrigieren und Gesellschaften Erträge angeben, die unterhalb der Erwartungen liegen. – Edward Babbitt, Jr. (Avatar Associates)

Tag der deutschen Einheit
Oktober: Ende der „Schlechtesten 6 Monate"
für Dow und S&P (S. 48, 50, 147) und „Schlechtesten 4 Monate"
für NASDAQ (S. 56, 58, 148)

MITTWOCH
D 33,3
S 38,1
N 52,4
3

Die Friedhöfe der Wall Street sind voll mit Männern, die zu früh Recht hatten. – William Hamilton

DONNERSTAG
D 57,1
S 52,4
N 57,1
4

Die Senkung der Kosten für lebensnotwendige Güter und Luxusgüter ist die stärkste Antriebskraft der Zivilisation und des Fortschritts. – Thomas Elliott Perkins (1888)

Achten Sie ab jetzt auf das MACD-Kauf-Signal (S. 50 und 58)
Bezieher des Almanac Investor-Newsletters werden bei Auslösen
per E-Mail benachrichtigt

FREITAG
D 57,1
S 38,1
N 42,9
5

Die klügsten Köpfe sind nicht in der Regierung. Wenn sie es wären, würde die Wirtschaft sie abwerben. – Ronald Reagan

SAMSTAG
6

SONNTAG
7

Investmentstrategien mit Rohstoffen
Buchtipp der Redaktion

Investmentstrategien mit Rohstoffen.
Diversifikation und Portfoliooptimierung,
von Uwe Bergold und Roland Eller,
Wiley-VCH 2006, ISBN: 3-527-50229-7,
289 Seiten.

Während die meisten Anleger heute noch immer schwerpunktmäßig in Aktien und festverzinsliche Papiere investieren, begann – weitgehend unbemerkt von der breiten Masse der Anleger – im Jahre 2000 eine Hausse an den Rohstoffmärkten. Betrachtet man die begrenzten Ressourcen der Erde, die Auswirkungen von politischen Krisen und Kriegen auf die Produktion (z. B. im Rohöl-Markt) und die verstärkte Nachfrage (nicht zuletzt aus Indien und China), wird schnell deutlich, warum die Rohstoffpreise nahezu explosionsartig steigen und die Rohstoffmärkte zunehmend an Attraktivität gewinnen.

Stellen sich die früher beobachteten Trendmuster wieder ein, dürfte die Rohstoffhausse noch zumindest fünf Jahre andauern. Aus diesem Grund wird dieser Markt nicht nur für institutionelle Anleger, sondern auch für Privatanleger weiter an Bedeutung gewinnen.

Uwe Bergold und Roland Eller erläutern in ihrem Buch, weshalb Rohstoffe wie Gold oder Silber längst mehr als reiner Schutz vor der Inflation sind. Aus der Sicht der Portfoliotheorie stellen sie dar, warum ein Investor auf die Anlageklasse Rohstoffe heute nicht mehr verzichten sollte.

Die Autoren erklären den kompletten Bereich der Anlageklasse Rohstoffe, beginnend mit der Historie und den Rohstoffzyklen, bis zur heutigen aktuellen Situation. Sie betrachten nicht nur die verschiedenen Rohstoffsegmente (Metall, Agrar und Energie), sondern auch die einzelnen Rohstoffe (Gold, Kupfer, Zucker etc.) selbst. Die einzelnen Anlagevarianten (Aktien, Zertifikate, Futures etc.) werden umfassend und mit den jeweiligen Vor- und Nachteilen dargestellt. Als sehr interessant erweist sich auch die von den Autoren erstmalig dargestellte Verbindung des langfristigen Zyklus zwischen dem Aktien- und dem Rohstoffsegment.

Uwe Bergold und Roland Eller zeigen in ihrem Buch, welche Investitionsmöglichkeiten sich für Anleger bieten und stellen dar, wie Anlagenportfolios mit Rohstoffanteilen optimiert werden können. Hier profitiert der Leser auch von dem umfangreichen Praxiswissen, das die Autoren in ihrer langjährigen Tätigkeit als Fondsadvisor und Berater erworben haben.

Abschließend lässt sich festhalten, dass die Rohstoffmärkte mittlerweile eine echte Alternative zu den Aktienmärkten darstellen. Das von Bergold und Eller vorgelegte Buch zeigt dem (institutionellen oder privaten) Anleger Investitionsmöglichkeiten auf und weist ihm einen Weg zur Optimierung seines Anlageportfolios.

OKTOBER

Columbus Day (Rentenmarkt geschlossen)

MONTAG
D 52,4
S 47,6
N 52,4
8

Es gibt nur eine Seite der Börse, und das ist nicht die Hausse-Seite oder die Baisse-Seite, sondern die richtige Seite. – Jesse Livermore

DIENSTAG
D 33,3
S 28,6
N 42,9
9

Die beiden im Überfluss vorhandenen Elemente im Universum sind Wasserstoff und Dummheit. – Harlan Ellison (US-amerikanischer Science-Fiction-Schriftsteller)

Oktober seit 1998 bester Monat

MITTWOCH
D 33,3
S 38,1
N 52,4
10

Wirtschaft ist ein schwieriges Fachgebiet. Man kann es damit vergleichen, dass man lernt, wie man ein Auto repariert, während der Motor läuft. – Ben Bernanke (Fed-Vorsitzender 2006, *Region*-Interview als Fed-Governeur)

DONNERSTAG
D 66,7
S 66,7
N 76,2
11

Das Genie, die Kraft, die sterbliche Augen blendet, ist oftmals nur getarnte Beharrlichkeit. – Henry Willard Austin (Amerikanischer Schriftsteller, *Perserverance Conquers All*, 1858–1916)

FREITAG
D 71,4
S 71,4
N 66,7
12

In der Natur gibt es keine Belohnungen oder Strafen; es gibt nur Konsequenzen. – Horace Annesley Vachel (*The Force of Clay*)

SAMSTAG
13

SONNTAG
14

Die besten Investmentbücher
ausgewählt und bewertet von getAbstract

Trend Following. Wie erfolgreiche Trader in Hausse und Baisse Millionen machen, von Michael Covel, Börsenmedien 2006, ISBN: 3938350083, 327 Seiten. Bei hohen Kursen einsteigen, bei tiefen Kursen verkaufen – klingt nicht gerade vernünftig, oder? Lesen Sie in diesem Buch, wie es funktioniert. Nach der Lektüre kennen Sie die Vorteile der Trendfolgestrategie und die wichtigsten Eckpunkte eines Tradingsystems. Der Autor ist geschäftsführender Redakteur bei turtletrader.com.

Gesamtbewertung: 8 (von max. 10)
Umsetzbarkeit: 7
Innovationsgrad: 8
Stil: 8

Aktien und Rohstoffe erfolgreich traden. So nutzen Sie das Wissen der Insider, von Larry Williams, Börsenmedien 2006, ISBN: 3938350091, 313 Seiten. Tricks für Trittbrettfahrer: Machen Sie's wie die großen Marktteilnehmer! Nach der Lektüre wissen Sie, warum der Rohstoffmarkt interessante Anlagemöglichkeiten bietet, und wie Sie die Charts und Zahlenreihen der Rohstoff-Terminmärkte lesen können. Der Autor ist Trader und arbeitet seit 25 Jahren regelmäßig für *Barron's*, *Wall Street Journal*, *Forbes* und *Fortune*.

Gesamtbewertung: 9 (von max. 10)
Umsetzbarkeit: 8
Innovationsgrad: 9
Stil: 9

Making Sense. Mikrofinanz und Mikrofinanzinvestitionen, von Naoko Felder-Kuzu, Murmann Verlag 2005, ISBN: 3938017295, 109 Seiten. Ein Kredit von 100 Dollar? Hierzulande lachhaft, doch in Entwicklungsländern schon eine unternehmerische Startfinanzierung! So können Sie sich aktiv am Kampf gegen die Armut beteiligen – und davon profitieren. Nach der Lektüre wissen Sie, wie die Mikrofinanzbranche funktioniert und wie Sie selbst sich mit einem Investment beteiligen können. Die Autorin arbeitet als Vermögensverwalterin in der Schweiz.

Gesamtbewertung: 8 (von max. 10)
Umsetzbarkeit: 7
Innovationsgrad: 10
Stil: 8

Moden und Mythen an den Anlagemärkten. Warum Anleger und ihre Berater an der Börse immer wieder scheitern, von Erwin W. Heri, Helbing & Lichtenhahn Verlag 2005, ISBN: 3719023540, 174 Seiten. Lohnt sich die Anlage in Aktien noch? Oder ist die Börse nichts als ein riesiges Spielcasino? Nach der Lektüre wissen Sie, warum Geheimtipps und Börsenregeln fragwürdig sind und welche Art von Geldanlage aus Sicht der Autoren die erfolgversprechendste ist. Der Autor ist Chairman der OZ Bankers AG und lehrt an den Universitäten Basel und Genf.

Gesamtbewertung: 9 (von max. 10)
Umsetzbarkeit: 9
Innovationsgrad: 8
Stil: 9

Geopolitische Vermögenssteuerung. Vermögensanlage rund um den Globus, von Andorra über Panama und Singapur bis Zypern, von Markus Miller, FinanzBuch Verlag 2006, ISBN: 3898791491, 348 Seiten. Setzen Sie nicht Ihr ganzes Vermögen auf eine Karte: Je breiter Sie Ihre Geldanlagen über die ganze Welt verteilen, desto mehr Trümpfe haben Sie am Ende in der Hand. Nach der Lektüre kennen Sie Chancen und Risiken verschiedener Anlagekonzepte und die Vorteile eines Family-Office für die Vermögensverwaltung. Der Autor ist Vorstand eines Schweizer Family-Office und war zuvor für verschiedene Privatbanken tätig.

Gesamtbewertung: 8 (von max. 10)
Umsetzbarkeit: 9
Innovationsgrad: 8
Stil: 7

(Fortsetzung Seite 96)

OKTOBER

Montag vor dem Oktober Verfallstag, Dow-Plus 22 der letzten 26
und 6 in Reihe

MONTAG
D 61,9
S 57,1
N 57,1
15

Wenn das Blut auf den Straßen fließt, ist der richtige Zeitpunkt zum Kaufen. –
Baron Nathan Rothschild (Londoner Finanzier, 1777–1836)

DIENSTAG
D 52,4
S 57,1
N 47,6
16

Wenn eine schwer angeschlagene Aktie nicht weiter sinkt, egal wie viele negative Artikel in den Zeitungen erscheinen,
ist sie einen näheren Blick wert. – James L. Fraser *(Contrary Investor)*

MITTWOCH
D 52,4
S 42,9
N 42,9
17

Was ist Konservatismus? Ist es nicht das Festhalten am Alten und Erprobten gegenüber dem Neuen und Unerprobten? –
Abraham Lincoln (16. US-Präsident, 1809–1865)

DONNERSTAG
D 66,7
S 71,4
N 71,4
18

Ein Realist glaubt, dass das, was kurzfristig getan oder nicht getan wird, langfristige Auswirkungen hat. –
Sidney J. Harris (Amerikanischer Journalist und Autor, 1917–1986)

Oktober Verfallstag, Dow-Plus 4 der letzten 6 –
1999 minus 267 Punkte
Crash am 19.10.1987, Dow-Minus 22,6 % an einem Tag

FREITAG
D 57,1
S 66,7
N 52,4
19

Eine Hausse hilft Dir über all Deine Fehler hinweg. Umgekehrt lässt Dich eine Baisse für all Deine Fehler bezahlen. –
Richard Russell *(Dow Theory Letters)*

SAMSTAG
20

SONNTAG
21

Gold. Der Goldhandel im neuen Jahrtausend, von Christoph Eibl, FinanzBuch Verlag 2005, ISBN: 3898791157, 199 Seiten. Schon Goethes Gretchen wusste: „Nach Golde drängt, am Golde hängt doch alles." Wenn Ihnen der internationale Goldhandel noch etwas undurchsichtig erscheint: Nach der Lektüre wissen Sie, wie der Goldhandel funktioniert und welche Handelsstrategien möglich sind. Der Autor arbeitet im Investmentbereich der Dresdner Bank.

Gesamtbewertung: 8 (von max. 10)
Umsetzbarkeit: 7
Innovationsgrad: 9
Stil: 7

Der Öl-Faktor. Wie das schwarze Gold Einfluss auf die Wirtschaft und Ihr Konto nimmt, von Stephen Leeb und Donna Leeb, FinanzBuch Verlag 2005, ISBN: 3898791475, 341 Seiten. Wenn Sie in der nächsten Krise nicht zu den Verlierern zählen wollen, sollten Sie vor allem einer Sache Beachtung schenken: dem Ölpreisindikator. Nach der Lektüre wissen Sie, wie der Faktor Öl das Wirtschaftsleben bestimmt und wie Sie sich als Investor gegen Inflation und Deflation absichern können. Stephen Leeb ist Investmentbanker, seine Frau Wirtschaftsjournalistin.

Gesamtbewertung: 8 (von max. 10)
Umsetzbarkeit: 8
Innovationsgrad: 7
Stil: 8

Strukturierte Produkte in der Vermögensverwaltung, von Steffen Tolle, Boris Hutter, Patrik Rüthemann und Hanspeter Wohlwend, NZZ Buchverlag 2005, ISBN: 3038231231, 225 Seiten. Alles über Derivate, Swaps, Optionen, Zertifikate etc. – strukturierte Produkte eben. Nach der Lektüre wissen Sie nicht nur, was strukturierte Produkte sind, sondern auch, wie Sie sie in der Vermögensverwaltung einsetzen können. Alle vier Autoren sind bei Wegelin & Co. Privatbankiers tätig.

Gesamtbewertung: 9 (von max. 10)
Umsetzbarkeit: 9
Innovationsgrad: 9
Stil: 8

Rohstoffe. Der attraktivste Markt der Welt. Wie jeder von Öl, Kaffee und Co. profitieren kann, von Jim Rogers, FinanzBuch Verlag 2005, ISBN: 3898791106, 293 Seiten. Lernen Sie vom „Indiana Jones der Finanzen", wie Sie richtig mit Gold, Zucker und Kaffee spekulieren und in den nächsten 15 Jahren saftige Renditen einfahren. Nach der Lektüre wissen Sie, warum es sich lohnt, in Rohstoffe zu investieren, und welche Basisinformationen über einige wichtige Rohstoffe Sie haben müssen. Zusammen mit George Soros gründete der Autor den Quantum-Fonds sowie später einen eigenen Rohstoff-Index.

Gesamtbewertung: 9 (von max. 10)
Umsetzbarkeit: 9
Innovationsgrad: 8
Stil: 9

Fokus Wachstumsunternehmen. Analyse, Bewertung, Portfoliomanagement von Beteiligungen in Pharma, Biotech und Medtech, von Michael Stros und Jürg Hari, Versus Verlag 2005, ISBN: 3039090348, 287 Seiten. Die Bewertung von Wachstumsunternehmen stellt besondere Anforderungen. Nach der Lektüre wissen Sie, welche das sind, und wie die Bewertung nach der STOCK-Methode funktioniert. Die Autoren lehren an Schweizer Hochschulen.

Gesamtbewertung: 8 (von max. 10)
Umsetzbarkeit: 9
Innovationsgrad: 8
Stil: 7

OKTOBER

MONTAG
D 52,4
S 57,1
N 57,1
22

...der, der Höchstleistungen erzielt hat, weiß, dass sie ein Ergebnis unablässiger Konzentration sind. – ...ouise Brooks (Schriftsteller)

DIENSTAG
D 42,9
S 47,6
N 42,9
23

...er dümmste Grund, eine Aktie zu kaufen, ist, weil sie steigt. – Warren Buffett

...er späte Oktober ist die Zeit zum Kauf geschwächter Aktien, ...esonders Tech-Werte und kleine Werte

MITTWOCH
D 42,9
S 28,6
N 38,1
24

...inge kommen möglicherweise zu denen, die warten; aber es kommen nur die Dinge, die von den Betriebsamen ...rückgelassen wurden. – Abraham Lincoln (16. US-Präsident, 1809–1865)

DONNERSTAG
D 38,1
S 42,9
N 28,6
25

...er Geist ist kein zu füllender Kessel, sondern ein zu entfachendes Feuer. – ...utarch (Griechischer Biograph und Philosoph, Parallelleben, 46–120 n. Chr.)

FREITAG
D 42,9
S 52,4
N 33,3
26

...iejenigen, die ihre Stimme abgeben, entscheiden gar nichts. Diejenigen, die die Stimmen zählen, entscheiden alles. – ...oseph Stalin

SAMSTAG
27

...nde der Sommerzeit (Deutschland)
...aisonale Stärken im November: siehe Seiten 78, 114, 116

SONNTAG
28

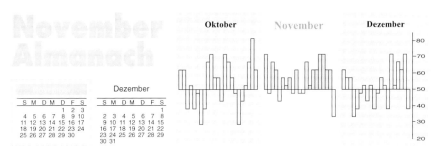

Die oben abgebildete Marktwahrscheinlichkeitstabelle ist eine graphische Umsetzung des S&P 500 Marktwahrscheinlichkeitskalenders auf S. 124

Nr. 1 S&P-Monat und Nr. 3 beim Dow seit 1950, Nr. 2 beim NASDAQ seit 1971 (S. 44 und 56)   Auftakt der „Besten 6 Monate" des Jahres (S. 48) sowie der „Besten drei" und „Besten acht Monate" des NASDAQ   Einfacher Timing-Indikator verdreifacht fast „Beste 6 Monate"-Strategie (S. 50), verdoppelt die „Besten 8" des NASDAQ (S. 58)   November-Gewinne in Vor-Wahljahren sind wegen 1987 insgesamt nur gering   Tag vor und nach Erntedank zusammen nur 9 Verluste in 54 Jahren (S. 102)   2003 endete der Lauf von 10 Jahren mit Dow-Gewinnen vor Erntedank in Folge, Minus 2 der letzten 3

November – Grundlegende Statistiken

	DJIA	S&P 500	NASDAQ	Russell 1000	Russell 2000
Rang	3	1	2	1	3
Plus	38	38	24	20	18
Minus	18	18	11	7	9
Durchschn. +/–	1,7%	1,8%	2,2%	2,2%	2,6%
Vor-Wahljahre	0,6%	0,7%	2,1%	0,4%	2,4%
Tops & Flops November					
	+/– (%)	+/– (%)	+/– (%)	+/– (%)	+/– (%)
Top	1962 10,1	1980 10,2	2001 14,2	1980 10,1	2002 8,8
Flop	1973 –14,0	1973 –11,4	2000 –22,9	2000 –9,3	2000 –10,4
Tops & Flops November: Wochen					
Top	2.11.62 6,3	5.11.82 6,3	5.11.82 6,8	5.11.82 6,4	5.11.82 6,6
Flop	2.11.73 –5,3	23.11.73 –4,3	10.11.00 –12,2	10.11.00 –4,9	10.11.00 –5,3
Tops & Flops November: Tage					
Top	26.11.63 4,5	26.11.63 4,0	14.11.00 5,8	3.11.82 3,7	24.11.00 3,1
Flop	30.11.87 –4,0	30.11.87 –4,2	30.11.87 –5,4	30.11.87 –4,1	30.11.87 –3,4
Erster Handelstag der Verfallswoche: 1980–2006					
Bilanz (#Plus–#Minus)	13-13	11-15	10-16	12-14	11-15
	U2	D7	D1	D1	D1
Durchschn. +/– (%)	0,01	–0,002	–0,09	–0,02	–0,13
Optionsverfallstag: 1980–2006					
Bilanz (#Plus–#Minus)	15-11	14-12	13-13	14-12	12-14
Derzeitiger Lauf	U1	U1	U1	D1	U16
Durchschn. Änderung	–0,02	–0,08	–0,19	–0,09	–0,10
Verfallswoche: 1980–2006					
Bilanz (#Plus–#Minus)	17-9	16-10	14-12	15-11	14-12
Derzeitiger Lauf	U1	U1	U1	U1	U16
Durchschn. Änderung	0,53	0,39	0,35	0,37	0,08
Woche nach Optionsverfall: 1980–2006					
Bilanz (#Plus–#Minus)	17-9	17-9	17-9	17-9	15-11
Derzeitiger Lauf	U5	U5	U5	U5	U5
Durchschn. Änderung	0,71	0,55	0,64	0,52	0,55
Performance erster Handelstag					
Häufigkeit Anstiege (%)	66,1	66,1	68,6	77,8	74,1
Durchschn. +/– (%)	0,37	0,41	0,48	0,66	0,60
Performance letzter Handelstag					
Häufigkeit Anstiege (%)	53,6	51,8	68,6	40,7	70,4
Durchschn. +/– (%)	0,02	0,06	–0,19	–0,18	0,01

Dow & S&P 1950–Juni 2006, NASDAQ 1971–Juni 2006, Russell 1000 & 2000 1979–Juni 2006

Clevere Investoren erinnern sich und sind heiter
saisonbedingt im November die Kurse steigen weiter und weiter

OKTOBER/NOVEMBER

929 Crash 28. und 29. Oktober, Dow –23,0 % in zwei Tagen

MONTAG
D 71,4
S 66,7
N 52,4
29

ssgunst ist vergleichbar damit, Gift zu nehmen und darauf zu warten, dass der Andere stirbt. –
alachy McCourt (A Monk Swimming: A Memois)

DIENSTAG
D 81,0
S 81,0
N 71,4
30

n Mensch wird niemals auf größeren Abwegen sein, als wenn er die Straße weitergeht, die ihn zum Erfolg geführt hat. –
iedrich von Hayek (Counterrevolution of Science)

eformationstag
alloween

MITTWOCH
D 47,6
S 61,9
N 71,4
31

ie Weisheit des Alters ist die Frucht von Freiheit und Demokratie. – Lawrence Kudlow (Ökonom, auf der 24. Paulson
allCap-Jahreskonferenz, Waldorf Astoria in New York, 8.11.2001)

llerheiligen
rster Handelstag im November war in der Vergangenheit
ntastisch, Dow-Plus 22 der letzten 28, 12 nacheinander
on 1978–1990

DONNERSTAG
D 71,4
S 71,4
N 76,2
1

n Kapitalismus rennt der Verkäufer dem Käufer hinterher, und dadurch arbeiten beide besser; im Sozialismus
nnt der Käufer dem Verkäufer hinterher, und keiner von beiden hat Zeit zu arbeiten. – Andrei Sacharows Onkel Ivan

lovember beginnt „Beste 6 Monate" des Jahres für Dow & S&P
S. 48, 50 und 147) und „Beste 8 Monate" des Jahres für NASDAQ
S. 56, 58 und 148)

FREITAG
D 42,9
S 47,6
N 52,4
2

'er glaubt, etwas zu sein, hat aufgehört, etwas zu werden! – Sokrates

SAMSTAG
3

nde der **Sommerzeit** (USA)

SONNTAG
4

Nutzen Sie die Warnung vor Freitags- und Montagsverlusten!

Für Börsenprofis und ernsthafte Händler sind Freitage und Montage die wichtigsten Tage der Woche. Freitag ist der Tag, an dem Positionen glattgestellt werden – vor dem Start ins Wochenende werden die „Long"-Positionen angepasst und „Short"-Positionen ausgeglichen. Profis wollen das Gefahrenpotential verringern (besonders bei schlecht gehenden Aktien), da es zu unvorteilhaften Entwicklungen kommen könnte, bevor der Handel zwei oder noch mehr Tage später wieder aufgenommen wird.

Der Montag ist wichtig, weil der Markt dann die Möglichkeit hat, die Nachrichten des Wochenendes zu verarbeiten. Dazu kommen noch die Ansichten der Händler, nachdem sie die Geschehnisse der Woche verdaut haben, und die vielen Analyse- und Strategiekommentare am Montagmorgen.

Wir haben das Marktverhalten am Freitag/Montag seit mehr als 30 Jahren beobachtet. In dieser Zeit ist uns aufgefallen, dass ein Freitagsverlust, dem ein Montagsverlust folgt, oftmals ein wichtiger Wendepunkt ist, der auf einen klar nach unten zeigenden Trend hinweist und der häufig mit Markthochs zusammenfällt oder – bei wenigen sich zuspitzenden Situationen wie im Oktober 2002 – in der Nähe von größeren Markttiefs zu finden ist.

Eine einfache Möglichkeit, eine schnelle Einschätzung der Richtung, in die sich der Markt bewegen könnte, vorzunehmen, ist es, die Performance des Dow Jones Industrial Average an Freitagen und den folgenden Montagen zu beobachten. Seit 1995 gab es 118 Mal einen Freitagsverlust mit folgendem Montagsverlust (VF/VM), davon 31 in den Baissemarktjahren 2001/2002 mit einem durchschn. Verlust von 12,7 %.

Freitagsverluste/Montagsverluste

Jahr	Gesamtanzahl Freitagsverluste/ Montagsverluste	Nachfolgender Dow-Verlust (%)*	Durchschnitt Anzahl Tage bis Tiefpunkt
1995	8	— 1,2%	18
1996	9	— 3,0%	28
1997	6	— 5,1%	45
1998	9	— 6,4%	47
1999	9	— 6,4%	39
2000	11	— 6,6%	32
2001	13	— 13,5%	53
2002	18	— 11,9%	54
2003	9	— 3,0%	17
2004	9	— 3,7%	51
2005	10	— 3,0%	37
2006**	7	— 2,4%	16
Durchschnitt	**10**	**— 5,5%**	**36**

*über die nächsten drei Monate, endet 30.6.2006

Um zu veranschaulichen, wie Verlustfreitage/Verlustmontage Marktwendepunkte ankündigen können, haben wir in dem Diagramm unten die Entwicklung des Dow Jones zwischen November 2004 und Juni 2006 dargestellt und das Auftreten von VF/VM mit Pfeilen markiert. Benutzen Sie VF/VM als Hinweis, die Marktbedingungen einer eingehenden Prüfung zu unterziehen.

Dow Jones Industrials (November 2004 bis Juni 2006)

NOVEMBER

MONTAG
D 66,7
S 66,7
N 85,7
5

...n halte sie mir vom Leibe, die Weisheit, die nicht weint, die Philosophie, die nicht lacht und die Größe, ...sich nicht vor Kindern verbeugt. – Khalil Gibran (im Libanon geborener amerikanischer Mystiker, ...hter und Künstler, 1883–1931)

...ahltag (USA)

DIENSTAG
D 61,9
S 61,9
N 57,1
6

...r Markt ist eine Wahlmaschine, die die Entscheidungen unzähliger Menschen erfasst, die teilweise das Produkt von ...nunft, teilweise von Emotionen sind. – Graham & Dodd

MITTWOCH
D 42,9
S 42,9
N 57,1
7

...mich ist das „Tape" der letzte Richter über eine Investment-Entscheidung. Ich habe eine Grundregel: ...mpfe niemals gegen das Tape! – Martin Zweig

DONNERSTAG
D 61,9
S 57,1
N 57,1
8

...e kleine Schuld schafft einen Schuldner; eine große einen Feind. – Publius Syrus (in Syrien geborener römischer Mime ...d ehemaliger Sklave, 83–43 v. Chr.)

FREITAG
D 42,9
S 52,4
N 61,9
9

...nn jeder beginnt, richtig clever auszusehen und keiner versteht, dass viel Glück dabei war, bekomme ich Angst. – ...phael Yavneh *(Forbes)*

SAMSTAG
10

...eteran's Day

SONNTAG
11

Handel an Erntedank

35 Jahre lang hatte die Kombination des Mittwochs vor Erntedank und des Freitags danach – bis auf zwei Ausnahmen – eine großartige Bilanz. Es war ein Kinderspiel, dieses Phänomen der warmen „Feiertagsstimmung" zuzuschreiben. Aber dessen Veröffentlichung im Almanach 1987 war der „Todeskuss". Mittwoch, Freitag und Montag brachten große Einbußen, ein Minus von 6,6 % während dieser drei Tage im Jahr 1987. Seit 1988 hat der Zeitraum von Mittwoch bis Freitag 6 von 18 Mal Verluste gebracht bei einer Gesamtzunahme des Dow um 502,41 Punkte gegenüber einem Dow-Anstieg um insgesamt 704,77 Punkten von Mittwoch bis Montag bei nur 4 Verlusten. Die beste Strategie scheint also zu sein, spät in die Woche einzusteigen und die Stärke am Freitag oder Montag mitzunehmen.

Dow Jones Industrials vor und nach Erntedank

	Dienstag vorher	Mittwoch vorher	Freitag danach	Dow +/– (Punkte)	Dow-Folgender	Nächster Montag
1952	– 0,18	1,54	1,22	2,76	283,66	0,04
1953	1,71	0,65	2,45	3,10	280,23	1,14
1954	3,27	1,89	3,16	5,05	387,79	0,72
1955	4,61	0,71	0,26	0,97	482,88	– 1,92
1956	– 4,49	– 2,16	4,65	2,49	472,56	– 2,27
1957	– 9,04	10,69	3,84	14,53	449,87	– 2,96
1958	– 4,37	8,63	8,31	16,94	557,46	2,61
1959	2,94	1,41	1,42	2,83	652,52	6,66
1960	– 3,44	1,37	4,00	5,37	606,47	– 1,04
1961	– 0,77	1,10	2,18	3,28	732,60	– 0,61
1962	6,73	4,31	7,62	11,93	644,87	– 2,81
1963	32,03	– 2,52	9,52	7,00	750,52	1,39
1964	– 1,68	– 5,21	– 0,28	– 5,49	882,12	– 6,69
1965	2,56	N/C	– 0,78	– 0,78	948,16	– 1,23
1966	– 3,18	1,84	6,52	8,36	803,34	– 2,18
1967	13,17	3,07	3,58	6,65	877,60	4,51
1968	8,14	– 3,17	8,76	5,59	985,08	– 1,74
1969	– 5,61	3,23	1,78	5,01	812,30	– 7,26
1970	5,21	1,98	6,64	8,62	781,35	12,74
1971	– 5,18	0,66	17,96	18,62	816,59	13,14
1972	8,21	7,29	4,67	11,96	1025,21	– 7,45
1973	– 17,76	10,08	– 0,98	9,10	854,00	– 29,05
1974	5,32	2,03	– 0,63	1,40	618,66	– 15,64
1975	9,76	3,15	2,12	5,27	860,67	– 4,33
1976	– 6,57	1,66	5,66	7,32	956,62	– 6,57
1977	6,41	0,78	1,12	1,90	844,42	– 4,85
1978	– 1,56	2,95	3,12	6,07	810,12	3,72
1979	– 6,05	– 1,80	4,35	2,55	811,77	16,98
1980	3,93	7,00	3,66	10,66	993,34	– 23,89
1981	18,45	7,90	7,80	15,70	885,94	3,04
1982	– 9,01	9,01	7,36	16,37	1007,36	– 4,51
1983	7,01	– 0,20	1,83	1,63	1277,44	– 7,62
1984	9,83	6,40	18,78	25,18	1220,30	– 7,95
1985	0,12	18,92	– 3,56	15,36	1472,13	– 14,22
1986	6,05	4,64	– 2,53	2,11	1914,23	– 1,55
1987	40,45	– 16,58	– 36,47	– 53,05	1910,48	– 76,93
1988	11,73	14,58	– 17,60	– 3,02	2074,68	6,76
1989	7,25	17,49	18,77	36,26	2675,55	19,42
1990	– 35,15	9,16	– 12,13	– 2,97	2527,23	5,94
1991	14,08	– 16,10	– 5,36	– 21,46	2894,68	40,70
1992	25,66	17,56	15,94	33,50	3282,20	22,96
1993	3,92	13,41	– 3,63	9,78	3683,95	– 6,15
1994	– 91,52	– 3,36	33,64	30,28	3708,27	31,29
1995	40,46	18,06	7,23*	25,29	5048,84	22,04
1996	– 19,38	– 29,07	22,36*	– 6,71	6521,70	N/C
1997	41,03	– 14,17	28,35*	14,18	7823,13	189,98
1998	– 73,12	13,13	18,80*	31,93	9333,08	– 216,53
1999	– 93,89	12,54	– 19,26*	– 6,72	10988,91	– 40,99
2000	31,85	– 95,18	70,91*	– 24,27	10470,23	75,84
2001	– 75,08	– 66,70	125,03*	58,33	9959,71	23,04
2002	– 172,98	255,26	– 35,59*	219,67	8896,09	– 33,52
2003	16,15	15,63	2,89*	18,52	9782,46	116,59
2004	3,18	27,71	1,92*	29,63	10522,23	– 46,33
2005	51,15	44,66	15,53*	60,19	10931,62	– 40,90

*verkürzter Handelstag

NOVEMBER

ontag vor November-Verfallstag, 2 Dow-Anstiege in Folge
ach fünf Jahren mit Baisse

MONTAG
D 57,1
S 57,1
N 61,9
12

schwende keine Zeit. Erschaffe, handele, beziehe Position wo immer Du bist und sei jemand. –
eodore Roosevelt (26. US-Präsident, 1858–1919)

DIENSTAG
D 52,4
S 47,6
N 52,4
13

oranz ist, etwas nicht zu wissen; Dummheit ist, seine Ignoranz nicht zuzugeben. – Daniel Turov *(Turov on Timing)*

oche vor Erntedank, Dow-Anstieg 11 der letzten 13,
003 unterbrach 10-Jahre-Lauf

MITTWOCH
D 66,7
S 61,9
N 61,9
14

ist nicht so wichtig, so billig wie möglich zu kaufen, wie es ist, zum richtigen Zeitpunkt zu kaufen. – Jesse Livermore

DONNERSTAG
D 52,4
S 47,6
N 38,1
15

folgt bemisst sich nicht danach, ob man ein schwieriges Problem zu lösen hat, sondern ob es dasselbe Problem ist,
s man letztes Jahr auch schon hatte. – John Foster Dulles (Außenminister unter Eisenhower, 1888–1959)

ovember-Verfallstag, Dow-Anstieg 3 der letzten 4

FREITAG
D 38,1
S 47,6
N 28,6
16

e Werte zu kennen, heißt den Sinn des Markts zu kennen. – Charles Dow

SAMSTAG
17

olkstrauertag

SONNTAG
18

Der größte Teil des so genannten „Januar-Effekts" findet in der zweiten Dezemberhälfte statt

Im Laufe der Jahre haben wir jährlich über den faszinierenden Januar-Effekt berichtet und gezeigt, dass im Januar in 40 der 43 Jahre zwischen 1953 und 1995 kleine Werte besser als große abschnitten. Leser stellten fest, dass Spekulationspapiere im Durchschnitt das Vierfache der Erträge von Blue Chips in diesem Zeitraum erzielten. Dann verschwand der Januar-Effekt über die folgenden vier Jahre.

Das Diagramm auf S. 108, in dem der Russell 1000-Index der größten börsenkapitalisierten Aktien mit dem Russell 2000-Index der kleineren börsenkapitalisierten Aktien verglichen wird, zeigt, dass kleinere Werte die Blue Chips Mitte Dezember übertreffen. Den Vergleich auf halbmonatige Abschnitte zu begrenzen, war inspirierend und erwies sich als sehr erhellend, wie man der folgenden Übersicht entnehmen kann.

Durchschnittsertragsrate über 19 Jahre (Dez 1987 – Feb 2006)

Ab Mitte Dezember*	Russell 1000 +/– (%)	Jahresbasis	Russell 2000 +/– (%)	Jahresbasis
15.12.–31.12.	1,8%	50,5%	3,4%	115,1
15.12.–15.1.	2,4	31,2	4,3	62,0
15.12.–31.1.	3,1	28,2	5,1	49,8
15.12.–15.2.	3,9	25,8	6,7	47,6
15.12.–28.2.	3,4	18,0	7,0	39,7
Ab Ende Dezember*				
31.12.–15.1.	0,5	11,0	0,9	20,7
31.12.–31.1.	1,2	15,4	1,6	21,0
31.12.–15.2.	2,1	17,8	3,1	27,2
31.12.–28.2.	1,6	10,5	3,4	23,4

Durchschnittsertragsrate über 27 Jahre (Dez 1979 – Feb 2006)

Ab Mitte Dezember*	Russell 1000 +/– (%)	Jahresbasis	Russell 2000 +/– (%)	Jahresbasis
15.12.–31.12.	1,6%	43,9%	2,9%	92,5%
15.12.–15.1.	2,5	32,7	4,7	69,2
15.12.–31.1.	3,2	28,2	5,5	52,4
15.12.–15.2.	4,0	25,8	6,9	47,9
15.12.–28.2.	3,7	19,7	7,2	41,0
Ab Ende Dezember*				
31.12.–15.1.	0,9	20,7	1,7	42,5
31.12.–31.1.	1,6	21,0	2,5	34,7
31.12.–15.2.	2,4	20,5	3,9	35,2
31.12.–28.2.	2,1	13,6	4,2	28,8

* Als Mitte des Monats gilt der 11. Handelstag, Ende des Monats ist der monatliche Schlusstag.

Die Stärke kleinerer Werte in der zweiten Dezemberhälfte wurde nach dem Börsencrash von 1987 noch größer. Beachten Sie die dramatische Gewinnverschiebung in der zweiten Dezemberhälfte während des 19-jährigen Zeitraums ab 1987 im Vergleich zu den 27 Jahren zwischen 1979 und 2006. Da die im Preis gedrückten kleinen Werte zu Steuerverlustzwecken abgestoßen werden, lohnt es sich in der Regel, schon Mitte Dezember mit Vorsprung auf den Januar-Effekt zu setzen. Man muss aber auch nicht auf den Dezember warten, bei den kleinen Werten kommt es oft schon gegen Ende Oktober zu einer Wende auf dem Markt.

NOVEMBER

MONTAG
D 66,7
S 66,7
N 61,9
19

Mit genügend Insider-Informationen und einer Millionen Dollar kann man innerhalb eines Jahres Pleite gehen. – Warren Buffett

Handel an Erntedank: Spät in die vorherige Schwäche, Ausstieg in der Stärke danach (S. 102)

DIENSTAG
D 52,4
S 52,4
N 57,1
20

Wenn die Muster und Statistiken sagen: verkaufen, verkaufen, verkaufen, aber nur Käufer da sind, sei kein Idiot, Kaufe! – Dr. William Silber (Universität New York, *Newsweek*, 1986)

Buß- und Bettag

MITTWOCH
D 71,4
S 61,9
N 52,4
21

Um ein großer Schriftsteller (oder Investor) zu sein, muss man einen eingebauten, stoßfesten Schrottdetektor haben. – Ernest Hemingway

Erntedankfest (Börse geschlossen)

DONNERSTAG
22

Wenn ich mit einem Unternehmen spreche und man mir sagt, dass der letzte Analyst vor drei Jahren da war, kann ich meine Begeisterung nur schlecht verbergen. – Peter Lynch

(verkürzter Handelstag)

FREITAG
D 71,4
S 61,9
N 66,7
23

Gesellschaften, denen es gut geht, veröffentlichen ihren Finanzbericht in der Regel früher als die, denen es schlecht geht. – Alan Abelson *(Barron's)*

SAMSTAG
24

Totensonntag

SONNTAG
25

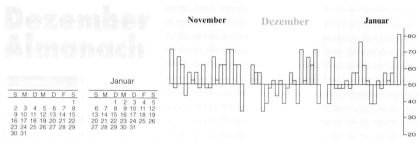

Die oben abgebildete Marktwahrscheinlichkeitstabelle ist eine graphische Umsetzung des S&P 500 Marktwahrscheinlichkeitskalenders auf S. 124

Rang 2 bei S&P und Dow mit durchschn. Gewinn von 1,7 % seit 1950 (S. 44), Rang 3 bei NASDAQ 2,0 % seit 1971 ◆ 2002 schlechtester Dezember seit 1931 für Dow und S&P, mehr als 6 % Verlust, NASDAQ –9,7 % (S. 152, 155 und 157) ◆ „Free Lunch" an der Wall Street zum Monatsende (S. 110) ◆ Kleine Werte besser als große Werte um Mitte des Monats (S. 104 und 108) ◆ „Santa-Claus-Rallye" in Diagramm oben und auf S. 112 sichtbar ◆ 1998 Teil des besten 4. Quartals seit 1928 (S. 167) ◆ Nur zwei Dezember mit Verlusten in den letzten 14 Vor-Wahljahren

Dezember – Grundlegende Statistiken

	DJIA	S&P 500	NASDAQ	Russell 1000	Russell 2000
Rang	2	2	3	3	2
Plus	40	42	21	21	21
Minus	16	14	14	6	6
Durchschn. +/–	1,7%	1,7%	2,0%	1,7%	2,6%
Vor-Wahljahre	3,4%	3,6%	6,0%	4,5%	5,1%
Tops & Flops Dezember					
	+/– (%)	+/– (%)	+/– (%)	+/– (%)	+/– (%)
Top	1991 9,5	1991 11,2	1999 22,0	1991 11,2	1999 11,2
Flop	2002 –6,2	2002 –6,0	2002 –9,7	2002 –5,8	2002 –5,7
Tops & Flops Dezember: Wochen					
Top	18.12.87 5,8	18.12.87 5,9	8.12.00 10,3	18.12.87 6,0	18.12.87 7,7
Flop	4.12.87 –7,5	6.12.74 –7,1	15.12.00 –9,1	4.12.87 –7,0	12.12.80 –6,5
Tops & Flops Dezember: Tage					
Top	14.12.87 3,5	5.12.00 3,9	5.12.00 10,5	5.12.00 4,4	5.12.00 4,6
Flop	3.12.87 –3,9	3.12.87 –3,5	20.12.00 –7,1	20.12.00 –3,4	8.12.80 –3,6
Erster Handelstag der Verfallswoche: 1980–2006					
Bilanz (#Plus–#Minus)	15-11	16-10	11-15	17-9	12-14
Derzeitiger Lauf	D1	U2	U2	U2	U2
Durchschn. +/– (%)	0,30	0,26	0,07	0,22	–0,03
Optionsverfallstag: 1980–2006					
Bilanz (#Plus–#Minus)	18-8	18-8	17-9	18-8	16-10
Derzeitiger Lauf	D2	D3	D3	D3	D2
Durchschn. Änderung	0,40	0,41	0,28	0,38	0,32
Verfallswoche: 1980–2006					
Bilanz (#Plus–#Minus)	21-5	19-7	13-13	18-8	11-15
Derzeitiger Lauf	U5	U5	D1	U5	U1
Durchschn. Änderung	0,88	0,80	0,06	0,72	0,29
Woche nach Optionsverfall: 1980–2006					
Bilanz (#Plus–#Minus)	19-7	16-10	17-9	16-10	19-7
Derzeitiger Lauf	U3	U3	D1	U3	U3
Durchschn. Änderung	0,82	0,49	0,81	0,53	0,9
Performance erster Handelstag					
Häufigkeit Anstiege (%)	50,0	53,6	65,7	59,3	59,3
Durchschn. +/– (%)	0,04	0,09	0,39	0,21	0,29
Performance letzter Handelstag					
Häufigkeit Anstiege (%)	55,4	66,1	82,9	59,3	81,5
Durchschn. +/– (%)	0,10	0,13	0,43	–0,07	0,57

Dow & S&P 1950–Juni 2006, NASDAQ 1971–Juni 2006, Russell 1000 & 2000 1979–Juni 2006

Bleibt der Weihnachtsmann mal aus,
kann der Bär ins Börsenhaus

NOVEMBER/DEZEMBER

MONTAG
D 76,2
S 71,4
N 66,7
26

*ein Beruf verlangt mehr harte Arbeit, Intelligenz, Geduld und geistige Disziplin als erfolgreiches Spekulieren. –
 obert Rhea*

DIENSTAG
D 71,4
S 71,4
N 57,1
27

*in Statistiker ist jemand, der eine gerade Linie zwischen einer ungerechtfertigten Annahme und einem vorhergefassten
 chluss ziehen kann. –* Anonym

MITTWOCH
D 57,1
S 61,9
N 61,9
28

lich meiner hervorragenden Sprachkenntnisse bedienend, sagte ich gar nichts. – Robert Benchley

DONNERSTAG
D 47,6
S 61,9
N 71,4
29

*as ganze Geheimnis unseres Erfolgs ist, dass wir uns dahin bringen, zu glauben, wir würden die Welt verändern, [obwohl]
 ir das höchstwahrscheinlich nicht tun werden. –* Tom Peters (*Fortune*, 31.11.2000)

FREITAG
D 47,6
S 33,3
N 61,9
30

*in Anführer hat die Fähigkeit, ansteckende Begeisterung zu entfachen. –
 ed Turner* (Milliardär, *New Yorker Magazine*, 23.4.2001)

SAMSTAG

1

1. Advent
Saisonale Stärken im Dezember: siehe Seiten 78, 114 und 116

SONNTAG

2

Januar-Effekt beginnt nun Mitte Dezember

Im Januar bringen kleine Werte in der Regel mehr als große Werte. Diese als „Januar-Effekt" bekannte Tendenz wird in den Diagrammen unten klar ersichtlich. Tägliche Daten von 28 Jahren für den Russell 2000-Index von kleineren Unternehmen werden durch den Russell 1000-Index der größten Unternehmen dividiert. Dann werden die 28 Jahre in einem einzigen Jahr zusammengefasst, um so ein idealisiertes Jahresmuster darzustellen. Fällt der Graph ab, lassen die großen Blue Chips die kleinen Gesellschaften hinter sich; steigt der Graph an, bewegen sich kleinere Gesellschaften schneller nach oben als ihre großen Brüder.

In einem typischen Jahr bleiben die kleinen Kinder an der Seitenlinie, während die großen Jungs auf dem Platz sind. Dann beginnen Ende Oktober die kleinen Aktienwerte aufzuwachen und Mitte Oktober heben sie ab. Die vielen Dividenden, Auszahlungen und Boni zum Jahresende können eine Ursache sein. Andere größere Bewegungen sind kurz vor dem Tag der Arbeit offensichtlich – wahrscheinlich, weil viele Einzelinvestoren aus dem Urlaub zurückkehren – und nach den Tiefpunkten Ende Oktober und November. Nach einer Pause Mitte Januar übernehmen kleine Werte die Führung bis in den Anfang des März hinein.

Verhältnis Russell 2000/Russell 1000 Einjahres-Muster

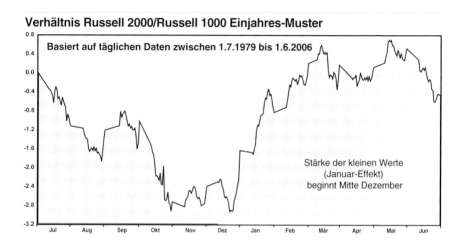

Das Diagramm unten zeigt das tatsächliche Verhältnis zwischen Russell 2000 geteilt durch den Russell 1000 seit 1979. Kleine Gesellschaften hatten fünf Jahre lang die Oberhand bis 1983, als der letzte große Baissetrend zum Ende kam und der entstehende Haussemarkt sein erstes Jahr verzeichnete. Nachdem sie acht Jahre hinten lagen, kamen sie nach dem Golfkriegs-Tief des Jahres 1990 zurück und stiegen bis 1994, als große Werte die späteren Jahre der Millenium-Hausse bestimmten. Sechs Jahre lang ergab sich ein trübes Bild für die kleinen Fische, als die Blue Chips und Tech-Aktien ein astronomisches Kurs-Gewinn-Verhältnis erreichten. Kleine Werte zogen Ende 1999/ Anfang 2000 an und sind seit dem Platzen der Blase gestiegen. Zu beachten ist, wie der Vorteil der kleinen Werte zu Beginn größerer Haussetendenzen schwand und während schlechter Zeiten am Markt anstieg. Da das derzeitige Verhältnis die 1,0-Marke übertroffen hat, könnten weitere ausgedehnte Marktschwächen bevorstehen. Achten Sie auf eine deutliche Abwärtsbewegung, wenn die nächste größere Hausse beginnt.

Verhältnis Russell 2000/Russell 1000 (1979 bis Juni 2006)

DEZEMBER

Erster Handelstag im Dezember, Dow 3 Plus über 100 Punkten
nacheinander 2003–2005

MONTAG
D 57,1
S 61,9
N 76,2

3

Das Geheimnis des Börsengeschäfts liegt darin, zu erkennen, was der Durchschnittsbürger glaubt,
dass der Durchschnittsbürger tut. – John Maynard Keynes

DIENSTAG
D 57,1
S 57,1
N 66,7

4

Wenn Du nicht weißt, wer Du bist, ist die Börse ein teurer Platz, es rauszufinden. – George Goodman (1959)

Chanukah

MITTWOCH
D 52,4
S 57,1
N 66,7

5

Werde bescheidener, wenn der Markt es gut mit Dir meint. – Bernard Baruch

Nikolaus

DONNERSTAG
D 47,6
S 33,3
N 57,1

6

Edison hat mehr für die Abschaffung der Armut getan, als sämtliche Reformer und Staatsmänner. – Henry Ford

FREITAG
D 33,3
S 38,1
N 33,3

7

Unternehmen, die Massenentlassungen ankündigen, zeigen über einen Dreijahreszeitraum gesehen,
eine schlechte Performance am Aktienmarkt. – Bain & Company (*Smart Money Magazine*, August 2001)

SAMSTAG

8

---

2. Advent

SONNTAG

9

Der einzige „Free Lunch" der Wall Street wird am letzten dreifachen Hexensabbat serviert

Investoren stoßen in der Regel Verlustwerte gegen Ende des Jahres zu Steuerzwecken ab, wodurch sich diese Aktien oftmals bis auf ein Schnäppchen-Niveau verbilligen. Seit mehreren Jahren hat der Almanach gezeigt, dass Aktien, die am 15. Dezember an der New Yorker Börse zu Tiefstwerten gehandelt werden, in der Regel den durchschnittlichen Markt bis zum 15. Februar des folgenden Jahres deutlich übertreffen. Vorzugsaktien, geschlossene Fonds, Aktiensplits und Neuemissionen werden hinter sich gelassen. Bei einer großen Anzahl neuer Tiefs werden Aktien mit Tiefstständen gewählt, auch wenn es in der Regel gute Gründe gibt, warum sie angeschlagen sind.

Günstige Aktien vs. Markt*

Kurzzeitraum* Ende Dez–Jan/Feb	Neue Tiefs Ende Dez	+/– (%) Jan/Feb	+/– (%) NYSE Composite	Differenz zu günstigen Aktien
1974-75	112	48,9%	22,1%	26,8%
1975-76	21	34,9	14,9	20,0
1976-77	2	1,3	— 3,3	4,6
1977-78	15	2,8	— 4,5	7,3
1978-79	43	11,8	3,9	7,9
1979-80	5	9,3	6,1	3,2
1980-81	14	7,1	— 2,0	9,1
1981-82	21	— 2,6	— 7,4	4,8
1982-83	4	33,0	9,7	23,3
1983-84	13	— 3,2	— 3,8	0,6
1984-85	32	19,0	12,1	6,9
1985-86	4	— 22,5	3,9	— 26,4
1986-87	22	9,3	12,5	— 3,2
1987-88	23	13,2	6,8	6,4
1988-89	14	30,0	6,4	23,6
1989-90	25	— 3,1	— 4,8	1,7
1990-91	18	18,8	12,6	6,2
1991-92	23	51,1	7,7	43,4
1992-93	9	8,7	0,6	8,1
1993-94	10	— 1,4	2,0	— 3,4
1994-95	25	14,6	5,7	8,9
1995-96	5	— 11,3	4,5	—15,8
1996-97	16	13,9	11,2	2,7
1997-98	29	9,9	5,7	4,2
1998-99	40	— 2,8	4,3	— 7,1
1999-00	26	8,9	— 5,4	14,3
2000-01	51	44,4	0,1	44,3
2001-02	12	31,4	— 2,3	33,7
2002-03	33	28,7	3,9	24,8
2003-04	15	16,7	2,3	14,4
2004-05	36	6,8	— 2,8	9,6
2005-06	71	12,0	2,6	9,4
Gesamt (32 Jahre)		439,6%	125,3%	314,3%
Durchschnitt		13,7%	3,9%	9,8%

* 15. Dez–15. Feb (1974–1999), Dez 1999–2006 basiert auf der im Newsletter gegebenen Empfehlung

Auf Grund der sich verändernden Marktbedingungen haben wir die Strategie in den letzten sieben Jahren angepasst und wählen unsere Aktien nun aus den Aktien, die am viertletzten Handelstag neue Tiefstwerte erreichen. Dazu nehmen wir Werte aus NASDAQ, AMEX und dem OTC Bulletin Board und verkaufen in einigen Jahren Mitte Januar. Die Liste der Aktien und Handelshinweise werden den Beziehern unseres *Almanac Investor*-Newsletters per Email geschickt.

Im vergangenen Jahr haben wir Auswahlen von Mitte und Ende Dezember verglichen. Die Ergebnisse waren vergleichbar und in der Tabelle ist die Auswahl von Mitte des Monats dargestellt. Unsere Schlussfolgerung ist, dass die klügste Vorgehensweise darin besteht, unsere Liste aus den Aktien zusammenzustellen, die neue Tiefstände am dreifachen Hexensabbat im Dezember erreichen, was uns am Wochenende die Zeit gibt, die Anteile genauer unter die Lupe zu nehmen und die offensichtlich problematischen Aktien auszusortieren.

Diese „Free Lunch"-Strategie ist nur eine extrem kurzfristige Strategie, die den geschicktesten Händlern vorbehalten bleibt. Sie hat größere Erfolge nach Kurskorrekturen erzielt, wenn mehr Aktien mit Tiefststand zur Auswahl standen. Ziel ist es, günstige Aktien in der Nähe eines 52-Wochen-Tiefs zu kaufen und alle schnellen, größeren Gewinne mitzunehmen, da sich diese Anteile als richtige „Dogs" erweisen können.

Untersuchungen des Dezember-Handels der Mitglieder der New Yorker Börse über die Jahre zeigen, dass sie während dieses Monats unter dem Strich eher ausgewogen kaufen, anders als in den anderen Monaten. Mehr dazu in unserem *Almanac Investor Newsletter* auf *stocktradersalmanac.com*.

DEZEMBER

MONTAG
D 52,4
S 47,6
N 42,9
10

n der Börse muss man sich verhalten wie beim Baden in kaltem Wasser: Hineinspringen und rasch wieder heraus! – alman Rothschild (1788–1855)

DIENSTAG
D 57,1
S 52,4
N 42,9
11

enn man von einer Neuemission so viele kaufen kann, wie man will, will man keine; wenn man keine bekommen kann, ill man so viele wie möglich. – Rod Fadem (Stifel Nicolaus & Co., *Barron's* 1989)

tärke der kleinen Werte beginnt Mitte Dezember

MITTWOCH
D 52,4
S 42,9
N 38,1
12

s geht nicht darum, wie richtig oder wie falsch man liegt, sondern darum, wie viel Geld man verdienen kann, wenn man chtig liegt, und wie viel Geld man nicht verliert, wenn man falsch liegt. – eorge Soros (Finanzier, Philanthrop, politischer Aktivist, Autor und Philosoph)

DONNERSTAG
D 47,6
S 52,4
N 61,9
13

as große Genie verachtet den ausgetretenen Pfad. Es lehnt es ab, in die Fußstapfen eines Vorgängers zu treten, so berühmt auch sein mag. Er dürstet nach Abgrenzung. – Abraham Lincoln (16. US-Präsident, 1809–1865)

FREITAG
D 42,9
S 38,1
N 33,3
14

er Vernünftige passt sich der Welt an; der Unvernünftige versucht beharrlich, die Welt an sich anzupassen. Daher hängt der samte Fortschritt vom Unvernünftigen ab. – George Bernard Shaw (Irischer Dramatiker, 1856–1950)

SAMSTAG
15

. **Advent**

SONNTAG
16

Bleibt der Weihnachtsmann mal aus, kann der Bär ins Börsenhaus

Santa Claus, der Weihnachtsmann, kommt fast jedes Jahr an die Wall Street und bringt eine kurze und respektable Rallye innerhalb der letzten fünf Tage des Jahres und der ersten beiden im Januar. Diese war seit 1969 für ein durchschnittliches Plus von 1,6 % gut (1,5 % seit 1950). Bleibt Santa aus, folgen in der Regel Baissemärkte oder Zeiten, bei denen Aktien später im Jahr zu wesentlich günstigeren Preisen gekauft werden können. Wir haben dieses Phänomen 1972 entdeckt.

Tägliches +/– (%) des S&P 500 zum Jahreswechsel

	Handelstage vor Jahresende					Erste Tage im Januar			Rally
	6	5	4	3	2	1	1	2	3	+/– (%)
1969	—0,4	1,1	0,8	—0,7	0,4	0,5	1,0	0,5	—0,7	3,6
1970	0,1	0,6	0,5	1,1	0,2	—0,1	—1,1	0,7	0,6	1,9
1971	—0,4	0,2	1,0	0,3	—0,4	0,3	—0,4	0,4	1,0	1,3
1972	—0,3	—0,7	0,6	0,4	0,5	1,0	0,9	0,4	—0,1	3,1
1973	—1,1	—0,7	3,1	2,1	—0,2	0,01	0,1	2,2	—0,9	6,7
1974	—1,4	1,4	0,8	—0,4	0,03	2,1	2,4	0,7	0,5	7,2
1975	0,7	0,8	0,9	—0,1	—0,4	0,5	0,8	1,8	1,0	4,3
1976	0,1	1,2	0,7	—0,4	0,5	0,5	—0,4	—1,2	—0,9	0,8
1977	0,8	0,9	N/C	0,1	0,2	0,2	—1,3	—0,3	—0,8	—0,3
1978	0,03	1,7	1,3	—0,9	—0,4	—0,2	0,6	1,1	0,8	3,3
1979	—0,6	0,1	0,1	0,2	—0,1	0,1	—2,0	—0,5	1,2	—2,2
1980	—0,4	0,4	0,5	—1,1	0,2	0,3	0,4	1,2	0,1	2,0
1981	—0,5	0,2	—0,2	—0,5	0,5	0,2	0,2	—2,2	—0,7	—1,8
1982	0,6	1,8	—1,0	0,3	—0,7	0,2	—1,6	2,2	0,4	1,2
1983	—0,2	—0,03	0,9	0,3	—0,2	0,05	—0,5	1,7	1,2	2,1
1984	—0,5	0,8	—0,2	—0,4	0,3	0,6	—1,1	—0,5	—0,5	—0,6
1985	—1,1	—0,7	0,2	0,9	0,5	0,3	—0,8	0,6	—0,1	1,1
1986	—1,0	0,2	0,1	—0,9	—0,5	—0,5	1,8	2,3	0,2	2,4
1987	1,3	—0,5	—2,6	—0,4	1,3	—0,3	3,6	1,1	0,1	2,2
1988	—0,2	0,3	—0,4	0,1	0,8	—0,6	—0,9	1,5	0,2	0,9
1989	0,6	0,8	—0,2	0,6	0,5	0,8	1,8	—0,3	—0,9	4,1
1990	0,5	—0,6	0,3	—0,8	0,1	0,5	—1,1	—1,4	—0,3	—3,0
1991	2,5	0,6	1,4	0,4	2,1	0,5	0,04	0,5	—0,3	5,7
1992	—0,3	0,2	—0,1	—0,3	0,2	—0,7	—0,1	—0,2	0,04	—1,1
1993	0,01	0,7	0,1	—0,1	—0,4	—0,5	—0,2	0,3	0,1	—0,1
1994	0,01	0,2	0,4	—0,3	0,1	—0,4	—0,03	0,3	—0,1	0,2
1995	0,8	0,2	0,4	0,04	—0,1	0,3	0,8	0,1	—0,6	1,8
1996	—0,3	0,5	0,6	0,1	—0,4	—1,7	—0,5	1,5	—0,1	0,1
1997	—1,5	—0,7	0,4	1,8	1,8	—0,04	0,5	0,2	—1,1	4,0
1998	2,1	—0,2	—0,1	1,3	—0,8	—0,2	—0,1	1,4	2,2	1,3
1999	1,6	—0,1	0,04	0,4	0,1	0,3	—1,0	—3,8	0,2	—4,0
2000	0,8	2,4	0,7	1,0	0,4	—1,0	—2,8	5,0	—1,1	5,7
2001	0,4	—0,02	0,4	0,7	0,3	—1,1	0,6	0,9	0,6	1,8
2002	0,2	—0,5	—0,3	—1,6	0,5	0,05	3,3	—0,05	2,2	1,2
2003	0,3	—0,2	0,2	1,2	0,01	0,2	—0,3	1,2	0,1	2,4
2004	0,1	—0,4	0,7	—0,01	0,01	—0,1	—0,8	—1,2	—0,4	—1,8
2005	0,4	0,04	—1,0	0,1	—0,3	—0,5	1,6	0,4	0,002	0,4
Durchschn.	0,10	0,32	0,31	0,12	0,18	0,04	0,09	0,50	0,08	1,6

Mit dem obigen Reim lag man im Jahr 2000 definitiv richtig, als es in dem Zeitraum zu einem Verlust von 4,0 % kam. Am 14. Januar 2000 startete der Dow seinen 33-monatigen Abrutsch um 37,8 % bis zum Tiefstwert im Oktober 2002. Der NASDAQ brach acht Wochen später ein und fiel innerhalb von 10 Wochen um 37,3 %, insgesamt verlor er bis Oktober 2002 77,9 %. Dies erinnert an den Dow während der Depression, als dieser zunächst innerhalb nur wenig mehr als von zwei Monaten von 381,17 am 3.9.1929 um 47,9 % fiel, nur um schließlich am 8.7.1932 mit einem Minus von 89,2 % bei 41,22 Punkten zu enden, dem Tiefststand des 21. Jahrhunderts. Saddam Hussein sagte das Weihnachtsfest 1990 ab, indem er Kuwait besetzte. Energiepreise und der Terror im Mittleren Osten hielten Santa 2004 am Boden. Nach einem Apriltief erwies sich 2005 als eines der umsatzschwächsten Jahre überhaupt. Eine geringere Haussetendenz am letzten Tag liegt an Portefeuille-Neustrukturierungen in letzter Minute. Das Verschieben von Gewinnen und Verlusten ins nächste Steuerjahr beeinflusst oft den ersten Handelstag des neuen Jahres.

DEZEMBER

Montag vor dreifachem Hexensabbat im Dezember,
Dow gemischt – 15 Plus 11 Minus

MONTAG
D 52,4
S 47,6
N 52,4
17

Kurzfristige Volatilität ist an Wendepunkten am größten und verschwindet, wenn sich ein Trend etabliert. – George Soros (Finanzier, Philanthrop, politischer Aktivist, Autor und Philosoph)

DIENSTAG
D 61,9
S 57,1
N 47,6
18

Die Denkmäler des Geistes überdauern die Denkmäler der Macht. – Francis Bacon (Englischer Philosoph, Essayist, Staatsmann, 1561–1626)

Woche mit dreifachem Hexensabbat, Dow-Anstieg 20 der letzten 22

MITTWOCH
D 47,6
S 52,4
N 47,6
19

Eine Autobiographie sollte so aussehen, dass man sich selbst auf üble Nachrede verklagen kann. – Thomas Hoving (Museumsdirektor)

DONNERSTAG
D 47,6
S 38,1
N 52,4
20

Die Geschichte ist eine Sammlung von Lügen, auf die man sich geeinigt hat. – Voltaire (Französischer Philosoph)

Dreifacher Hexensabbat im Dezember,
Dow-Anstieg 18 von 26
Achten Sie auf die Santa Clause-Rallye (S. 112)

FREITAG
D 66,7
S 71,4
N 81,0
21

Der Unterschied zwischen großen Menschen und anderen ist größtenteils eine Angewohnheit – die Angewohnheit alles besser, schneller und effizienter zu erledigen. – William Danforth (Gründer von Ralston Purina)

Winteranfang

SAMSTAG
22

4. Advent

SONNTAG
23

Saisonale Stärken von Branchen: Ausgewählte Ertragssimulationen

Saisonale Branchen-Stärken wurden schon 1968 im ersten Almanach behandelt. Eine Studie von Merrill Lynch zeigte, dass das Kaufen von sieben Branchen um September/Oktober und der Verkauf in den ersten Monaten zwischen 1954 und 1964 den dreifachen Gewinn im Vergleich zu einer Haltedauer von zehn Jahren erzielte. In den vergangenen Jahren haben wir diese Strategie noch verfeinert und verwenden nun einen Großteil unserer Zeit und Ressourcen auf Investitionen während saisonal günstiger Zeiträume für verschiedene Branchen in Exchange Traded Funds (ETF).

Eine aktualisierte Aufstellung saisonaler Stärken findet sich unten in der Tabelle. Wir geben an, ob die saisonale Stärkephase im ersten (B), mittleren (M) oder letzten Drittel (E) eines Monats beginnt bzw. endet. Diese ausgewählten Ertragssimulationen sind darauf gerichtet, einen Vorteil aus der Masse saisonaler Branchenstärken zu ziehen.

Die Einstiegspunkte liegen absichtlich vor den großen saisonalen Bewegungen, um Händlern hinreichend Gelegenheit zu geben, Positionen zu günstigen Preisen zu bilden. Umgekehrt wurde der Ausstiegszeitpunkt so gewählt, dass ein Großteil der Zunahme rechtzeitig vor Eintreten einer saisonalen Schwäche mitgenommen werden kann.

Aus der Zusammenstellung wichtiger saisonaler Stärken in der Tabelle weiter unten haben wir den Strategiekalender „Branchenindex Saisonaler Stärken" auf S. 116 geschaffen. Beachten sie die Konzentration saisonaler Stärken während der „Besten 6 Monate", November bis April.

Da sich das ETF-Universum mit halsbrecherischer Geschwindigkeit ausbreitet, bieten sich Almanac-Investoren immer mehr saisonale Investmentmöglichkeiten. Überprüfen Sie die Archive von *stocktradersalmanac.com* auf Aktualisierungen und Überarbeitungen dieser Strategie. Wir empfehlen den Beziehern des *Almanac Investor*-Newsletters Zeitpunkte für Ein- und Ausstieg. Unser neues Buch *Almanac Investor* geht detailliert auf saisonale Stärken und ETF ein.

Branchenindex Saisonaler Stärken

Ticker	Branchenindex	Beginn		Saisonale Stärke Ende		Durchschn. Ertrag (%) † 10 Jahre	5 Jahre
XNG	Erdgas	Februar	E	Juni	B	18,6	10,4
RXH	Gesundheitswesen	März	E	Juni	M	13,9	8,4
XCI	Computertechnologie	April	M	Juli	M	15,0	3,5
RXP	Gesundheitswesen	April	M	Juli	B	9,6	2,0
MSH	High-Tech	April	M	Juli	M	15,8	4,7
IIX	Internet	April	M	Juli	M	14,8	7,0
BTK	Biotechnologie	Juli	E	März	B	40,9	13,0
XAU	Gold & Silber	Juli	E	September	E	20,6	23,5
UTY	Versorgungsunternehmen	Juli	E	Januar	B	17,4	32,6
CMR	Verbraucher	September	E	Juni	B	15,1	11,2
RXP	Gesundheitswesen	September	B	Februar	M	13,7	9,0
RXH	Gesundheitswesen	September	E	Januar	B	11,3	6,2
DRG	Pharma	September	B	Februar	M	12,6	3,5
XTC	Telekommunikation	September	E	Januar	M	22,0	22,4
BKX	Bankwesen	Oktober	B	Juni	B	21,1	17,2
XBD	Broker/Dealer	Oktober	B	April	M	47,9	26,2
XCI	Computertechnologie	Oktober	B	Februar	B	22,5	17,5
CYC	Konsumgüter, zyklisch	Oktober	B	Mai	M	22,0	21,8
MSH	High-Tech	Oktober	B	Januar	M	28,8	28,2
IIX	Internet	Oktober	B	Januar	B	39,2	35,9
S5MATR *	Rohstoffe	Oktober	M	Mai	M	18,6	18,8
RMZ	Immobilien	Oktober	E	Juli	B	18,7	21,4
SOX	Halbleiter	Oktober	E	Dezember	B	20,1	14,7
DJT	Transport	Oktober	B	Mai	B	22,5	21,1
XOI	Öl	Dezember	M	Juni	M	16,0	16,4

† *Durchschnittlicher Ertrag (%) basiert auf vollständiger saisonaler Komplettierung bis Juni 2006*
* *S5MATR bei bloomberg.com*

DEZEMBER

Heiligabend
*Letzter Handelstag vor Weihnachten, letzte fünf Jahre
ohne Bewegung* (Verkürzter Handelstag)

MONTAG
D 52,4
S 52,4
N 61,9
24

*Ein Komitee ist eine Sackgasse, in die Ideen gelockt und dann in aller Stille erwürgt werden. –
Sir Barnett Cocks (Mitglied des Parlaments)*

1. Weihnachtstag (Börse geschlossen)

DIENSTAG
25

*Am Ende erinnern wir uns nicht an die Worte unserer Feinde, sondern an das Schweigen unserer Freunde. –
Martin Luther King, Jr. (Anführer der Bürgerrechtsbewegung, Friedensnobelpreis 1964, 1929–1968)*

2. Weihnachtstag
*Erster Handelstag nach Weihnachten, 9 Dow-Anstiege in Reihe
1990–1998 – Minus 3 der letzten 4*

MITTWOCH
D 76,2
S 66,7
N 61,9
26

*Je weniger aber einer vom Vergangenen und Gegenwärtigen weiß, desto unsicherer muss sein Urteil über
das Zukünftige ausfallen. – Sigmund Freud*

DONNERSTAG
D 61,9
S 61,9
N 61,9
27

*Nur diejenigen, die riskieren, zu weit zu gehen, können herausfinden, wie weit man gehen kann. –
T. S. Eliot (Englischer Dichter, Essayist und Kritiker, The Wasteland, 1888–1965)*

**Woche nach dem Dreifachen Hexensabbat,
Dow-Anstieg 12 der letzten 15**

FREITAG
D 52,4
S 71,4
N 66,7
28

*Die Kenntnis vergangener Zeiten ... ist sowohl Zierde als auch Nahrung des menschlichen Geistes. –
Leonardo da Vinci (Italienischer Universalgelehrter der Renaissance, 1452–1519)*

SAMSTAG
29

*Almanac Investor, Saisonale Stärken im Januar:
Siehe Seiten 78, 114 und 116*

SONNTAG
30

Strategiekalender Branchenindex Saisonale Stärken*

* *Graphische Darstellung der Tabelle zu saisonalen Stärken von Branchen auf Seite 114*

DEZEMBER/JANUAR 2008

Silvester
Letzter Tag des Jahres, Dow-Minus 7 der letzten 10 – NASDAQ 6 Verluste nacheinander nach 29 Plus in Folge!

MONTAG
D 38,1
S 38,1
N 71,4
31

Du behauptest Dich nicht auf der Welt, indem Du Wache stehst, sondern durch Angriff und indem Du Dich selbst formst. – George Bernard Shaw (Irischer Dramatiker, 1856–1950)

Neujahr (Börse geschlossen)

DIENSTAG
1

Wähle einen Beruf, den Du liebst, und Du wirst auch nicht einen Tag Deines Lebens arbeiten müssen. – Konfuzius

Erster Handelstag des Jahres, Dow-Anstieg 10 der letzten 15, Minus 4 der letzten 7

MITTWOCH
D 57,1
S 38,1
N 57,1
2

Das Lesen aller guten Bücher ist in der Tat wie eine Unterhaltung mit den edelsten Männern vergangener Jahrhunderte, in der sie uns die besten ihrer Gedanken offenlegen. – René Descartes (Französischer Philosoph, Mathematiker und Wissenschaftler, 1596–1650)

Zweiter Handelstag des Jahres, Dow-Anstieg 10 der letzten 13

DONNERSTAG
D 66,7
S 66,7
N 81,0
3

Du weißt, dass ein Land auseinanderfällt, wenn nicht einmal die Regierung die eigene Währung akzeptiert. – Jim Rogers (Finanzier, Risikokapitalgeber)

FREITAG
D 42,9
S 47,6
N 57,1
4

Wen die Götter zerstören wollen, bringen sie zunächst auf das Cover der Business Week. – Paul Krugman (Wirtschaftswissenschaftler, in Bezug auf den Vorstandsvorsitzenden von Enron, in: NY Times 17.8.2001, auf dem Cover am 12.2., am 23.6. bekommt dieser Torte ins Gesicht und tritt zurück am 16.8.)

SAMSTAG
5

Hl. Drei Könige

SONNTAG
6

Strategiekalender 2008
(Optionsverfallstermine eingekreist)

Montag	Dienstag	Mitwoch	Donnerstag	Freitag	Samstag	Sonntag
31 Silvester	1 Januar Neujahr	2	3	4	5	6 Hl. Drei Könige
7	8	9	10	11	12	13
14	15	16	17	(18)	19	20
21 Martin Luther King Day	22	23	24	25	26	27
28	29	30	31	1 Februar	2	3
4 Rosenmontag	5 Fastnacht	6 Aschermittwoch	7	8	9	10
11	12	13	14 ♥ Valentinstag	(15)	16	17
18 Presidents' Day	19	20	21	22	23	24
25	26	27	28	29	1 März	2
3	4	5	6	7	8	9 Beginn der Sommerzeit (USA)
10	11	12	13	14	15	16
17 ♣ St. Patrick's Day	18	19	20 Frühlingsanfang	(21) Karfreitag	22	23 Ostersonntag
24 Ostermontag	25	26	27	28	29	30 Weißer Sonntag Beginn der Sommerzeit
31	1 April	2	3	4	5	6
7	8	9	10	11	12	13
14	15	16	17	(18)	19	20 Pessach
21	22	23	24	25	26	27
28	29	30	1 Mai Maifeiertag Christi Himmelfahrt	2	3	4 Muttertag
5 Europatag	6	7	8	9	10	11 Pfingstsonntag
12 Pfingstmontag	13	14	15	(16)	17	18
19	20	21	22 Fronleichnam	23	24	25
26 Memorial Day	27	28	29	30	31	1 Juni
2	3	4	5	6	7	8
9	10	11	12	13	14	15 Vatertag (USA)
16	17	18	19	(20)	21 Sommeranfang	22
23	24	25	26	27	28	29

Börse an schattierten Tagen geschlossen; früher Handelsschluss an zur Hälfte schattierten Tagen.

Strategiekalender 2008

Montag	Dienstag	Mittwoch	Donnerstag	Freitag	Samstag	Sonntag
30	1 Juli	2	3	4 Unabhängigkeitstag	5	6
7	8	9	10	11	12	13
14	15	16	17	(18)	19	20
21	22	23	24	25	26	27
28	29	30	31	1 August	2	3
4	5	6	7	8 Friedensfest (Augsburg)	9	10
11	12	13	14	(15) Mariä Himmelfahrt	16	17
18	19	20	21	22	23	24
25	26	27	28	29	30	31
1 September Tag der Arbeit (USA)	2	3	4	5	6	7
8	9	10	11	12	13	14
15	16	17	18	(19)	20	21
22 Herbstanfang	23	24	25	26	27	28
29	30 Rosh ha'Shanah	1 Oktober	2	3 Tag der deutschen Einheit	4	5
6	7	8	9 Jom Kippur	10	11	12
13 Columbus Day	14	15	16	(17)	18	19
20	21	22	23	24	25	26 Ende der Sommerzeit
27	28	29	30	31	1 November Allerheiligen	2 Ende der Sommerzeit (USA)
3	4 Wahltag	5	6	7	8	9
10	11 Veterans' Day	12	13	14	15	16 Volkstrauertag
17	18	19 Buß- und Bettag	20	(21)	22	23 Totensonntag
24	25	26	27 Erntedankfest	28	29	30 1. Advent
1 Dezember	2	3	4	5	6 Nikolaus	7 2. Advent
8	9	10	11	12	13	14 3. Advent
15	16	17	18	(19)	20	21 4. Advent
22 Chanukka	23	24 Heiligabend	25 1. Weihnachtstag	26 2. Weihnachtstag	27	28
29	30	31 Silvester	1 Januar Neujahr	2	3	4

Verzeichnis der Handelsmuster & Datenbank

Inhalt

121	Dow Jones Industrials Marktwahrscheinlichkeitskalender 2007
122	Kurzfristiger Dow Jones Industrials Marktwahrscheinlichkeitskalender 2007
123	S&P 500 Marktwahrscheinlichkeitskalender 2007
124	Kurzfristiger S&P 500 Marktwahrscheinlichkeitskalender 2007 (21 Jahre)
125	NASDAQ-Composite Marktwahrscheinlichkeitskalender 2007
126	Kurzfristiger NASDAQ-Composite Marktwahrscheinlichkeitskalender 2007
127	Russell 1000-Index Marktwahrscheinlichkeitskalender 2007
128	Russell 2000-Index Marktwahrscheinlichkeitskalender 2007
129	Der Dekadenzyklus: Ein Börsenphänomen
130	Präsidentschaftswahl/Börsenzyklus – Die 173-jährige Geschichte geht weiter
131	Dow Jones Industrials Haussen & Baissen seit 1900
132	Standard & Poor's 500 Haussen & Baissen seit 1929/NASDAQ-Composite seit 1971
133	Dow Jones Tägliche Punktveränderung über 10 Jahre: Januar & Februar
134	Dow Jones Tägliche Punktveränderung über 10 Jahre: März & April
135	Dow Jones Tägliche Punktveränderung über 10 Jahre: Mai & Juni
136	Dow Jones Tägliche Punktveränderung über 10 Jahre: Juli & August
137	Dow Jones Tägliche Punktveränderung über 10 Jahre: September & Oktober
138	Dow Jones Tägliche Punktveränderung über 10 Jahre: November & Dezember
139	Ein typischer Tag an der Börse
140	Durch die Woche im Halbstundentakt
141	Montag nun gewinnträchtigster Tag der Woche
142	NASDAQ am stärksten in den letzten drei Tagen der Woche
143	Performance des S&P an Wochentagen für die Jahre seit 1952
144	Performance des NASDAQ an Wochentagen für die Jahre seit 1971
145	Monatliche Geldzuflüsse bei S&P-Aktien
146	Monatliche Geldzuflüsse bei NASDAQ-Aktien
147	November, Dezember und Januar bester Drei-Monats-Zeitraum des Jahres
148	November bis Juni – achtmonatiger Run des NASDAQ
149	Dow-Jones-Jahreshöchststände, -tiefststände und -schlusswerte seit 1901
150	S&P-Jahreshöchststände, -tiefststände und -schlusswerte seit 1930
151	NASDAQ, Russell 1000 & 2000-Jahreshöchststände, -tiefststände und -schlusswerte seit 1971
152	Dow Jones: Monatliche Veränderungen in Prozent
153	Dow Jones: Monatliche Veränderungen in Punkten
154	Dow Jones: Monatliche Schlusskurse
155	Standard & Poor's 500: Monatliche Veränderungen in Prozent
156	Standard & Poor's 500: Monatliche Schlusskurse
157	NASDAQ-Composite: Monatliche Veränderungen in Prozent
158	NASDAQ-Composite: Monatliche Schlusskurse
159	Russell 1000-Index: Monatliche Schlusskurse & Veränderungen in Prozent
160	Russel 2000-Index: Monatliche Schlusskurse & Veränderungen in Prozent
161	10 Beste Tage nach Prozenten und Punkten
162	10 Schlechteste Tage nach Prozenten und Punkten
163	10 Beste Wochen nach Prozenten und Punkten
164	10 Schlechteste Wochen nach Prozenten und Punkten
165	10 Beste Monate nach Prozenten und Punkten
166	10 Schlechteste Monate nach Prozenten und Punkten
167	10 Beste Quartale nach Prozenten und Punkten
168	10 Schlechteste Quartale nach Prozenten und Punkten
169	10 Beste Jahre nach Prozenten und Punkten
170	10 Schlechteste Jahre nach Prozenten und Punkten

Dow Jones Industrials Marktwahrscheinlichkeitskalender 2007

Wahrscheinlichkeit (%) eines Kurszuwachses an jedem Handelstag des Jahres*

(basiert auf der Anzahl der Anstiege des DJIA an den einzelnen Handelstagen während des Zeitraums vom Januar 1953 – Dezember 2005)

Tag	Jan	Feb	Mär	Apr	Mai	Jun	Jul	Aug	Sep	Okt	Nov	Dez
1	F	56,6	67,9	S	56,6	56,6	S	45,3	S	49,1	64,2	S
2	54,7	56,6	67,9	56,6	64,2	S	62,3	45,3	S	62,3	50,9	S
3	73,6	S	S	56,6	52,8	S	64,2	47,2	F	49,1	S	47,2
4	47,2	S	S	52,8	47,2	54,7	F	S	60,4	58,5	S	54,7
5	54,7	37,7	60,4	62,3	S	54,7	58,5	S	58,5	49,1	69,8	62,3
6	S	52,8	50,9	F	S	58,5	58,5	52,8	58,5	S	56,6	58,5
7	S	43,4	45,3	S	43,4	54,7	S	54,7	45,3	S	43,4	43,4
8	47,2	41,5	54,7	S	49,1	39,6	S	43,4	S	50,9	60,4	S
9	47,2	43,4	58,5	54,7	50,9	S	62,3	49,1	S	41,5	54,7	S
10	45,3	S	S	56,6	49,1	S	56,6	50,9	45,3	37,7	S	41,5
11	49,1	S	S	62,3	47,2	35,8	50,9	S	41,5	54,7	S	54,7
12	58,5	62,3	52,8	62,3	S	60,4	37,7	S	52,8	58,5	60,4	56,6
13	S	43,4	52,8	54,7	S	58,5	64,2	47,2	56,6	S	45,3	43,4
14	S	49,1	50,9	S	54,7	56,6	S	64,2	45,3	S	50,9	50,9
15	F	54,7	58,5	S	52,8	49,1	S	58,5	S	54,7	56,6	S
16	58,5	34,0	62,3	71,7	45,3	S	47,2	50,9	S	50,9	47,2	S
17	60,4	S	S	62,3	54,7	S	43,4	43,4	52,8	43,4	S	47,2
18	39,6	S	S	52,8	47,2	49,1	47,2	S	50,9	60,4	S	58,5
19	37,7	F	54,7	54,7	S	50,9	49,1	S	39,6	54,7	52,8	50,9
20	S	47,2	50,9	49,1	S	41,5	43,4	54,7	45,3	S	50,9	54,7
21	S	52,8	37,7	S	50,9	50,9	S	45,3	45,3	S	62,3	49,1
22	39,6	35,8	47,2	S	47,2	43,4	S	60,4	S	47,2	FS	
23	58,5	47,2	35,8	49,1	34,0	S	45,3	49,1	S	37,7	67,9	S
24	45,3	S	S	50,9	52,8	S	47,2	49,1	52,8	49,1	S	60,4
25	58,5	S	S	58,5	39,6	39,6	56,5	S	54,7	26,4	S	F
26	58,5	62,3	47,2	52,8	S	47,2	54,7	S	49,1	49,1	60,4	69,8
27	S	47,2	47,2	45,3	S	45,3	49,1	50,9	49,1	S	66,0	50,9
28	S	52,8	56,6	S	F	54,7	S	43,4	41,5	S	56,6	56,6
29	47,2		41,5	S	43,4	54,7	S	52,8	S	56,6	50,9	S
30	64,2		39,6	54,7	52,8	S	62,3	41,5	S	62,3	50,9	S
31	62,3		S		62,3		56,6	62,3		54,7		56,6

* Zu neuen sich abzeichnenden Trends siehe S. 68, 88, 145 und 146.

Kurzfristiger Dow Jones Industrials Marktwahrscheinlichkeitskalender 2007

Wahrscheinlichkeit (%) eines Kurszuwachses an jedem Handelstag des Jahres*

(basiert auf der Anzahl der Anstiege des DJIA an den einzelnen Handelstagen während des Zeitraums vom Januar 1985 – Dezember 2005**)

Tag	Jan	Feb	Mär	Apr	Mai	Jun	Jul	Aug	Sep	Okt	Nov	Dez
1	F	57,1	57,1	S	61,9	71,4	S	38,1	S	66,7	71,4	S
2	57,1	52,4	61,9	61,9	66,7	S	76,2	52,4	S	47,6	42,9	S
3	66,7	S	S	61,9	47,6	S	57,1	42,9	F	33,3	S	57,1
4	42,9	S	S	47,6	38,1	57,1	F	S	47,6	57,1	S	57,1
5	57,1	42,9	66,7	76,2	S	57,1	33,3	S	57,1	42,9	66,7	52,4
6	S	42,9	52,4	F	S	61,9	61,9	47,6	47,6	S	61,9	47,6
7	S	47,6	52,4	S	28,6	52,4	S	47,6	38,1	S	42,9	33,3
8	42,9	42,9	47,6	S	57,1	42,9	S	47,6	S	52,4	61,9	S
9	52,4	47,6	52,4	38,1	66,7	S	57,1	47,6	S	33,3	42,9	S
10	47,6	S	S	52,4	61,9	S	47,6	52,4	47,6	33,3	S	52,4
11	57,1	S	S	57,1	66,7	38,1	71,4	S	42,9	66,7	S	57,1
12	52,4	61,9	47,6	61,9	S	61,9	66,7	S	57,1	71,4	57,1	52,4
13	S	57,1	42,9	52,4	S	47,6	71,4	42,9	57,1	S	52,4	47,6
14	S	47,6	57,1	S	57,1	71,4	S	66,7	47,6	S	66,7	42,9
15	F	76,2	52,4	S	57,1	52,4	S	57,1	S	61,9	52,4	S
16	66,7	33,3	66,7	76,2	47,6	S	47,6	61,9	S	52,4	38,1	S
17	61,9	S	S	71,4	61,9	S	47,6	47,6	52,4	52,4	S	52,4
18	38,1	S	S	52,4	61,9	57,1	42,9	S	47,6	66,7	S	61,9
19	38,1	F	52,4	42,9	S	52,4	52,4	S	28,6	57,1	66,7	47,6
20	S	33,3	61,9	52,4	S	33,3	38,1	57,1	47,6	S	52,4	47,6
21	S	52,4	33,3	S	71,4	61,9	S	42,9	33,3	S	71,4	66,7
22	33,3	47,6	42,9	S	47,6	38,1	S	66,7	S	52,4	FS	
23	52,4	42,9	28,6	52,4	38,1	S	38,1	42,9	S	42,9	71,4	S
24	38,1	S	S	33,3	71,4	S	47,6	57,1	47,6	42,9	S	52,4
25	76,2	S	S	57,1	38,1	42,9	66,7	S	57,1	38,1	S	F
26	66,7	52,4	57,1	57,1	S	42,9	52,4	S	52,4	42,9	76,2	76,2
27	S	52,4	42,9	52,4	S	52,4	47,6	52,4	57,1	S	71,4	61,9
28	S	52,4	61,9	S	F	57,1	S	47,6	52,4	S	57,1	52,4
29	52,4		47,6	S	57,1	38,1	S	57,1	S	71,4	47,6	S
30	61,9		38,1	52,4	66,7	S	66,7	28,6	S	81,0	47,6	S
31	71,4		S		52,4		61,9	47,6		47,6		38,1

* Zu neuen sich abzeichnenden Trends siehe S. 68, 88, 145 und 146.
** basiert auf den letzten 21 Jahren

S&P 500 Marktwahrscheinlichkeitskalender 2007

Wahrscheinlichkeit (%) eines Kurszuwachses an jedem Handelstag des Jahres*

(basiert auf der Anzahl der Anstiege des S&P 500 an den einzelnen Handelstagen während des Zeitraums vom Januar 1953 – Dezember 2005)

Tag	Jan	Feb	Mär	Apr	Mai	Jun	Jul	Aug	Sep	Okt	Nov	Dez
1	F	58,5	62,3	S	56,6	54,7	S	49,1	S	49,1	64,2	S
2	45,3	58,5	62,3	60,4	69,8	S	67,9	43,4	S	69,8	54,7	S
3	73,6	S	S	56,6	60,4	S	60,4	47,2	F	50,9	S	50,9
4	50,9	S	S	52,8	41,5	62,3	F	S	64,2	60,4	S	52,8
5	49,1	49,1	62,3	56,6	S	54,7	50,9	S	56,6	50,9	71,7	60,4
6	S	47,2	49,1	F	S	56,6	62,3	52,8	58,5	S	52,8	58,5
7	S	47,2	49,1	S	39,6	50,9	S	56,6	45,3	S	45,3	39,6
8	43,4	41,5	56,6	S	50,9	39,6	S	43,4	S	49,1	58,5	S
9	49,1	39,6	58,5	56,6	49,1	S	62,3	54,7	S	37,7	64,2	S
10	49,1	S	S	58,5	52,8	S	54,7	47,2	49,1	43,4	S	47,2
11	54,7	S	S	64,2	45,3	41,5	50,9	S	50,9	52,8	S	54,7
12	60,4	64,2	49,1	50,9	S	60,4	47,2	S	50,9	52,8	58,5	47,2
13	S	49,1	60,4	49,1	S	62,3	71,7	47,2	60,4	S	45,3	47,2
14	S	43,4	47,2	S	52,8	56,6	S	66,0	49,1	S	50,9	43,4
15	F	52,8	62,3	S	54,7	54,7	S	62,3	S	52,8	49,1	S
16	66,0	34,0	62,3	62,3	49,1	S	54,7	52,8	S	54,7	49,1	S
17	54,7	S	S	60,4	56,6	S	41,5	50,9	52,8	39,6	S	47,2
18	50,9	S	S	56,6	43,4	47,2	43,4	S	52,8	67,9	S	56,6
19	47,2	F	54,7	52,8	S	56,6	49,1	S	47,2	54,7	56,6	45,3
20	S	50,9	49,1	52,8	S	37,7	41,5	50,9	50,9	S	54,7	45,3
21	S	45,3	43,4	S	47,2	56,6	S	45,3	50,9	S	60,4	47,2
22	43,4	41,5	41,5	S	54,7	43,4	S	58,5	S	49,1	FS	
23	58,5	39,6	52,8	43,4	43,4	S	45,3	47,2	S	37,7	66,0	S
24	58,5	S	S	47,2	54,7	S	43,4	49,1	50,9	41,5	S	60,4
25	52,8	S	S	58,5	43,4	37,7	54,7	S	52,8	32,1	S	F
26	52,8	58,5	39,6	49,1	S	37,7	56,5	S	56,6	56,6	60,4	69,8
27	S	52,8	49,1	43,4	S	50,9	52,8	49,1	50,9	S	69,8	54,7
28	S	60,4	56,6	S	F	58,5	S	43,4	45,3	S	58,5	66,0
29	45,3		35,8	S	45,3	50,9	S	52,8	S	60,4	56,6	S
30	66,0		39,6	60,4	52,8	S	64,2	45,3	S	60,4	49,1	S
31	67,9		S		60,4		67,9	66,0		54,7		67,9

Zu neuen sich abzeichnenden Trends siehe S. 68, 88, 145 und 146.

Kurzfristige S&P 500 Marktwahrscheinlichkeitskalender 2007

Wahrscheinlichkeit (%) eines Kurszuwachses an jedem Handelstag des Jahres*

(basiert auf der Anzahl der Anstiege des S&P 500 an den einzelnen Handelstagen während des Zeitraums vom Januar 1985 – Dezember 2005**)

Tag	Jan	Feb	Mär	Apr	Mai	Jun	Jul	Aug	Sep	Okt	Nov	Dez
1	F	57,1	47,6	S	61,9	61,9	S	47,6	S	61,9	71,4	S
2	38,1	57,1	52,4	57,1	66,7	S	76,2	42,9	S	61,9	47,6	S
3	66,7	S	S	61,9	57,1	S	52,4	42,9	F	38,1	S	61,9
4	47,6	S	S	52,4	23,8	71,4	F	S	57,1	52,4	S	57,1
5	47,6	61,9	66,7	61,9	S	52,4	33,3	S	47,6	38,1	66,7	57,1
6	S	42,9	52,4	F	S	52,4	66,7	47,6	42,9	S	61,9	33,3
7	S	42,9	57,1	S	19,0	47,6	S	52,4	42,9	S	42,9	38,1
8	47,6	52,4	57,1	S	52,4	28,6	S	52,4	S	47,6	57,1	S
9	52,4	42,9	42,9	42,9	61,9	S	61,9	42,9	S	28,6	52,4	S
10	47,6	S	S	57,1	61,9	S	42,9	47,6	52,4	38,1	S	47,6
11	57,1	S	S	57,1	66,7	47,6	66,7	S	52,4	66,7	S	52,4
12	57,1	71,4	42,9	47,6	S	52,4	76,2	S	47,6	71,4	57,1	42,9
13	S	61,9	57,1	42,9	S	57,1	81,0	38,1	52,4	S	47,6	52,4
14	S	42,9	52,4	S	61,9	71,4	S	71,4	52,4	S	61,9	38,1
15	F	76,2	61,9	S	57,1	61,9	S	61,9	S	57,1	47,6	S
16	76,2	33,3	66,7	61,9	47,6	S	47,6	66,7	S	57,1	47,6	S
17	61,9	S	S	61,9	71,4	S	42,9	57,1	47,6	42,9	S	47,6
18	52,4	S	S	61,9	61,9	57,1	42,9	S	52,4	71,4	S	57,1
19	38,1	F	61,9	47,6	S	61,9	57,1	S	42,9	66,7	66,7	52,4
20	S	33,3	47,6	57,1	S	38,1	28,6	57,1	52,4	S	52,4	38,1
21	S	42,9	47,6	S	61,9	76,2	S	42,9	38,1	S	61,9	71,4
22	38,1	52,4	38,1	S	52,4	33,3	S	61,9	S	57,1	FS	
23	52,4	38,1	52,4	52,4	38,1	S	38,1	47,6	S	47,6	61,9	S
24	47,6	S	S	33,3	81,0	S	42,9	61,9	42,9	28,6	S	52,4
25	57,1	S	S	57,1	47,6	38,1	71,4	S	52,4	42,9	S	F
26	52,4	52,4	52,4	57,1	S	28,6	57,1	S	57,1	52,4	71,4	66,7
27	S	61,9	47,6	52,4	S	57,1	52,4	57,1	61,9	S	71,4	61,9
28	S	61,9	57,1	S	F	66,7	S	52,4	57,1	S	61,9	71,4
29	57,1		33,3	S	57,1	42,9	S	57,1	S	66,7	61,9	S
30	66,7		47,6	61,9	57,1	S	76,2	38,1	S	81,0	33,3	S
31	81,0		S		52,4		71,4	52,4		61,9		38,1

* Zu neuen sich abzeichnenden Trends siehe S. 68, 88, 145 und 146.
** basiert auf den letzten 21 Jahren

NASDAQ-Composite Marktwahrscheinlichkeitskalender 2007

Wahrscheinlichkeit (%) eines Kurszuwachses an jedem Handelstag des Jahres*

(basiert auf der Anzahl der Anstiege des NASDAQ an den einzelnen Handelstagen während des Zeitraums vom Januar 1953 – Dezember 2005)

Tag	Jan	Feb	Mär	Apr	Mai	Jun	Jul	Aug	Sep	Okt	Nov	Dez
1	F	65,7	65,7	S	60,0	60,0	S	54,3	S	51,4	68,6	S
2	51,4	71,4	57,1	40,0	74,3	S	54,3	40,0	S	62,9	51,4	S
3	74,3	S	S	62,9	65,7	S	51,4	45,7	F	54,3	S	65,7
4	60,0	S	S	62,9	51,4	77,1	F	S	54,3	62,9	S	62,9
5	65,7	60,0	71,4	51,4	S	60,0	40,0	S	65,7	62,9	77,1	62,9
6	S	68,6	57,1	F	S	62,9	54,3	60,0	60,0	S	57,1	60,0
7	S	51,4	57,1	S	54,3	57,1	S	60,0	60,0	S	45,7	42,9
8	51,4	51,4	57,1	S	57,1	45,7	S	37,1	S	57,1	51,4	S
9	60,0	48,6	57,1	54,3	57,1	S	62,9	54,3	S	45,7	65,7	S
10	54,3	S	S	62,9	42,9	S	65,7	51,4	54,3	48,6	S	51,4
11	60,0	S	S	65,7	57,1	45,7	60,0	S	45,7	74,3	S	45,7
12	65,7	65,7	48,6	57,1	S	60,0	71,4	S	45,7	62,9	62,9	42,9
13	S	54,3	68,6	51,4	S	62,9	74,3	57,1	57,1	S	51,4	48,6
14	S	60,0	51,4	S	60,0	62,9	S	62,9	54,3	S	57,1	37,1
15	F	62,9	54,3	S	60,0	54,3	S	60,0	S	51,4	40,0	S
16	71,4	45,7	65,7	62,9	57,1	S	65,7	51,4	S	48,6	42,9	S
17	71,4	S	S	51,4	54,3	S	42,9	57,1	34,3	37,1	S	45,7
18	62,9	S	S	62,9	45,7	48,6	48,6	S	42,9	71,4	S	54,3
19	45,7	F	54,3	60,0	S	51,4	57,1	S	54,3	48,6	57,1	51,4
20	S	54,3	60,0	51,4	S	45,7	42,9	48,6	62,9	S	54,3	51,4
21	S	37,1	37,1	S	45,7	51,4	S	34,3	51,4	S	54,3	68,6
22	48,6	45,7	57,1	S	54,3	51,4	S	65,7	S	60,0	FS	
23	51,4	57,1	57,1	54,3	51,4	S	45,7	57,1	S	42,9	68,6	S
24	54,3	S	S	48,6	60,0	S	54,3	48,6	51,4	42,9	S	65,7
25	45,7	S	S	48,6	48,6	48,6	54,3	S	42,9	31,4	S	F
26	65,7	60,0	40,0	68,6	S	42,9	51,4	S	45,7	40,0	60,0	71,4
27	S	57,1	51,4	57,1	S	57,1	48,6	54,3	51,4	S	60,0	54,3
28	S	57,1	54,3	S	F	68,6	S	54,3	54,3	S	65,7	71,4
29	57,1		51,4	S	60,0	74,3	S	57,1	S	54,3	65,7	S
30	57,1		65,7	74,3	54,3	S	51,4	57,1	S	60,0	68,6	S
31	68,6		S		71,4		57,1	74,3		68,6		82,9

* Zu neuen sich abzeichnenden Trends siehe S. 68, 88, 145 und 146
basiert auf NASDAQ-Composite, vor dem 5.2.1971: basiert auf National Quotation Bureau-Indizes

Kurzfristiger NASDAQ-Composite Marktwahrscheinlichkeitskalender 2007

Wahrscheinlichkeit (%) eines Kurszuwachses an jedem Handelstag des Jahres*

(basiert auf der Anzahl der Anstiege des DJIA an den einzelnen Handelstagen während des Zeitraums vom Januar 1985 – Dezember 2005**)

Tag	Jan	Feb	Mär	Apr	Mai	Jun	Jul	Aug	Sep	Okt	Nov	Dez
1	F	76,2	66,7	S	66,7	61,9	S	52,4	S	57,1	76,2	S
2	57,1	76,2	42,9	42,9	71,4	S	66,7	38,1	S	57,1	52,4	S
3	81,0	S	S	52,4	76,2	S	52,4	38,1	F	52,4	S	76,2
4	57,1	S	S	66,7	42,9	81,0	F	S	52,4	57,1	S	66,7
5	57,1	61,9	76,2	47,6	S	57,1	38,1	S	61,9	42,9	85,7	66,7
6	S	66,7	57,1	F	S	61,9	57,1	57,1	47,6	S	57,1	57,1
7	S	57,1	61,9	S	42,9	47,6	S	52,4	61,9	S	57,1	33,3
8	47,6	57,1	47,6	S	66,7	38,1	S	47,6	S	52,4	57,1	S
9	57,1	47,6	52,4	42,9	52,4	S	66,7	47,6	S	42,9	61,9	S
10	52,4	S	S	61,9	42,9	S	61,9	47,6	57,1	52,4	S	42,9
11	61,9	S	S	57,1	61,9	52,4	66,7	S	52,4	76,2	S	42,9
12	66,7	57,1	47,6	57,1	S	52,4	81,0	S	52,4	66,7	61,9	38,1
13	S	52,4	57,1	47,6	S	52,4	81,0	52,4	57,1	S	52,4	61,9
14	S	61,9	47,6	S	57,1	61,9	S	76,2	52,4	S	61,9	33,3
15	F	66,7	47,6	S	61,9	57,1	S	66,7	S	57,1	38,1	S
16	66,7	33,3	71,4	61,9	57,1	S	61,9	57,1	S	47,6	28,6	S
17	71,4	S	S	47,6	71,4	S	47,6	57,1	19,0	42,9	S	52,4
18	71,4	S	S	61,9	52,4	47,6	42,9	S	42,9	71,4	S	47,6
19	38,1	F	61,9	52,4	S	47,6	52,4	S	52,4	52,4	61,9	47,6
20	S	47,6	57,1	47,6	S	42,9	33,3	47,6	66,7	S	57,1	52,4
21	S	42,9	33,3	S	66,7	57,1	S	38,1	47,6	S	52,4	81,0
22	47,6	52,4	52,4	S	52,4	38,1	S	76,2	S	57,1	F	S
23	52,4	57,1	57,1	52,4	47,6	S	33,3	57,1	S	42,9	66,7	S
24	57,1	S	S	47,6	66,7	S	42,9	47,6	42,9	38,1	S	61,9
25	47,6	S	S	52,4	47,6	47,6	66,7	S	47,6	28,6	S	F
26	76,2	52,4	42,9	61,9	S	33,3	61,9	S	38,1	33,3	66,7	61,9
27	S	57,1	52,4	57,1	S	61,9	52,4	47,6	S	57,1	61,9
28	S	57,1	47,6	S	F	66,7	S	52,4	61,9	S	61,9	66,7
29	66,7		42,9	S	66,7	76,2	S	61,9	S	52,4	71,4	S
30	57,1		66,7	76,2	66,7	S	61,9	57,1	S	71,4	61,9	S
31	76,2		S		71,4		66,7	71,4		71,4		71,4

* Zu neuen sich abzeichnenden Trends siehe S. 68, 88, 145 und 146.
** basiert auf den letzten 21 Jahren

Russell 1000-Index Marktwahrscheinlichkeitskalender 2007

Wahrscheinlichkeit (%) eines Kurszuwachses an jedem Handelstag des Jahres*

(basiert auf der Anzahl der Anstiege des Russel 1000 an den einzelnen Handelstagen während des Zeitraums vom Januar 1979 – Dezember 2005)

Tag	Jan	Feb	Mär	Apr	Mai	Jun	Jul	Aug	Sep	Okt	Nov	Dez
1	F	63,0	59,3	S	51,9	59,3	S	48,1	S	55,6	77,8	S
2	37,0	59,3	51,9	51,9	66,7	S	66,7	40,7	S	59,3	51,9	S
3	66,7	S	S	59,3	63,0	S	48,1	44,4	F	48,1	S	59,3
4	59,3	S	S	48,1	33,3	63,0	F	S	51,9	59,3	S	51,9
5	51,9	63,0	63,0	59,3	S	55,6	37,0	S	51,9	48,1	63,0	59,3
6	S	48,1	40,7	F	S	59,3	63,0	51,9	51,9	S	55,6	40,7
7	S	55,6	44,4	S	33,3	40,7	S	59,3	37,0	S	40,7	37,0
8	44,4	48,1	55,6	S	55,6	33,3	S	55,6	S	51,9	55,6	S
9	59,3	40,7	51,9	48,1	63,0	S	59,3	48,1	S	29,6	55,6	S
10	48,1	S	S	63,0	51,9	S	48,1	48,1	48,1	37,0	S	44,4
11	55,6	S	S	59,3	59,3	44,4	63,0	S	51,9	66,7	S	51,9
12	59,3	70,4	44,4	S	59,3	66,7	S	51,9	66,7	59,3	40,7	
13	S	59,3	55,6	40,7	S	55,6	85,2	40,7	63,0	S	55,6	48,1
14	S	40,7	40,7	S	55,6	55,6	S	66,7	59,3	S	59,3	40,7
15	F	63,0	63,0	S	59,3	59,3	S	63,0	S	59,3	48,1	S
16	77,8	29,6	59,3	55,6	59,3	S	51,9	59,3	S	48,1	40,7	S
17	70,4	S	S	63,0	63,0	S	48,1	63,0	48,1	37,0	S	55,6
18	40,7	S	S	55,6	55,6	51,9	40,7	S	40,7	77,8	S	55,6
19	33,3	F	55,6	44,4	S	66,7	55,6	S	44,4	59,3	70,4	51,9
20	S	40,7	48,1	51,9	S	33,3	37,0	63,0	48,1	S	51,9	40,7
21	S	40,7	44,4	S	51,9	63,0	S	51,9	40,7	S	59,3	59,3
22	40,7	44,4	44,4	S	55,6	44,4	S	70,4	S	51,9	FS	
23	51,9	44,4	44,4	55,6	40,7	S	40,7	48,1	S	37,0	66,7	S
24	44,4	S	S	44,4	70,4	S	37,0	55,6	40,7	33,3	S	59,3
25	51,9	S	S	55,6	55,6	37,0	74,1	S	51,9	33,3	S	F
26	66,7	59,3	48,1	55,6	S	29,6	63,0	S	63,0	51,9	66,7	66,7
27	S	59,3	40,7	48,1	S	51,9	51,9	48,1	59,3	S	70,4	66,7
28	S	63,0	48,1	S	F	63,0	S	51,9	55,6	S	70,4	70,4
29	55,6		40,7	S	55,6	51,9	S	44,4	S	59,3	63,0	S
30	63,0		48,1	63,0	48,1	S	66,7	48,1	S	66,7	40,7	S
31	66,7		S		55,6		66,7	59,3		66,7		59,3

Zu neuen sich abzeichnenden Trends siehe S. 68, 88, 145 und 146.

Russell 2000-Index Marktwahrscheinlichkeitskalender 2007

Wahrscheinlichkeit (%) eines Kurszuwachses an jedem Handelstag des Jahres*

(basiert auf der Anzahl der Anstiege des Russel 2000 an den einzelnen Handelstagen während des Zeitraums vom Januar 1979 – Dezember 2005)

Tag	Jan	Feb	Mär	Apr	Mai	Jun	Jul	Aug	Sep	Okt	Nov	Dez
1	F	59,3	70,4	S	66,7	66,7	S	48,1	S	51,9	74,1	S
2	40,7	66,7	66,7	40,7	66,7	S	55,6	48,1	S	51,9	70,4	S
3	74,1	S	S	55,6	70,4	S	55,6	44,4	F	48,1	S	59,3
4	63,0	S	S	44,4	55,6	74,1	F	S	48,1	70,4	S	59,3
5	63,0	59,3	66,7	55,6	S	55,6	40,7	S	63,0	48,1	70,4	66,7
6	S	66,7	59,3	F	S	59,3	55,6	51,9	55,6	S	55,6	63,0
7	S	63,0	66,7	S	51,9	63,0	S	51,9	66,7	S	55,6	40,7
8	55,6	63,0	48,1	S	51,9	37,0	S	44,4	S	44,4	48,1	S
9	63,0	48,1	51,9	51,9	63,0	S	55,6	63,0	S	44,4	59,3	S
10	48,1	S	S	59,3	48,1	S	63,0	51,9	51,9	55,6	S	59,3
11	70,4	S	S	66,7	63,0	51,9	51,9	S	59,3	74,1	S	44,4
12	70,4	74,1	40,7	59,3	S	63,0	59,3	S	55,6	63,0	74,1	51,9
13	S	55,6	55,6	48,1	S	59,3	66,7	48,1	63,0	S	48,1	40,7
14	S	63,0	55,6	S	55,6	59,3	S	81,5	55,6	S	59,3	44,4
15	F	59,3	51,9	S	51,9	55,6	S	66,7	S	66,7	44,4	S
16	74,1	44,4	59,3	51,9	63,0	S	63,0	59,3	S	37,0	22,2	S
17	70,4	S	S	59,3	63,0	S	44,4	59,3	25,9	48,1	S	40,7
18	77,8	S	S	59,3	59,3	51,9	44,4	S	44,4	70,4	S	51,9
19	33,3	F	66,7	51,9	S	40,7	51,9	S	44,4	63,0	70,4	55,6
20	S	40,7	55,6	55,6	S	37,0	40,7	48,1	40,7	S	44,4	55,6
21	S	33,3	48,1	S	55,6	51,9	S	51,9	51,9	S	33,3	70,4
22	51,9	44,4	55,6	S	55,6	48,1	S	74,1	S	55,6	FS	
23	55,6	63,0	48,1	55,6	55,6	S	37,0	51,9	S	44,4	63,0	S
24	51,9	S	S	55,6	70,4	S	48,1	55,6	44,4	44,4	S	77,8
25	44,4	S	S	63,0	48,1	44,4	59,3	S	29,6	37,0	S	F
26	66,7	59,3	48,1	55,6	S	40,7	74,1	S	51,9	37,0	63,0	70,4
27	S	66,7	51,9	59,3	S	55,6	51,9	55,6	59,3	S	66,7	63,0
28	S	66,7	51,9	S	F	77,8	S	55,6	74,1	S	63,0	70,4
29	51,9		51,9	S	66,7	74,1	S	59,3	S	55,6	74,1	S
30	63,0		85,2	77,8	63,0	S	55,6	66,7	S	63,0	70,4	S
31	77,8		S		70,4		74,1	81,5		77,8		81,5

*Zu neuen sich abzeichnenden Trends siehe S. 68, 88, 145 und 146.

Der Dekadenzyklus: Ein Börsenphänomen

Ordnet man die Börsengewinne bzw. -verluste eines jeden Jahres so an, dass das erste und die nachfolgenden Jahren eines jeden Jahrzehnts in dieselbe Spalte fallen, sind interessante Muster zu erkennen – starke fünfte und achte Jahre, schwache erste, siebte und zehnte Jahre.

Dieses faszinierende Phänomen wurde erstmals von Edgar Lawrence Smith in seinem Buch *Common Stocks and Business Cycles* (William-Frederick Press, 1959) dargestellt. Anthony Gaubis leistete ebenfalls Pionierarbeit.

Als Smith erstmals Diagramme von Börsenkursen in 10-Jahres-Abschnitte unterteilte und übereinander legte, beobachtete er, dass jedes Jahrzehnt in der Regel drei Haussemarkt-Zyklen aufwies und dass die längsten und stärksten Haussemärkte meist in der Mitte des Jahrzehnts auftraten.

Heutzutage sollte man nicht mehr allzu großes Gewicht auf den Dekadenzyklus legen, mit Ausnahme der außergewöhnlichen Jahre fünf und zehn, da die Börse weitaus mehr durch den vierjährigen Präsidentschaftswahlzyklus beeinflusst wird (S. 130). Auch wurden im vergangenen halben Jahrhundert, das eines der erfolgreichsten der US-Geschichte war, die Erträge auf die meisten Jahre eines Jahrzehnts verteilt. Interessanterweise durchlebte der NASDAQ seinen schlimmsten Baissemarkt in einem zehnten Jahr, als wir – was selten vorkommt – Zeuge einer zerplatzenden Blase sein durften.

Nachdem 2005 erstmals ein fünftes Jahr Verluste beim Dow erbrachte – wenn auch nur mickrige –0,6 % –, scheint 2006 auf dem Weg zu einem klassischen Tiefpunkt zur Mitte der Amtszeit zu sein, aufs ganze Jahr gesehen, nur geringe Gewinne zu bringen. Von 2007 kann erwartet werden, dass es sich dem Trend zu schwachen siebten Jahren widersetzt, da die übermächtigen Vor-Wahljahrkräfte die Aktienmärkte nach oben katapultieren sollten. Es gab bei den letzten 16 Administrationen nicht ein Verlust-Vor-Wahljahr (siehe S. 30, 34, 38 und 130).

Der 10-Jahre-Börsenzyklus
Jährliche Veränderung (%) des Dow Jones Industrial Average

Jahrzehnt	\multicolumn{10}{c}{Jahr der Dekade}

Jahrzehnt	1.	2.	3.	4.	5.	6.	7.	8.	9.	10.
1881-1890	3,0%	–2,9%	–8,5%	–18,8%	20,1%	12,4%	–8,4%	4,8%	5,5%	–14,1%
1891-1900	17,6	–6,6	–24,6	–0,6	2,3	–1,7	21,3	22,5	9,2	7,0
1901-1910	–8,7	–0,4	–23,6	41,7	38,2	–1,9	–37,7	46,6	15,0	–17,9
1911-1920	0,4	7,6	–10,3	–5,4	81,7	–4,2	–21,7	10,5	30,5	–32,9
1921-1930	12,7	21,7	–3,3	26,2	30,0	0,3	28,8	48,2	–17,2	–33,8
1931-1940	–52,7	–23,1	66,7	4,1	38,5	24,8	–32,8	28,1	–2,9	–12,7
1941-1950	–15,4	7,6	13,8	12,1	26,6	–8,1	2,2	–2,1	12,9	17,6
1951-1960	14,4	8,4	–3,8	44,0	20,8	2,3	–12,8	34,0	16,4	–9,3
1961-1970	18,7	–10,8	17,0	14,6	10,9	–18,9	15,2	4,3	–15,2	4,8
1971-1980	6,1	14,6	–16,6	–27,6	38,3	17,9	–17,3	–3,1	4,2	14,9
1981-1990	–9,2	19,6	20,3	–3,7	27,7	22,6	2,3	11,8	27,0	–4,3
1991-2000	20,3	4,2	13,7	2,1	33,5	26,0	22,6	16,1	25,2	–6,2
2001-2010	–7,1	–16,8	25,3	3,1	–0,6					
Gesamt +/– (%)	**0,1%**	**23,1%**	**66,1%**	**91,8%**	**368,0%**	**71,5%**	**–38,3%**	**221,7%**	**110,6%**	**–86,9%**
Durchschnitt +/–	**0,01%**	**1,8%**	**5,1%**	**7,1%**	**28,3%**	**6,0%**	**–3,2%**	**18,5%**	**9,2%**	**–7,2%**
Gewinnjahre	8	7	6	8	12	7	6	10	9	4
Verlustjahre	5	6	7	5	1	5	6	2	3	8

Basiert auf den Jahresschlusskursen; 1881–1885: Cowles-Indizes; 1886–1889: 12 gemischte Aktien, 10 Eisenbahn, 2 Industrie; 1890–1896: 20 gemischte Aktien, 18 Eisenbahn, 2 Industrie; 1897: Railroad Average (Erster Industrial Average am 26.5.1896 veröffentlicht)

Präsidentschaftswahl/Börsenzyklus
Die 173-jährige Geschichte geht weiter

Es ist nicht nur reiner Zufall, dass die letzten beiden Jahre (Vor-Wahljahr und Wahljahr) der 44 Administrationen seit 1833 einen Gesamtnettobörsengewinn von 745,9 % erzielten, der die Gewinne von 227,0 % in den ersten beiden Jahren dieser Administrationen vergleichsweise mickrig erscheinen lässt.

Die alle vier Jahre stattfindenden Präsidentschaftswahlen haben einen großen Einfluss auf Wirtschaft und Börse. Kriege, Rezessionen und Baissemärkte treffen oftmals die erste Hälfte der Amtszeit, erfolgreiche Zeiten und Haussemärkte die zweite. Nach neun aufeinander folgenden Dow-Gewinnen während der Milleniums-Hausse scheint der vierjährige Wahlzyklus nun wieder in der gewohnten Bahn zu sein. 2001–2005 waren reinste Lehrbeispiele. Ein klassisches Baissemarkttief im Jahr 2006 und ein hervorragendes Vor-Wahljahr 2007 würde uns nicht überraschen.

Börsenverlauf seit 1933
Jährliche Veränderung (%) des Dow Jones Industrial Average[1]

4-Jahres-Anfang	Gewählter Präsident	Nachwahl-Jahr	Mitte der Amtszeit	Vor-Wahljahr	Wahljahr
1833	Jackson (D)	− 0,9	13,0	3,1	− 11,7
1837	Van Buren (D)	− 11,5	1,6	− 12,3	5,5
1841*	W,H, Harrison (W)**	− 13,3	− 18,1	45,0	15,5
1845*	Polk (D)	8,1	− 14,5	1,2	− 3,6
1849*	Taylor (W)	N/C	18,7	− 3,2	19,6
1853*	Pierce (D)	− 12,7	− 30,2	1,5	4,4
1857	Buchanan (D)	− 31,0	14,3	− 10,7	14,0
1861*	Lincoln (R)	− 1,8	55,4	38,0	6,4
1865	Lincoln (R)**	− 8,5	3,6	1,6	10,8
1869	Grant (R)	1,7	5,6	7,3	6,8
1873	Grant (R)	− 12,7	2,8	− 4,1	− 17,9
1877	Hayes (R)	− 9,4	6,1	43,0	18,7
1881	Garfield (R)**	3,0	− 2,9	− 8,5	− 18,8
1885*	Cleveland (D)	20,1	12,4	− 8,4	4,8
1889*	B, Harrison (R)	5,5	− 14,1	17,6	− 6,6
1893*	Cleveland (D)	− 24,6	− 0,6	2,3	− 1,7
1897*	McKinley (R)	21,3	22,5	9,2	7,0
1901	McKinley (R)**	− 8,7	− 0,4	− 23,6	41,7
1905	T, Roosevelt (R)	38,2	− 1,9	− 37,7	46,6
1909	Taft (R)	15,0	− 17,9	0,4	7,6
1913*	Wilson (D)	− 10,3	− 5,4	81,7	− 4,2
1917	Wilson (D)	− 21,7	10,5	30,5	− 32,9
1921*	Harding (R)**	12,7	21,7	− 3,3	26,2
1925	Coolidge (R)	30,0	0,3	28,8	48,2
1929	Hoover (R)	− 17,2	− 33,8	− 52,7	− 23,1
1933*	F, Roosevelt (D)	66,7	4,1	38,5	24,8
1937	F, Roosevelt (D)	− 32,8	28,1	− 2,9	− 12,7
1941	F, Roosevelt (D)	− 15,4	7,6	13,8	12,1
1945	F, Roosevelt (D)**	26,6	− 8,1	2,2	− 2,1
1949	Truman (D)	12,9	17,6	14,4	8,4
1953*	Eisenhower (R)	− 3,8	44,0	20,8	2,3
1957	Eisenhower (R)	− 12,8	34,0	16,4	− 9,3
1961*	Kennedy (D)**	18,7	− 10,8	17,0	14,6
1965	Johnson (D)	10,9	− 18,9	15,2	4,3
1969*	Nixon (R)	− 15,2	4,8	6,1	14,6
1973	Nixon (R)***	− 16,6	− 27,6	38,3	17,9
1977*	Carter (D)	− 17,3	− 3,1	4,2	14,9
1981*	Reagan (R)	− 9,2	19,6	20,3	− 3,7
1985	Reagan (R)	27,7	22,6	2,3	11,8
1989	G, H, W, Bush (R)	27,0	− 4,3	20,3	4,2
1993*	Clinton (D)	13,7	2,1	33,5	26,0
1997	Clinton (D)	22,6	16,1	25,2	− 6,2
2001*	G, W, Bush (R)	− 7,1	− 16,8	25,3	3,1
2005	G, W, Bush (R)	− 0,6			
Gesamtgewinn (%)		**67,3 %**	**159,7%**	**457,6%**	**288,3%**
Durchschnittl. Gewinn (%)		**1,6 %**	**3,7%**	**10,6%**	**6,7%**
# Plus		19	25	32	29
# Minus		24	18	11	14

* Partei aus Amt verdrängt **Tod im Amt ***Zurückgetreten D - Demokrat W - Whig R - Republikaner
[1] basiert auf Jahresschlusswerten; vor 1886 basierend auf Cowles und anderen Indizes;
1886-1889: 12 gemischte Aktien, 10 Eisenbahn, 2 Industrie; 1890–1896: 20 gemischte Aktien,
18 Eisenbahn, 2 Industrie; 1897: Railroad Average (erster Industrial Average am 26.5.1896 veröffentlicht)

Dow Jones Industrials Haussen und Baissen seit 1900

Baissemärkte beginnen mit dem Ende eines Haussemarktes und enden mit dem Start des nächsten Haussemarktes (als Beispiel 17.7.1990 – 11.10.1990). Dem Hoch des Dow von 3 987,36 Punkten am 31.1.1994 folgte eine Kurskorrektur von 9,7 %. Eine Kurskorrektur von 10,3 % gab es zwischen dem Schlusshoch von 5 778 am 22.5.1996 und dem Tiefstwert im Laufe des 16.7.1996. Die längste Hausse der Geschichte endete am 17.7.1998 und die kürzeste Baisse endete am 31.8.1998 mit Beginn der neuen Hausse. Der größte Haussespitzenzyklus der Geschichte, der am 12.8.1982 begann, endete 2000, nachdem der Dow um 1 409 % angestiegen und der NASDAQ um 3 072 % geklettert war. Der Dow gewann nur 497 % in der achtjährigen Spitzen-Hausse von 1921 bis zum Hoch von 1929. Der NASDAQ erlitt seinen größten Verlust von -77,9 %, fast so viel wie der Einbruch des Dow um 89,2 % zwischen 1929 bis zum Tiefpunkt 1932. Der Dow ist seit dem Baissemarkttief vom 9.10.2002 um 59,8 % gestiegen, S&P 500 um 70,7 % und der NASDAQ um 112,8 %! Zum Zeitpunkt der Drucklegung haben wir seit März 2003 keine Kurskorrektur von 10 % erlebt. Da dies die fünftlängste Dow-Hausse seit 1900 ist, steht unserer Ansicht nach ein Baissemarkt unmittelbar bevor. (Siehe S. 132 zu Haussen und Baissen bei S&P 500 und NASDAQ).

Dow Jones Industrials Haussen und Baissen seit 1900

— Beginn —		— Ende —		Hausse		Baisse	
Datum	DJIA	Datum	DJIA	Gewinn (%)	Tage	Verlust (%)	Tage
24.9.00	38,80	17.6.01	57,33	47,8%	266	− 46,1%	875
9.11.03	30,88	19.1.06	75,45	144,3	802	− 48,5	665
15.11.07	38,83	19.11.09	73,64	89,6	735	− 27,4	675
25.9.11	53,43	30.9.12	68,97	29,1	371	− 24,1	668
30.7.14	52,32	21.11.16	110,15	110,5	845	− 40,1	393
19.12.17	65,95	3.11.19	119,62	81,4	684	− 46,6	660
24.8.21	63,90	20.3.23	105,38	64,9	573	− 18,6	221
27.10.23	85,76	3.9.29	381,17	344,5	2138	− 47,9	71
13.11.29	198,69	17.4.30	294,07	48,0	155	− 86,0	813
8.7.32	41,22	7.9.32	79,93	93,9	61	− 37,2	173
27.2.33	50,16	5.2.34	110,74	120,8	343	− 22,8	171
26.7.34	85,51	10.3.37	194,40	127,3	958	− 49,1	386
31.3.38	98,95	12.11.38	158,41	60,1	226	− 23,3	147
8.4.39	121,44	12.9.39	155,92	28,4	157	− 40,4	959
28.4.42	92,92	29.5.46	212,50	128,7	1492	− 23,2	353
17.5.47	163,21	15.6.48	193,16	18,4	395	− 16,3	363
13.6.49	161,60	5.1.53	203,79	01,8	1302	− 13,0	252
14.9.53	255,49	6.4.56	521,05	103,9	935	− 19,4	564
22.10.57	419,79	5.1.60	685,47	63,3	805	− 17,4	294
25.10.60	566,05	13.12.61	734,91	29,8	414	− 27,1	195
26.6.62	535,76	9.2.66	995,15	85,7	1324	− 25,2	240
7.10.66	744,32	3.12.68	985,21	32,4	788	− 35,9	539
26.5.70	631,16	28.4.71	950,82	50,6	337	− 16,1	209
23.11.71	797,97	11.1.73	1051,70	31,8	415	− 45,1	694
6.12.74	577,60	21.9.76	1014,79	75,7	655	− 26,9	525
28.2.78	742,12	8.9.78	907,74	22,3	192	− 16,4	591
21.4.80	759,13	27.4.81	1024,05	34,9	371	− 24,1	472
12.8.82	776,92	29.11.83	1287,20	65,7	474	− 15,6	238
24.7.84	1086,57	25.8.87	2722,42	150,6	1127	− 36,1	55
19.10.87	1738,74	17.7.90	2999,75	72,5	1002	− 21,2	86
11.10.90	2365,10	17.7.98	9337,97	294,8	2836	− 19,3	45
31.8.98	7539,07	14.1.00	11722,98	55,5	501	− 29,7	616
21.9.01	8235,81	19.3.02	10635,25	29,1	179	− 31,5	204
9.10.02	7286,27	10.5.06	11642,65	59,8*	1309*	*Drucklegung	
			Durchschnitt	84,6%	740	− 30,8%	406

Basiert auf Dow Jones Industrial Average Daten 1900–2000: Ned Davis Research
Die New Yorker Börse war zwischen dem 31.7.1914 und dem 11.12.1914 auf Grund des 1. Weltkrieges geschlossen. DJIA-Zahlen wurden wegen der Änderung der Zusammenstellung von 12 auf 20 Aktien im September 1916 rückwirkend berichtigt.

Standard & Poor's 500 Haussen & Baissen seit 1929
NASDAQ-Composite seit 1971

Eine beständige Diskussion um Definition und zeitliche Einordnung von Hausse- und Baissemärkten durchdringt die Wall Street wie die Glocke, die Eröffnung und Schluss des Handelstags signalisiert. Wir haben uns bei der Festlegung von Haussen und Baissen für den Dow (S. 131) auf die Parameter der Ned Davis Research gestützt. Der Standard & Poor's 500-Index hat sich seit Jahrzehnten als unerschütterlicher Indikator erwiesen und ist zeitweise einem anderen Takt gefolgt als der Dow. Mit der zunehmenden Bedeutung des NASDAQ als Maßstab fanden wir die Zeit gekommen, die Daten zu Haussen und Baissen auch für die anderen beiden wichtigen Indizes im Almanach aufzunehmen. Wir besprachen uns mit Sam Stoval, Investment-Chefstratege von Standard & Poor's, und setzten die Bewegungen des S&P 500 und des NASDAQ in Beziehung zu den Baisse- & Hausse-Daten auf S. 131 um die unten stehenden Daten zusammenzustellen. Viele Daten der drei Indizes ähneln sich, dennoch sind bei mehreren Gelegenheiten größere Abweichungen zu beobachten, so z. B. der unabhängige Rhythmus des NASDAQ zwischen 1975 und 1980.

Standard & Poor's 500 Haussen & Baissen

— Beginn —		— Ende —		Hausse		Baisse	
Datum	S&P 500	Datum	S&P 500	Gewinn (%)	Tage	Verlust (%)	Tage
13.11.29	17,66	10.4.30	25,92	46,8%	148	– 83,0%	783
1.6.32	4,40	7.9.32	9,31	111,6	98	– 40,6	173
27.2.33	5,53	6.2.34	11,82	113,7	344	– 31,8	401
14.3.35	8,06	6.3.37	16,68	106,9	723	– 49,0	390
31.3.38	8,50	9.11.38	13,79	62,2	223	– 26,2	150
8.4.39	10,18	25.10.39	13,21	29,8	200	– 43,5	916
28.4.42	7,47	29.5.46	19,25	157,7	1492	– 28,8	353
17.5.47	13,71	15.6.48	17,06	24,4	395	– 20,6	363
13.6.49	13,55	5.1.53	26,66	96,8	1302	– 14,8	252
14.9.53	22,71	2.8.56	49,74	119,0	1053	– 21,6	446
22.10.57	38,98	3.8.59	60,71	55,7	650	– 13,9	449
25.10.60	52,30	12.12.61	72,64	38,9	413	– 28,0	196
26.6.62	52,32	9.2.66	94,06	79,8	1324	– 22,2	240
7.10.66	73,20	29.11.68	108,37	48,0	784	– 36,1	543
26.5.70	69,29	28.4.71	104,77	51,2	337	– 13,9	209
23.11.71	90,16	11.1.73	120,24	33,4	415	– 48,2	630
3.10.74	62,28	21.9.76	107,83	73,1	719	– 19,4	531
6.3.78	86,90	12.9.78	106,99	23,1	190	– 8,2	562
27.3.80	98,22	28.11.80	140,52	43,1	246	– 27,1	622
12.8.82	102,42	10.10.83	172,65	68,6	424	– 14,4	288
24.7.84	147,82	25.8.87	336,77	127,8	1127	– 33,5	101
4.12.87	223,92	16.7.90	368,95	64,8	955	– 19,9	87
11.10.90	295,46	17.7.98	1186,75	301,7	2836	– 19,3	45
31.8.98	957,28	24.3.00	1527,46	59,6	571	– 36,8	546
21.9.01	965,80	4.1.02	1172,51	21,4	105	– 33,8	278
9.10.02	776,76	5.5.06	1325,76	70,7*	1304*	*Drucklegung	
			Durchschnitt	78,1%	707	– 29,4%	382

NASDAQ-Composite Haussen und Baissen

— Beginn —		— Ende —		Hausse		Baisse	
Datum	NASDAQ	Datum	NASDAQ	Gewinn (%)	Tage	Verlust (%)	Tage
23.11.71	100,31	11.1.73	136,84	36,4%	415	– 59,9%	630
3.10.74	54,87	15.7.75	88,00	60,4	285	– 16,2	63
16.9.75	73,78	13.9.78	139,25	88,7	1093	– 20,4	62
14.11.78	110,88	8.2.80	165,25	49,0	451	– 24,9	48
27.3.80	124,09	29.5.81	223,47	80,1	428	– 28,8	441
13.8.82	159,14	24.6.83	328,91	106,7	315	– 31,5	397
25.7.84	225,30	26.8.87	455,26	102,1	1127	– 35,9	63
28.10.87	291,88	9.10.89	485,73	66,4	712	– 33,0	372
16.10.90	325,44	20.7.98	2014,25	518,9	2834	– 29,5	80
8.10.98	1419,12	10.3.00	5048,62	255,8	519	– 71,8	560
21.9.01	1423,19	4.1.02	2059,38	44,7	105	– 45,9	278
9.10.02	1114,11	19.4.06	2370,88	112,8*	1288*	*Drucklegung	
			Durchschnitt	126,8%	798	– 36,2%	272

Januar: Dow Jones Industrials Veränderungen pro Tag in Punkten

Schluss-wert	1997	1998	1999	2000	2001	2002	2003	2004	2005	2006
Vormonat	6448,27	7908,25	9181,43	11497,12	10786,85	10021,50	8341,63	10453,92	10783,01	10717,50
1	F	F	F	S	F	F	F	F	S	S
2	−5,78	56,79	S	S	−140,70	51,90	265,89	−44,07	S	F
3	101,60	S	S	−139,61	299,60	98,74	−5,83	S	−53,58	129,91
4	S	S	2,84	−359,58	−33,34	87,60	S	S	−98,65	32,74
5	S	13,95	126,92	124,72	−250,40	S	S	134,22	−32,95	2,00
6	23,09	−72,74	233,78	130,61	S	S	171,88	−5,41	25,05	77,16
7	33,48	−3,98	−7,21	269,30	S	−62,69	−32,98	−9,63	−18,92	S
8	−51,18	−99,65	105,56	S	−40,66	−46,50	−145,28	63,41	S	S
9	76,19	−222,20	S	S	−48,80	−56,46	180,87	−133,55	S	52,59
10	78,12	S	S	49,64	31,72	−26,23	8,71	S	17,07	−0,32
11	S	S	−23,43	−61,12	5,28	−80,33	S	S	−64,81	31,86
12	S	66,76	−145,21	40,02	−84,17	S	S	26,29	61,56	−81,08
13	5,39	84,95	−125,12	31,33	S	S	1,09	−58,00	−111,95	−2,49
14	53,11	52,56	−228,63	140,55	S	−96,11	56,64	111,19	52,17	S
15	−35,41	−92,92	219,62	S	F	32,73	−119,44	15,48	S	F
16	38,49	61,78	S	S	127,28	−211,88	−25,31	46,66	S	S
17	67,73	S	S	F	−68,32	137,77	−111,13	S	F	−63,55
18	S	S	F	−162,26	93,94	−78,19	S	S	70,79	−41,46
19	S	F	14,67	−71,36	−90,69	S	S	F	−88,82	25,85
20	10,77	119,57	−19,31	−138,06	S	S	F	−71,85	−68,50	−213,32
21	40,03	−78,72	−71,83	−99,59	S	F	−143,84	94,96	−78,48	S
22	−33,87	−63,52	−143,41	S	−9,35	−58,05	−124,17	−0,44	S	S
23	−94,28	−30,14	S	S	71,57	17,16	50,74	−54,89	S	21,38
24	−59,27	S	S	−243,54	−2,84	65,11	−238,46	S	−24,38	23,45
25	S	S	82,65	21,72	82,55	44,01	S	S	92,95	−2,48
26	S	12,20	121,26	3,10	−69,54	S	S	134,22	37,03	99,73
27	−35,79	102,14	−124,35	−4,97	S	S	−141,45	−92,59	−31,19	97,74
28	−4,61	100,39	81,10	−289,15	S	25,67	99,28	−141,55	−40,20	S
29	84,66	57,55	77,50	S	42,21	−247,51	21,87	41,92	S	S
30	83,12	−66,52	S	S	179,01	144,62	−165,58	−22,22	S	−7,29
31	−10,77	S	S	201,66	6,16	157,14	108,68	S	62,74	−35,06
Schlusswert	6813,09	7906,50	9358,83	10940,53	10887,36	9920,00	8053,81	10488,07	10489,94	10864,86
+/−	364,82	−1,75	177,40	−556,59	100,51	−101,50	−287,82	34,15	−293,07	147,36

Februar: Dow Jones Industrials Veränderungen pro Tag in Punkten

Schluss-wert	1997	1998	1999	2000	2001	2002	2003	2004	2005	2006
Vormonat	6813,09	7906,50	9358,83	10940,53	10887,36	9920,00	8053,81	10488,07	10489,94	10864,86
1	S	S	−13,13	100,52	96,27	−12,74	S	S	62,00	89,09
2	S	201,28	−71,58	−37,85	−119,53	S	S	11,11	44,85	−101,97
3	6,03	52,57	92,60	10,24	S	S	56,01	6,00	3,60	58,36
4	27,32	−30,64	−62,31	−49,64	S	−220,17	−96,53	−34,44	123,03	S
5	−86,58	−12,46	−0,26	S	101,75	−1,66	−28,11	24,81	S	S
6	26,16	72,24	S	S	−8,43	−32,04	−55,88	97,48	S	4,65
7	82,74	S	S	−58,01	−10,70	−27,95	−65,07	S	−0,37	−48,51
8	S	S	−13,13	51,81	−66,17	118,80	S	S	8,87	108,86
9	S	−8,97	−158,08	−258,44	−99,10	S	S	−14,00	−60,52	24,73
10	−49,26	115,09	44,28	−55,53	S	S	55,88	34,82	85,50	35,70
11	51,57	18,94	186,15	−218,42	S	140,54	−77,00	123,85	46,40	S
12	103,52	55,05	−88,57	S	165,32	−21,04	−84,94	−43,63	S	S
13	60,81	0,50	S	S	−43,45	125,93	−8,30	−66,22	S	−26,73
14	−33,48	S	S	94,63	−107,91	12,32	158,93	S	−4,88	136,07
15	S	S	F	198,25	95,61	−98,95	S	S	46,19	30,58
16	S	S	22,14	−156,68	−91,20	S	S	F	−2,44	61,71
17	F	28,40	−101,56	−46,84	S	S	F	87,03	−80,62	−5,36
18	78,50	52,56	103,16	−295,05	S	F	132,35	−42,89	30,96	S
19	−47,33	−75,48	41,32	S	F	−157,90	−40,55	−7,26	S	S
20	−92,75	38,36	S	S	−68,94	196,03	−85,64	−45,70	S	F
21	4,24	S	S	F	−204,30	−106,49	103,15	S	F	−46,26
22	S	S	212,73	85,32	0,23	133,47	S	S	−174,02	68,11
23	S	−3,74	−8,26	−79,11	−84,91	S	S	−9,41	62,59	−67,95
24	76,58	−40,10	−144,75	−133,10	S	S	−159,87	−43,25	75,00	−7,37
25	30,01	87,68	−33,33	−230,51	S	177,56	51,26	35,25	92,81	S
26	−55,03	32,89	−59,76	S	200,63	−30,45	−102,52	−21,48	S	S
27	−58,11	55,05	S	S	−5,65	12,32	78,01	3,78	S	35,70
28	−47,33	S	S	176,53	−141,60	−21,45	6,09	S	−75,37	−104,14
29				89,66						
Schlusswert	6877,74	8545,72	9306,58	10128,31	10495,28	10106,13	7891,08	10583,92	10766,23	10993,41
+/−	64,65	639,22	−52,25	−812,22	−392,08	186,13	−162,73	95,85	276,29	128,55

März: Dow Jones Industrials Veränderungen pro Tag in Punkten

Schlusswert	1997	1998	1999	2000	2001	2002	2003	2004	2005	2006
Vormonat	6877,74	8545,72	9306,58	10128,31	10495,28	10106,13	7891,08	10583,92	10766,23	10993,41
1	S	S	18,20	9,62	−45,14	262,73	S	94,22	63,77	60,12
2	S	4,73	−27,17	26,99	16,17	S	S	−86,66	−18,03	−28,02
3	41,18	34,38	−21,73	202,28	S	S	−53,22	1,63	21,06	−3,92
4	−66,20	−45,59	191,52	S	S	217,96	−132,99	−5,11	107,52	S
5	93,13	−94,91	268,68	S	95,99	−153,41	70,73	7,55	S	S
6	−1,15	125,06	S	−196,70	28,92	140,88	−101,61	S	S	−63,00
7	56,19	S	S	−374,47	138,38	−48,92	66,04	S	−3,69	22,10
8	S	S	−8,47	60,50	128,65	47,12	S	−66,07	−24,24	25,05
9	S	−2,25	−33,85	154,20	−213,63	S	S	−72,52	−107,00	−33,46
10	78,50	75,98	79,08	−81,91	S	S	−171,85	−160,07	45,89	104,06
11	5,77	32,63	124,60	S	S	38,75	−44,12	−168,51	−77,15	S
12	−45,79	−16,19	−21,09	S	−436,37	21,11	28,01	111,70	S	S
13	−160,48	−57,04	S	18,31	82,55	−130,50	269,68	S	S	−0,32
14	56,57	S	S	−135,89	−317,34	15,29	37,96	S	30,15	75,32
15	S	S	82,42	320,17	57,82	90,09	S	−137,19	−59,41	58,43
16	S	116,33	−28,30	499,19	−207,87	S	S	81,78	−112,03	43,47
17	20,02	31,14	−51,06	−35,37	S	S	282,21	115,63	−6,72	26,41
18	−58,92	25,41	118,21	S	S	−29,48	52,31	−4,52	3,32	S
19	−18,88	27,65	−94,07	S	135,70	57,50	71,22	−109,18	S	S
20	−57,40	103,38	S	85,01	−238,35	−133,68	21,15	S	S	−5,12
21	−15,49	S	S	227,10	−233,76	−21,73	235,37	S	−64,28	−39,06
22	S	S	−13,04	−40,64	−97,52	−52,17	S	−121,85	−94,88	81,96
23	S	−90,18	−218,68	253,16	115,30	S	S	−1,11	−14,49	−47,14
24	100,46	88,19	−4,99	−7,14	S	S	−307,29	−15,41	−13,15	9,68
25	−29,08	−31,64	169,55	S	S	−146,00	65,55	170,59	FS	
26	4,53	−25,91	−14,15	S	182,75	71,69	−50,35	−5,85	S	S
27	−140,11	−50,81	S	−86,87	260,01	73,55	−28,43	S	S	−29,86
28	F	S	S	−89,74	−162,19	−22,97	−55,68	S	42,78	−95,57
29	S	S	184,54	82,61	13,71	F	S	116,66	−79,95	61,16
30	S	−13,96	−93,52	−38,47	79,72	S	S	52,07	135,23	−65,00
31	−157,11	17,69	−127,10	−58,33	S	S	−153,64	−24,00	−37,17	−41,38
Schlusswert	6583,48	8799,81	9786,16	10921,92	9878,78	10403,94	7992,13	10357,70	10503,76	11109,32
+/−	−294,26	254,09	479,58	793,61	−616,50	297,81	101,05	−226,22	−262,47	115,91

April: Dow Jones Industrials Veränderungen pro Tag in Punkten

Schlusswert	1997	1998	1999	2000	2001	2002	2003	2004	2005	2006
Vormonat	6583,48	8799,81	9786,16	10921,92	9878,78	10403,94	7992,13	10357,70	10503,76	11109,32
1	27,57	68,51	46,35	S	S	−41,24	77,73	15,63	−99,46	S
2	−94,04	118,32	F	S	−100,85	−48,99	215,20	97,26	S	S
3	−39,66	−3,23	S	300,01	−292,22	−115,42	−44,68	S	S	35,62
4	48,72	S	S	−57,09	29,71	36,88	36,77	S	16,84	58,91
5	S	S	174,82	−130,92	402,63	36,47	S	87,78	37,32	35,70
6	S	49,82	−43,84	80,35	−126,96	S	S	12,44	27,56	−23,05
7	29,84	−76,73	121,82	−2,79	S	S	23,26	−90,66	60,30	−96,46
8	53,25	−65,02	112,39	S	S	−22,56	−1,49	−38,12	−84,98	S
9	−45,32	103,38	−23,86	S	54,06	−40,41	−100,98	F	S	S
10	−23,79	F	S	75,08	257,59	173,06	23,39	S	S	21,29
11	−148,36	S	S	100,52	−89,27	−205,65	−17,92	S	−12,78	−51,70
12	S	S	165,67	−161,95	113,47	14,74	S	73,53	59,41	40,34
13	S	17,44	55,50	−201,58	F	S	S	−134,28	−104,04	7,68
14	60,21	97,90	16,65	−617,78	S	S	147,69	−3,33	−125,18	F
15	135,26	52,07	51,06	S	S	−97,15	51,26	19,51	−191,24	S
16	92,71	−85,70	31,17	S	31,62	207,65	−144,75	54,51	S	S
17	−21,27	90,93	S	276,74	58,17	−80,54	80,04	S	S	−63,87
18	44,95	S	S	184,91	399,10	−15,50	F	S	−16,26	194,99
19	S	S	−53,36	−92,46	77,88	51,83	S	−14,12	56,16	10,00
20	S	−25,66	8,02	169,09	−113,86	S	S	−123,35	−115,05	64,12
21	−43,34	43,10	132,87	F	S	S	−8,75	2,77	206,24	4,56
22	173,38	−8,22	145,76	S	S	−120,68	156,09	143,93	−60,89	S
23	−20,87	−33,39	−37,51	S	−47,62	−47,19	30,67	11,64	S	S
24	−20,47	−78,71	S	62,05	−77,89	−58,81	−75,62	S	S	−11,13
25	−53,38	S	S	218,72	170,86	4,63	−133,69	S	84,76	−53,07
26	S	S	28,92	−179,32	67,15	−124,34	S	−28,11	−91,34	71,24
27	S	−146,98	113,12	−57,40	117,70	S	S	33,43	47,67	28,02
28	44,15	−18,68	13,74	−154,19	S	S	165,26	−135,56	−128,43	−15,37
29	179,01	52,56	32,93	S	S	−90,85	31,38	−70,33	122,14	S
30	46,96	111,85	−89,34	S	−75,08	126,35	−22,90	−46,70	S	S
Schlusswert	7008,99	9063,37	10789,04	10733,91	10734,97	9946,22	8480,09	10225,57	10192,51	11367,14
+/−	425,51	263,56	1002,88	−188,01	856,19	−457,72	487,96	−132,13	−311,25	257,82

Mai: Dow Jones Industrials Veränderungen pro Tag in Punkten

Schluss-wert	1997	1998	1999	2000	2001	2002	2003	2004	2005	2006
Vormonat	7008,99	9063,37	10789,04	10733,91	10734,97	9946,22	8480,09	10225,57	10192,51	11367,14
1	–32,51	83,70	S	77,87	163,37	113,41	–25,84	S	S	–23,85
2	94,72	S	S	–80,66	–21,66	32,24	128,43	S	59,19	73,16
3	S	S	225,65	–250,99	–80,03	–85,24	S	88,43	5,25	–16,17
4	S	45,59	–128,58	–67,64	154,59	S	S	3,20	127,69	38,58
5	143,29	–45,09	69,30	165,37	S	S	–51,11	–6,25	–44,26	138,88
6	10,83	–92,92	–8,59	S	S	–198,59	56,79	–69,69	5,02	S
7	–139,67	–77,97	84,77	S	–16,07	28,51	–27,73	–123,92	S	S
8	50,97	78,47	S	25,77	–51,66	305,28	–69,41	S	S	6,80
9	32,91	S	S	–66,88	–16,53	–104,41	113,38	S	38,94	55,23
10	S	S	–24,34	–168,97	43,46	–97,50	S	–127,32	–103,23	2,88
11	S	36,37	18,90	178,19	–89,13	S	S	29,45	19,14	–141,92
12	123,22	70,25	–25,78	63,40	S	S	122,13	25,69	–110,77	–119,74
13	–18,54	50,07	106,82	S	S	169,74	–47,48	–34,42	–49,36	S
14	11,95	–39,61	–193,87	S	56,02	188,48	–31,43	2,13	S	S
15	47,39	–76,23	S	198,41	–4,36	–54,46	65,32	S	S	47,78
16	–138,88	S	S	126,79	342,95	45,53	–34,17	S	112,17	–8,88
17	S	S	–59,85	–164,83	32,66	63,87	S	–105,96	79,59	–214,28
18	S	–45,09	–16,52	7,54	53,16	S	S	61,60	132,57	–77,32
19	34,21	3,74	50,44	–150,43	S	S	–185,58	–30,80	28,74	15,77
20	74,58	116,83	–20,65	S	S	–123,58	–2,03	–0,07	–21,28	S
21	–12,77	–39,11	–37,46	S	36,18	–123,79	25,07	29,10	S	S
22	–32,56	–17,93	S	–84,30	–80,68	52,17	77,59	S	S	–18,73
23	87,78	S	S	–120,28	–151,73	58,20	7,36	S	51,65	–26,98
24	S	S	–174,61	113,08	16,91	–111,82	S	–8,31	–19,88	18,97
25	S	F	–123,58	–211,43	–117,05	S	S	159,19	–45,88	93,73
26	F	–150,71	171,07	–24,68	S	S	F	–7,73	79,80	67,56
27	37,50	–27,16	–235,23	S	S	F	179,97	95,31	4,95	S
28	–26,18	33,63	92,81	S	F	–122,68	11,77	–16,75	S	S
29	–27,05	–70,25	S	F	33,77	–58,54	–81,94	S	S	F
30	0,86	S	S	227,89	–166,50	–11,35	139,08	S	F	–184,18
31	S	S	F	–4,80	39,30	13,56	S	F	–75,07	73,88
Schlusswert	7331,04	8899,95	10559,74	10522,33	10911,94	9925,25	8850,26	10188,45	10467,48	11168,31
+/–	322,05	–163,42	–229,30	–211,58	176,97	–20,97	370,17	–37,12	274,97	–198,83

Juni: Dow Jones Industrials Veränderungen pro Tag in Punkten

Schluss-wert	1996	1997	1998	1999	2000	2001	2002	2003	2004	2005
Vormonat	5643,18	7331,04	8899,95	10559,74	10522,33	10911,94	9925,25	8850,26	10188,45	10467,48
1	S	S	22,42	36,52	129,87	78,47	S	S	14,20	82,39
2	S	–41,64	–31,13	–18,37	142,56	S	S	47,55	60,32	3,62
3	–18,47	22,75	–87,44	85,80	S	S	–215,46	25,14	–67,06	–92,52
4	41,00	–42,49	66,76	136,15	S	71,11	–21,95	116,03	46,91	S
5	31,77	35,63	167,15	S	20,54	114,32	108,96	2,32	S	S
6	–30,29	130,49	S	S	–79,73	–105,60	–172,16	21,49	S	6,06
7	29,92	S	S	109,54	77,29	20,50	–34,97	S	148,26	16,04
8	S	S	31,89	–143,74	–144,14	–113,74	S	S	41,44	–6,21
9	S	42,72	–19,68	–75,35	–54,66	S	S	–82,79	–64,08	26,16
10	–9,24	60,77	–78,22	–69,02	S	S	55,73	74,89	41,66	9,61
11	–19,21	36,56	–159,93	–130,76	S	–54,91	–128,14	128,33	F*	S
12	–0,37	135,64	23,17	S	–49,85	26,29	100,45	13,33	S	S
13	–10,34	70,57	S	S	57,63	–76,76	–114,91	–79,43	S	9,93
14	–8,50	S	S	72,82	66,11	–181,49	–28,59	S	–75,37	25,01
15	S	S	–207,01	31,66	26,87	–66,49	S	S	45,70	18,80
16	S	–9,95	37,36	189,96	–265,52	S	S	201,84	–0,85	12,28
17	3,33	–11,31	164,17	56,68	S	S	213,21	4,06	–2,06	44,42
18	–24,75	–42,07	–16,45	13,93	S	21,74	18,70	–29,22	38,89	S
19	20,32	58,35	–100,14	S	108,54	–48,71	–144,55	–114,27	S	S
20	11,08	19,45	S	S	–122,68	50,66	–129,80	21,22	S	–13,96
21	45,80	S	S	–39,58	62,58	68,10	–177,98	S	–44,94	–9,44
22	S	S	–1,74	–94,35	–121,62	–110,84	S	S	23,60	–11,74
23	S	–192,25	117,33	–54,77	28,63	S	S	–127,80	84,50	–166,49
24	12,56	153,80	95,41	–132,03	S	S	28,03	36,90	–35,76	–123,60
25	1,48	–68,08	11,71	17,73	S	–100,37	–155,00	–98,32	–71,97	S
26	–36,57	–35,73	8,96	S	138,24	–31,74	–6,71	67,51	S	S
27	–5,17	33,47	S	S	–38,53	–37,64	149,81	–89,99	S	–7,06
28	–22,90	S	S	102,59	23,33	131,37	–26,66	S	–14,75	114,85
29	S	S	52,82	160,20	–129,75	–63,81	S	S	56,34	–31,15
30	S	–14,93	–45,34	155,45	49,85	S	S	–3,61	22,05	–99,51
Schlusswert	5654,63	7672,79	8952,02	10970,80	10447,89	10502,40	9243,26	8985,44	10435,48	10274,97
+/–	11,45	341,75	52,07	411,06	–74,44	–409,54	–681,99	135,18	247,03	–192,51

Juli: Dow Jones Industrials Veränderungen pro Tag in Punkten

Schlusswert	1996	1997	1998	1999	2000	2001	2002	2003	2004	2005
Vormonat	5654,63	7672,79	8952,02	10970,80	10447,89	10502,40	9243,26	8985,44	10435,48	10274,97
1	75,35	49,54	96,65	95,62	S	S	−133,47	55,51	−101,32	28,47
2	−9,60	73,05	−23,41	72,82	S	91,32	−102,04	101,89	−51,33	S
3	−17,36	100,43	F	S	112,78*	−22,61*	47,22*	−72,63*	S	S
4	F	F	S	S	F	F	F	F	S	F
5	−114,88	S	S	F	−77,07	−91,25	324,53	S	F	68,36
6	S	S	66,51	−4,12	−2,13	−227,18	S	S	−63,49	−101,12
7	S	−37,32	−6,73	52,24	154,51	S	S	146,58	20,95	31,61
8	−37,31	103,82	89,93	−60,47	S	S	−104,60	6,30	−68,73	146,85
9	31,03	−119,88	−85,19	66,81	S	46,72	−178,81	−66,88	41,66	S
10	21,79	44,33	15,96	S	10,60	−123,76	−282,59	−120,17	S	S
11	−83,11	35,06	S	S	80,61	65,38	−11,97	83,55	S	70,58
12	−9,98	S	S	7,28	56,22	237,97	−117,00	S	25,00	−5,83
13	S	S	−9,53	−25,96	5,30	60,07	S	S	9,37	43,50
14	S	1,16	149,33	−26,92	24,04	S	S	57,56	−38,79	71,50
15	−161,05	52,73	−11,07	38,31	S	S	−45,34	−48,18	−45,64	11,94
16	9,25	63,17	93,72	23,43	S	−66,94	−166,08	−34,38	−23,38	S
17	18,12	−18,11	9,78	S	−8,48	134,27	69,37	−43,77	S	S
18	87,30	−130,31	S	S	−64,35	−36,56	−132,99	137,33	S	−65,84
19	−37,36	S	S	−22,16	−43,84	40,17	−390,23	S	−45,72	71,57
20	S	S	−42,22	−191,55	147,79	−33,35	S	S	55,01	42,59
21	S	16,26	−105,56	6,65	−110,31	S	S	−91,46	−102,94	−61,38
22	−35,88	154,93	−61,28	−33,56	S	S	−234,68	61,76	4,20	23,41
23	−44,39	26,71	−195,93	−58,26	S	−152,23	−82,24	35,79	−88,11	S
24	8,14	28,57	4,38	S	−48,44	−183,30	488,95	−81,73	S	S
25	67,32	−3,49	S	S	14,85	164,55	−4,98	172,06	S	−54,70
26	51,05	S	S	−47,80	−183,49	49,96	78,08	S	−0,30	−16,71
27	S	S	90,88	115,88	69,65	−38,96	S	S	123,22	57,32
28	S	7,67	−93,46	−6,97	−74,96	S	S	−18,06	31,93	68,46
29	−38,47	53,42	−19,82	−180,78	S	S	447,49	−62,05	12,17	−64,64
30	47,34	80,36	111,99	−136,14	S	−14,95	−31,85	−4,41	10,47	S
31	46,98	−32,28	−143,66	S	10,81	121,09	56,56	33,75	S	S
Schlusswert	5528,91	8222,61	8883,29	10655,15	10521,98	10522,81	8736,59	9233,80	10139,71	10640,91
+/−	−125,72	549,82	−68,73	−315,65	74,09	20,41	−506,67	248,36	−295,77	365,94

* Verkürzter Handelstag

August: Dow Jones Industrials Veränderungen pro Tag in Punkten

Schlusswert	1996	1997	1998	1999	2000	2001	2002	2003	2004	2005
Vormonat	5528,91	8222,61	8883,29	10655,15	10521,98	10522,81	8736,59	9233,80	10139,71	10640,91
1	65,84	−28,57	S	S	84,97	−12,80	−229,97	−79,83	S	−17,76
2	85,08	S	S	−9,19	80,58	41,17	−193,49	S	39,45	60,59
3	S	S	−96,55	31,35	19,05	−38,40	S	S	−58,92	13,85
4	S	4,41	−299,43	−2,54	61,17	S	S	32,07	6,27	−87,49
5	−5,55	−10,91	59,47	119,05	S	S	−269,50	−149,72	−163,48	−52,07
6	21,83	71,77	30,90	−79,79	S	−111,47	230,46	25,42	−147,70	S
7	22,56	−71,31	20,34	S	99,26	57,43	182,06	64,71	S	S
8	−5,18	−156,78	S	S	109,88	−165,24	255,87	64,64	S	−21,10
9	−32,18	S	S	−6,33	−71,06	5,06	33,43	S	−0,67	78,74
10	S	S	−23,17	−52,55	2,93	117,69	S	S	130,01	−21,26
11	S	30,89	−112,00	132,65	119,04	S	S	26,26	−6,35	91,48
12	23,67	−101,27	90,11	1,59	S	S	−56,56	92,71	−123,73	−85,58
13	−57,70	−32,52	−93,46	184,26	S	−0,34	−206,50	−38,30	10,76	S
14	19,60	13,71	−34,50	S	148,34	−3,74	260,92	38,80	S	S
15	−1,10	−247,37	S	S	−109,14	−66,22	74,83	11,13	S	34,07
16	23,67	S	S	73,14	−58,61	46,57	−40,08	S	129,20	−120,93
17	S	S	149,85	70,29	47,25	−151,74	S	S	18,28	37,26
18	S	108,70	139,80	−125,70	−9,16	S	S	90,76	110,32	4,22
19	9,99	114,74	−21,37	−27,54	S	S	212,73	16,45	−42,33	4,30
20	21,82	103,13	−81,87	136,77	S	79,29	−118,72	−31,39	69,32	S
21	−31,44	−127,28	−77,76	S	33,33	−145,93	85,16	26,17	S	S
22	43,65	−6,04	S	S	59,34	102,76	96,41	−74,81	S	10,66
23	−10,73	S	S	199,15	5,50	−47,75	−180,68	S	−37,09	−50,31
24	−28,34	S	32,96	−16,46	38,09	194,02	S	S	25,58	−84,71
25	S	−28,34	36,04	42,74	9,89	S	S	−31,23	83,11	15,76
26	−28,85	−77,35	−79,30	−127,59	S	S	46,05	22,81	−8,33	−53,34
27	17,38	5,11	−357,36	−108,28	S	−40,82	−94,60	−6,66	21,60	S
28	1,11	−92,90	−114,31	S	60,21	−160,32	−130,32	40,42	S	S
29	−64,73	−72,01	S	S	−37,74	−131,13	−23,10	41,61	S	65,76
30	−31,44	S	S	−176,04	−112,09	−171,32	−7,49	S	−72,49	−50,23
31	S	S	−512,61	−84,85	112,09	30,17	S	S	51,40	68,78
Schlusswert	5616,21	7622,42	7539,07	10829,28	11215,10	9949,75	8663,50	9415,82	10173,92	10481,60
+/−	87,30	−600,19	−1344,22	174,13	693,12	−573,06	−73,09	182,02	34,21	−159,31

September: Dow Jones Industrials Veränderungen pro Tag in Punkten

Schluss-wert	1996	1997	1998	1999	2000	2001	2002	2003	2004	2005
Vormonat	5616,21	7622,42	7539,07	10829,28	11215,10	9949,75	8663,50	9415,82	10173,92	10481,60
1	S	F	288,36	108,60	23,68	S	S	F	−5,46	−21,97
2	F	257,36	−45,06	−94,67	S	S	F	107,45	121,82	−12,26
3	32,18	14,86	−100,15	235,24	S	F	−355,45	45,19	−30,08	S
4	8,51	−27,40	−41,97	S	F	47,74	117,07	19,44	S	S
5	−49,94	−44,83	S	S	21,83	35,78	−141,42	−84,56	S	F
6	52,90	S	S	F	50,03	−192,43	143,50	S	F	141,87
7	S	S	F	−44,32	−50,77	−234,99	S	S	82,59	44,26
8	S	12,77	380,53	2,21	−39,22	S	S	82,95	−29,43	−37,57
9	73,98	16,73	−155,76	43,06	S	S	92,18	−79,09	−24,26	82,63
10	−6,66	−132,63	−249,48	−50,97	S	−0,34	83,23	−86,74	23,97	S
11	27,74	−58,30	179,96	S	−25,16	Closed*	−21,44	39,30	S	S
12	17,02	81,99	S	S	37,74	Closed*	−201,76	11,79	S	4,38
13	66,58	S	S	1,90	−51,05	Closed*	−66,72	S	1,69	−85,50
14	S	S	149,85	−120,00	−94,71	Closed*	S	S	3,40	−52,54
15	S	−21,83	79,04	−108,91	−160,47	S	S	−22,74	−86,80	13,85
16	50,68	174,78	65,39	−63,96	S	S	67,49	118,53	13,13	83,19
17	−0,37	−9,48	−216,01	66,17	S	−684,81	−172,63	−21,69	39,97	S
18	−11,47	36,28	21,89	S	−118,48	−17,30	−35,10	113,48	S	S
19	−9,62	−5,45	S	S	−19,23	−144,27	−230,06	−14,31	S	−84,31
20	20,72	S	S	20,27	−101,37	−382,92	43,63	S	−79,57	−76,11
21	S	S	37,59	−225,43	77,60	−140,40	S	S	40,04	−103,49
22	S	79,56	−36,05	−74,40	81,85	S	S	−109,41	−135,75	44,02
23	6,28	−26,77	257,21	−205,48	S	S	−113,87	40,63	−70,28	−2,46
24	−20,71	−63,35	−152,42	−39,26	S	368,05	−189,02	−150,53	8,34	S
25	3,33	−58,70	26,78	S	−39,22	56,11	158,69	−81,55	S	S
26	−8,51	74,17	S	S	−176,83	−92,58	155,30	−30,88	S	24,04
27	4,07	S	S	24,06	−2,96	114,03	−295,67	S	−58,70	12,58
28	S	S	80,07	−27,86	195,70	166,14	S	S	88,86	16,88
29	S	69,25	−28,32	−62,05	−173,14	S	S	67,16	58,84	79,69
30	9,25	−46,17	−237,90	123,47	S	S	−109,52	−105,18	−55,97	15,92
Schlusswert	5882,17	7945,26	7842,62	10336,95	10650,92	8847,56	7591,93	9275,06	10080,27	10568,70
+/−	265,96	322,84	303,55	−492,33	−564,18	−1102,19	−1071,57	−140,76	−93,65	87,10

* Market closed for four days following 9/11 terrorist attacks

Oktober: Dow Jones Industrials Veränderungen pro Tag in Punkten

Schluss-wert	1996	1997	1998	1999	2000	2001	2002	2003	2004	2005
Vormonat	5882,17	7945,26	7842,62	10336,95	10650,92	8847,56	7591,93	9275,06	10080,27	10568,70
1	22,73	70,24	−210,09	−63,95	S	−10,73	346,86	194,14	112,38	S
2	29,07	12,03	152,16	S	49,21	113,76	−183,18	18,60	S	S
3	−1,12	11,05	S	S	19,61	173,19	−38,42	84,51	S	−33,22
4	60,01	S	S	128,23	64,74	−62,90	−188,79	S	23,89	−94,37
5	S	S	−58,45	−0,64	−59,56	58,89	S	S	−38,86	−123,75
6	S	61,64	16,74	187,75	−128,38	S	S	22,67	62,24	−30,26
7	−13,05	78,09	−1,29	−51,29	S	S	−105,56	59,63	−114,52	5,21
8	−13,04	−83,25	−9,78	112,71	S	−51,83	78,65	−23,71	−70,20	S
9	−36,15	−33,64	167,61	S	−28,11	−15,50	−215,22	49,11	S	S
10	−8,95	−16,21	S	S	−44,03	188,42	247,68	−5,33	S	−53,55
11	47,71	S	S	−1,58	−110,61	169,59	316,34	S	26,77	14,41
12	S	S	101,95	−231,12	−379,21	−66,29	S	S	−4,79	−36,26
13	S	27,01	−63,33	−184,90	157,60	S	S	89,70	−74,85	−0,32
14	40,62	24,07	30,64	54,45	S	S	27,11	48,60	−107,88	70,75
15	−5,22	−38,31	330,58	−266,90	S	3,46	378,28	−9,93	38,93	S
16	16,03	−119,10	117,40	S	46,62	36,61	−219,65	−11,33	S	S
17	38,39	−91,85	S	S	−149,09	−151,26	239,01	−69,93	S	60,76
18	35,03	S	S	96,57	−114,69	−69,75	47,36	S	22,94	−62,84
19	S	S	49,69	88,65	167,96	40,89	S	S	−58,70	128,87
20	S	74,41	39,40	187,43	83,61	S	S	56,15	−10,69	−133,03
21	−3,36	139,00	13,38	−94,67	S	S	215,84	−30,30	−21,17	−65,88
22	−29,07	−25,79	13,91	172,56	S	172,92	−88,08	−149,40	−107,95	S
23	−25,34	−186,88	−80,85	S	45,13	−36,95	44,11	14,89	S	S
24	−43,98	−132,36	S	S	121,35	5,54	−176,93	−30,67	S	169,78
25	14,54	S	S	−120,32	−66,59	117,28	126,65	S	−7,82	−7,13
26	S	S	−20,08	−47,80	53,64	82,27	S	S	138,49	−32,89
27	S	−554,26	−66,17	92,76	210,50	S	S	25,70	113,55	−115,03
28	−34,29	337,17	5,93	227,64	S	S	−75,95	140,15	2,51	172,82
29	34,29	8,35	123,06	107,33	S	−275,67	0,90	26,22	22,93	S
30	−13,79	−125,00	97,07	S	245,15	−147,52	58,47	12,08	S	S
31	36,15	60,41	S	S	135,37	−46,84	−30,38	14,51	S	37,30
Schlusswert	6029,38	7442,08	8592,10	10729,86	10971,14	9075,14	8397,03	9801,12	10027,47	10440,07
+/−	147,21	−503,18	749,48	392,91	320,22	227,58	805,10	526,06	−52,80	−128,63

November: Dow Jones Industrials Veränderungen pro Tag in Punkten

Schluss-wert	1996	1997	1998	1999	2000	2001	2002	2003	2004	2005
Vormonat	6029,38	7442,08	8592,10	10729,86	10971,14	9075,14	8397,03	9801,12	10027,47	10440,07
1	−7,45	S	S	−81,35	−71,67	188,76	120,61	S	26,92	−33,30
2	S	S	114,05	−66,67	−18,96	59,64	S	S	−18,66	65,96
3	S	232,31	0,00	27,22	−62,56	S	S	57,34	101,32	49,86
4	19,75	14,74	76,99	30,58	S	53,96	−19,63	177,71	8,17
5	39,50	3,44	132,33	64,84	S	117,49	106,67	−18,00	72,78	S
6	96,53	−9,33	59,99	S	159,26	150,09	92,74	36,14	S	S
7	28,33	−101,92	S	S	−25,03	−36,75	−184,77	−47,18	S	55,47
8	13,78	S	S	14,37	−45,12	33,15	−49,11	S	3,77	−46,51
9	S	S	−77,50	−101,53	−72,81	20,48	S	S	−4,94	6,49
10	S	−28,73	−33,98	−19,58	−231,30	S	S	−53,26	−0,89	93,89
11	35,78	6,14	−40,16	−2,44	S	S	−178,18	−18,74	84,36	45,94
12	10,44	−157,41	5,92	174,02	S	−53,63	27,05	111,04	69,17	S
13	8,20	86,44	89,85	S	−85,70	196,58	12,49	−10,89	S	S
14	38,76	84,72	S	S	163,81	72,66	143,64	−69,26	S	11,13
15	35,03	S	S	−8,57	26,54	48,78	36,96	S	11,23	−10,73
16	S	S	91,66	171,58	−51,57	−5,40	S	S	−62,59	−11,68
17	S	125,74	−24,97	−49,24	−26,16	S	S	−57,85	61,92	45,46
18	−1,12	−47,40	54,83	152,61	S	S	−92,52	−86,67	22,98	46,11
19	50,69	73,92	14,94	−31,81	S	109,47	−11,79	66,30	−115,64	S
20	32,42	101,87	103,50	S	−167,22	−75,08	148,23	−71,04	S	S
21	−11,55	54,46	S	S	31,85	−66,70	222,14	9,11	S	53,95
22	53,29	S	S	85,63	−95,18	F	−40,31	S	32,51	51,15
23	S	S	214,72	−93,89	F	125,03*	S	S	3,18	44,66
24	S	−113,15	−73,12	12,54	70,91*	S	S	119,26	27,71	F
25	76,03	41,03	13,13	F	S	S	44,56	16,15	F	15,53*
26	−19,38	−14,17	F	−19,26*	S	23,04	−172,56	15,63	1,92*	S
27	−29,07	F	18,80*	S	75,84	−110,15	255,26	F	S	S
28	F	28,35*	S	S	−38,49	−160,74	S	2,89*	S	−40,90
29	22,36*	S	S	−40,99	121,53	117,56	−35,59*	S	−46,33	−2,56
30	S	S	−216,53	−70,11	−214,62	22,14	S	S	−47,88	−82,29
Schlusswert	6521,70	7823,13	9116,55	10877,81	10414,49	9851,56	8896,09	9782,46	10428,02	10805,87
+/−	492,32	381,05	524,45	147,95	−556,65	776,42	499,06	−18,66	400,55	365,80

Verkürzter Handelstag

Dezember: Dow Jones Industrials Veränderungen pro Tag in Punkten

Schluss-wert	1996	1997	1998	1999	2000	2001	2002	2003	2004	2005
Vormonat	6521,70	7823,13	9116,55	10877,81	10414,49	9851,56	8896,09	9782,46	10428,02	10805,87
1	S	189,98	16,99	120,58	−40,95	S	S	116,59	162,20	106,70
2	0,00	5,72	−69,00	40,67	S	S	−33,52	−45,41	−5,10	−35,06
3	−79,01	13,18	−184,86	247,12	S	−87,60	−119,64	19,78	7,09	S
4	−19,75	18,15	136,46	S	186,56	129,88	−5,08	57,40	S	S
5	14,16	98,97	S	S	338,62	220,45	−114,57	−68,14	S	−42,50
6	−55,16	S	S	−61,17	−234,34	−15,15	22,49	S	−45,15	21,85
7	S	S	54,33	−118,36	−47,02	−49,68	S	S	−106,48	−45,95
8	S	−38,29	−42,49	−38,53	95,55	S	S	102,59	53,65	−55,79
9	82,00	−61,18	−18,79	66,67	S	S	−172,36	−41,85	58,59	23,46
10	9,31	−70,87	−167,61	89,91	S	−128,01	100,85	−1,56	−9,60	S
11	−70,73	−129,80	−19,82	S	12,89	−33,08	14,88	86,30	S	S
12	−98,81	−10,69	S	S	42,47	6,44	−50,74	34,00	S	−10,81
13	1,16	S	S	−32,11	26,17	−128,36	−104,69	S	95,10	55,95
14	S	S	−126,16	−32,42	−119,45	44,70	S	S	38,13	59,79
15	S	84,29	127,70	65,15	−240,03	S	S	−19,34	15,00	−1,84
16	−36,52	53,72	−32,70	19,57	S	193,69	106,74	14,19	−6,08
17	39,98	−18,90	85,22	12,54	S	80,82	−92,01	15,70	−55,72	S
18	38,14	−110,91	27,81	S	210,46	106,42	−88,04	102,82	S	S
19	126,87	−90,21	S	S	−61,05	72,10	−82,55	30,14	S	−39,06
20	10,76	S	S	−113,16	−265,44	−85,31	146,52	S	11,68	−30,98
21	S	S	85,22	56,27	168,36	50,16	S	S	97,83	28,18
22	S	63,02	55,61	3,06	148,27	S	S	59,78	56,46	55,71
23	4,62	−127,54	157,57	202,16	S	−18,03	3,26	11,23	−6,17
24	33,83*	−31,64*	15,96*	F	S	N/C*	−45,18*	−36,07*	F	S
25	F	F	F	F	S	F	F	F	F	S
26	23,83	19,18*	S	S	56,88	52,80	−15,50	19,48*	S	F
27	14,23	S	S	−14,68	110,72	43,17	−128,53	S	−50,99	−105,50
28	S	S	8,76	85,63	65,60	5,68	S	S	78,41	18,49
29	S	113,10	94,23	7,95	−81,91	S	S	125,33	−25,35	−11,44
30	−11,54	123,56	−46,34	−31,80	S	S	29,07	−24,96	−28,89	−67,32
31	−101,10	−7,72	−93,21	44,26	S	−115,49	8,78	28,88	−17,29	S
Schlusswert	6448,27	7908,25	9181,43	11497,12	10786,85	10021,50	8341,63	10453,92	10783,01	10717,50
+/−	−73,43	85,12	64,88	619,31	372,36	169,94	−554,46	671,46	354,99	−88,37

Verkürzter Handelstag

Ein typischer Tag an der Börse

Seit Januar 1987 sind für den Dow Jones Industrial Average halbstündliche Daten verfügbar. Die New Yorker Börse verlegte die Öffnungszeit im Oktober 1985 von 10.00 Uhr vor auf 9.30 Uhr. Im Folgenden ein Vergleich zwischen der halbstündlichen Performance zwischen 1987 bis 2.6.2006 und der stündlichen Performance zwischen November 1963 und Juni 1985. Die stärkere Öffnungs- und Schlussperformance bei einer größeren Haussetendenz ist offensichtlich. Schwächen an Vormittag und Nachmittag treten eine Stunde früher ein.

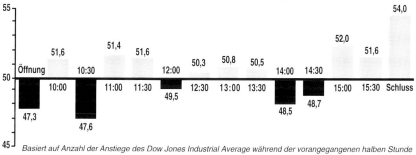

Basiert auf Anzahl der Anstiege des Dow Jones Industrial Average während der vorangegangenen halben Stunde

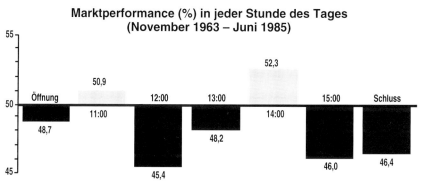

Basiert auf Anzahl der Anstiege des Dow Jones Industrial Average während der vorangegangenen Stunde

Auf der nächsten Seite werden die halbstündlichen Bewegungen seit Januar 1987 für jeden Tag der Woche dargestellt. Zwischen 1953 und 1989 war Montag der schlechteste Tag der Woche, besonders während langer Baissemärkte, aber die Zeiten haben sich geändert. Der Montag ist zum besten Tag der Woche geworden und war in den elf Jahren 1990–2000 jedes Mal im Plus.

Während der letzten sechs Jahre (2001 – Juni 2006) sind Montag und Freitag unterm Strich Verlierer, Freitag der schlechteste Tag und die drei mittleren Tage im Schnitt Gewinner, dabei ist Mittwoch der beste Tag. Von 2005 bis heute ist nur Mittwoch insgesamt im Plus. An allen Tagen neigen die Aktien dazu, gegen Schluss zuzulegen, und es finden sich häufige Schwächen am frühen Morgen und zwischen 14:00 Uhr und 14:30 Uhr.

Durch die Woche im Halbstundentakt

In der Tabelle, die die prozentualen Anstiege des Dow Jones Industrial Average innerhalb der vorangegangenen halben Stunde darstellt (Januar 1987 – 2. Juni 2006*), lässt sich ein Blick auf die typische Börsenwoche werfen.

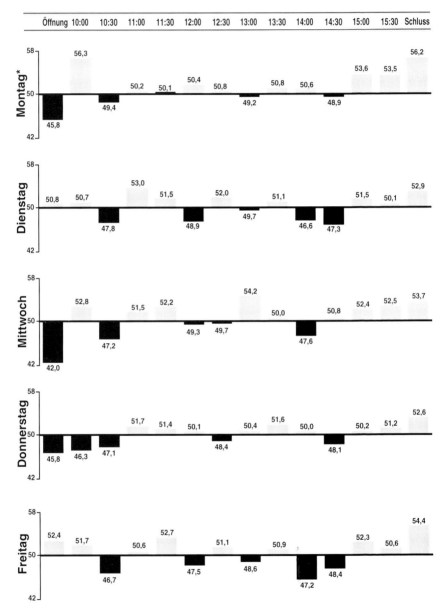

*Eine Analyse zeigt: Wenn Dienstag der erste Handelstag einer Woche ist, folgt er dem Verlauf des Montags. Daher wurden solche Dienstage hier mit den Montagen zusammengefasst. Donnerstage, die der letzte Handelstag einer Woche sind, ähneln Freitagen und sind daher entsprechend mit diesen zusammengefasst worden.

Montag nun gewinnträchtigster Tag der Woche

Zwischen 1952 und 1989 war der Montag der schlechteste Handelstag der Woche. Der erste Handelstag einer Woche (einschließlich der Dienstage, wenn der Montag ein Feiertag war) zeigte nur in 44,3 % aller Fälle steigende Kurse, während andere Handelstage zu 54,8 % höher schlossen. (Der samstägliche Handel an der New Yorker Börse wurde 1952 eingestellt).

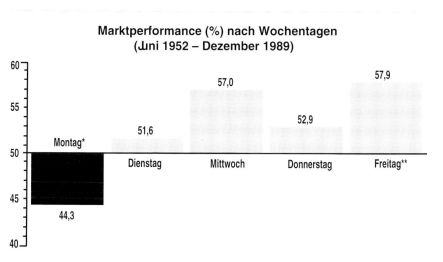

Eine dramatische Umkehr dieser Verhältnisse setzte 1990 ein – Montag wurde zum gewinnträchtigsten Tag der Woche. Allerdings haben Montag und Freitag in den letzten 5 ½ Jahren einen Kampf um den 1. Platz in der Rangliste der schlechtesten Tage der Woche ausgefochten. Seit der Spitze im Jahr 2000 neigten die Händler weder dazu, Aktien über das Wochenende zu behalten, noch dazu, zum Wochenbeginn welche zu kaufen. Dies ist nicht außergewöhnlich in unsicheren Börsenzeiten. Siehe S. 68 und 143.

NASDAQ am stärksten in den letzten drei Tagen der Woche

Obwohl 20 Jahre an Daten fehlen, ähneln die täglichen Handelsmuster beim NASDAQ bis 1989 denen des S&P auf S. 141. Allerdings weisen Donnerstage eine größere Haussetendenz auf. Während der meist flauen Märkte der 70er und frühen 80er Jahre zeigte sich, dass besorgte Händler sich während des Wochenendes entschieden, das Handtuch zu werfen und montags oder dienstags zu verkaufen.

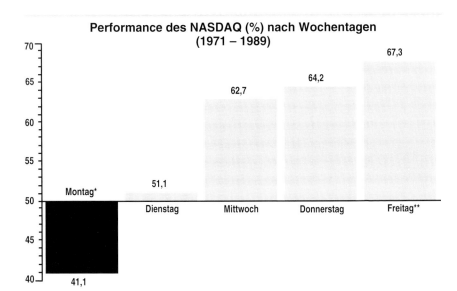

Zu beachten ist der große Unterschied zwischen den täglichen Handelsmustern bei NASDAQ und S&P seit 1.1.1990 bis in die jüngste Zeit. Der Grund für die wesentlich höhere Haussetendenz ist, dass der NASDAQ mit 1010 % um über das Dreifache während des Zeitraums von 1990 bis 2000 gestiegen ist. Der Gewinn des S&P betrug 332 % und der des Dow 326 %. Die wöchentlichen Handelsmuster für den NASDAQ beginnen sich an die des restlichen Markts anzupassen. Beachten Sie auf S. 144 die Montags- und Freitagsschwäche seit dem Spitzenwert 2000.

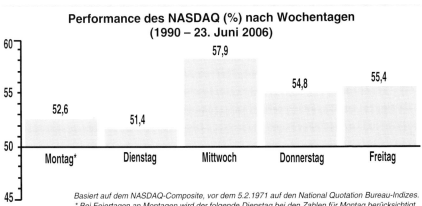

Performance des S&P an Wochentagen für die Jahre seit 1952

Um zu bestimmen, ob Markttendenzen die Performance an verschiedenen Tagen beeinflussen, haben wir 20 Baissejahre (1953, '56, '57, '60, '62, '66, '69, '70, '73, '74, '77, '78, '81, '84, '87, '90, '94, 2000, 2001 und 2002) mit 34 Haussejahren verglichen. Während Dienstage und Donnerstage zwischen Baisse- und Haussejahren nur wenig Unterschied aufwiesen, waren Montage und Freitage stark betroffen. Die durchschnittliche Differenz an Montagen betrug 10,5 %, an Freitagen 10,7 %. Der Mittwoch entwickelt sich zum besten Tag der Woche.

Prozentsatz der Schlusswerte über dem Vortag
(June 1952 – 23. Juni 2006)

	Montag*	Dienstag	Mittwoch	Donnerstag	Freitag**
1952	48,4%	55,6%	58,1%	51,9%	66,7%
1953	32,7	50,0	54,9	57,5	56,6
1954	50,0	57,5	63,5	59,2	73,1
1955	50,0	45,7	63,5	60,0	78,9
1956	36,5	39,6	46,9	50,0	59,6
1957	25,0	54,0	66,7	48,9	44,2
1958	59,6	52,0	59,6	68,1	72,6
1959	42,3	53,1	55,8	48,9	69,8
1960	34,6	50,0	44,2	54,0	59,6
1961	52,9	54,4	64,7	56,0	67,3
1962	28,3	52,1	54,0	51,0	50,0
1963	46,2	63,3	51,0	57,5	69,2
1964	40,4	48,0	61,5	58,7	77,4
1965	44,2	57,5	55,8	51,0	71,2
1966	36,5	47,8	53,9	42,0	57,7
1967	38,5	50,0	60,8	64,0	69,2
1968†	49,1	57,5	64,3	42,6	54,9
1969	30,8	45,8	50,0	67,4	50,0
1970	38,5	46,0	63,5	48,9	52,8
1971	44,2	64,6	57,7	55,1	51,9
1972	38,5	60,9	57,7	51,0	67,3
1973	32,1	51,1	52,9	44,9	44,2
1974	32,7	57,1	51,0	36,7	30,8
1975	53,9	38,8	61,5	56,3	55,8
1976	55,8	55,3	55,8	40,8	58,5
1977	40,4	40,4	46,2	53,1	53,9
1978	51,9	43,5	59,6	54,0	48,1
1979	54,7	53,2	58,8	66,0	44,2
1980	55,8	54,2	71,7	35,4	59,6
1981	44,2	38,8	55,8	53,2	47,2
1982	46,2	39,6	44,2	44,9	50,0
1983	55,8	46,8	61,5	52,0	55,0
1984	39,6	63,8	31,4	46,0	44,2
1985	44,2	61,2	54,9	56,3	53,9
1986	51,9	44,9	67,3	58,3	55,8
1987	51,9	57,1	63,5	61,7	49,1
1988	51,9	61,7	51,9	48,0	59,6
1989	51,9	47,8	69,2	58,0	69,2
1990	67,9	53,2	52,9	40,0	51,9
1991	44,2	46,9	52,9	49,0	51,9
1992	51,9	49,0	53,9	56,3	45,3
1993	65,4	41,7	55,8	44,9	48,1
1994	55,8	46,8	52,9	48,0	59,6
1995	63,5	56,5	63,5	62,0	63,5
1996	54,7	44,9	51,0	57,1	63,5
1997	67,3	67,4	42,3	41,7	57,7
1998	57,7	62,5	57,7	38,3	60,4
1999	46,2	29,8	67,3	53,1	57,7
2000	51,9	43,5	40,4	56,0	46,2
2001	45,3	51,1	44,0	59,2	43,1
2002	40,4	37,5	56,9	38,8	48,1
2003	59,6	62,5	42,3	58,3	50,0
2004	51,9	61,7	59,6	52,1	52,8
2005	59,6	47,8	59,6	56,0	55,8
2006 ‡	40,0	33,3	76,0	50,0	56,0
Durchschnitt	**47,5%**	**51,2%**	**55,9%**	**52,2%**	**56,6%**
34 Haussejahre	51,4%	52,8%	58,1%	53,2%	60,5%
20 Baissejahre	40,9%	48,5%	52,1%	50,6%	49,8%

basiert auf S&P 500

† Während der letzten sieben Monate des Jahres 1968 meist mittwochs geschlossen.
‡ Nur sechs Monate, bei den Durchschnittswerten nicht berücksichtigt.
* Bei Feiertagen an Montagen wird der folgende Dienstag bei den Zahlen für Montag berücksichtigt.
** Bei Feiertagen an Freitagen wird der vorhergehende Donnerstag bei den Zahlen für Freitag berücksichtigt.

Performance des NASDAQ an Wochentagen für die Jahre seit 1971

Nach einem Einbruch um kräftige 77,9 % vom Höchststand 2000 (gegenüber −37,8 % beim Dow und -49,1 % beim S&P 500), laufen die Tech-Aktien des NASDAQ immer noch besser als die Blue Chips und großen Werte – aber längst nicht mehr so viel besser, wie sie es einst taten. Vom 1.1.1971 bis 30.6.2006 erzielte der NASDAQ ein beeindruckendes Plus von 2 324 %. Der Dow (+1 229 %) und der S&P (+1 278 %) gewannen nur weniger als die Hälfte dazu.

Die Montagsperformance des NASDAQ war während des dreijährigen Baissemarkts von 2000–2002 ziemlich lustlos. Als der NASDAQ sich erholte (+50 % im Jahr 2003), wurden zwischen 2003 und 2005 auch Montag sowie Dienstag und Donnerstag wieder stärker, schwach blieben Mittwoch und Freitag. Bisher hat im Jahr 2006 nur der Mittwoch mehr Anstiege als Verluste vorzuweisen.

Prozentsatz der Schlusswerte des NASDAQ über dem Vortag
(1971 – 23. Juni 2006)

	Montag*	Dienstag	Mittwoch	Donnerstag	Freitag**
1971	51,9%	52,1%	59,6%	65,3%	71,2%
1972	30,8	60,9	63,5	57,1	78,9
1973	34,0	48,9	52,9	53,1	48,1
1974	30,8	44,9	52,9	51,0	42,3
1975	44,2	42,9	63,5	64,6	63,5
1976	50,0	63,8	67,3	59,2	58,5
1977	51,9	40,4	53,9	63,3	73,1
1978	48,1	47,8	73,1	72,0	84,6
1979	45,3	53,2	64,7	86,0	82,7
1980	46,2	64,6	84,9	52,1	73,1
1981	42,3	32,7	67,3	76,6	69,8
1982	34,6	47,9	59,6	51,0	63,5
1983	42,3	44,7	67,3	68,0	73,1
1984	22,6	53,2	35,3	52,0	51,9
1985	36,5	59,2	62,8	68,8	66,0
1986	38,5	55,1	65,4	72,9	75,0
1987	42,3	49,0	65,4	68,1	66,0
1988	50,0	55,3	61,5	66,0	63,5
1989	38,5	54,4	71,2	72,0	75,0
1990	54,7	42,6	60,8	46,0	55,8
1991	51,9	59,2	66,7	65,3	51,9
1992	44,2	53,1	59,6	60,4	45,3
1993	55,8	56,3	69,2	57,1	67,3
1994	51,9	46,8	54,9	52,0	55,8
1995	50,0	52,2	63,5	64,0	63,5
1996	50,9	57,1	64,7	61,2	63,5
1997	65,4	59,2	53,9	52,1	55,8
1998	59,6	58,3	65,4	44,7	58,5
1999	61,5	40,4	63,5	57,1	65,4
2000	40,4	41,3	42,3	60,0	57,7
2001	41,5	57,8	52,0	55,1	47,1
2002	44,2	37,5	56,9	46,9	46,2
2003	57,7	60,4	40,4	60,4	46,2
2004	57,7	59,6	53,9	50,0	50,9
2005	61,5	47,8	51,9	48,0	59,6
2006†	36,0	33,3	72,0	45,8	48,0
Durchschnitt	**46,6%**	**51,4%**	**60,3%**	**60,0%**	**62,0%**
24 Haussejahre	49,0%	53,8%	62,8%	61,5%	65,2%
10 Baissejahre	40,5%	45,5%	54,1%	56,1%	54,1%

Basiert auf NASDAQ-Composite, vor dem 5.2.1971 auf National Quotation Bureau-Indizes.
† Nur sechs Monate, bei den Durchschnittswerten nicht berücksichtigt.
* Bei Feiertagen an Montagen wird der folgende Dienstag bei den Zahlen für Montag berücksichtigt.
** Bei Feiertagen an Freitagen wird der vorhergehende Donnerstag bei den Zahlen für Freitag berücksichtigt.

Monatliche Geldzuflüsse bei S&P-Aktien

Viele Jahre lang waren der letzte Handelstag des Monats und die ersten vier des folgenden Monats die besten Börsentage des Monats. Dieses Muster wird im ersten Diagramm deutlich: Diese fünf aufeinander folgenden Handelstage überragten die anderen 16 Handelstage des durchschnittlichen Monats im Zeitraum von 1953 bis 1981 deutlich. Grund war, dass Privatinvestoren und Institute ähnlich vorgingen, wodurch es zu Beginn eines Monats zu hohen Geldzuflüssen kam.

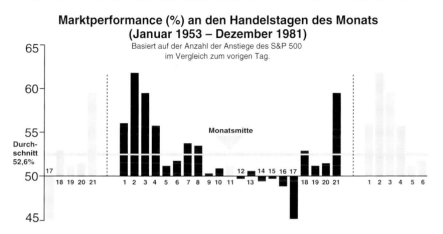

Offensichtlich nutzten gewitzte Händler dieses Phänomen zu ihrem Vorteil und änderten das vorige Muster damit drastisch. Das zweite Diagramm mit den Daten ab 1982 zeigt die dadurch entstandene Handelsverschiebung zu den letzten drei Handelstagen des Monats plus der ersten beiden. Eine andere verblüffende Entwicklung zeigt, dass auch der neunte, zehnte und elfte Handelstag stark angestiegen sind. Vielleicht ist das große Wachstum der 401 (k)-Rentenpläne (die Vergütungen der Teilnehmer werden in der Regel zwei Mal monatlich bezahlt) für diesen neuen Anstieg zur Monatsmitte verantwortlich. Die ersten Handelstage des Monats haben in den letzten Jahren den höchsten Gewinn erzielt (siehe S. 64).

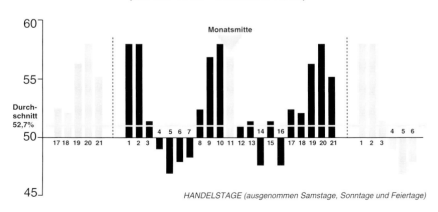

145

Monatliche Geldzuflüsse bei NASDAQ-Aktien

NASDAQ-Aktien haben sich zu 58,1 % der Zeit bis 1981 nach oben bewegt, im Vergleich zu 52,6 % beim S&P (S. 145). Ende und Beginn der Monate sind ziemlich ähnlich, besonders der letzte und die vier ersten Handelstage. Beachten Sie allerdings, wie Investoren bis Mitte des Monats in NASDAQ-Aktien drängten. Der NASDAQ stieg um 118,6 % zwischen dem 1.1.1971 und 31.12.1981, verglichen zu 33,0 % beim S&P.

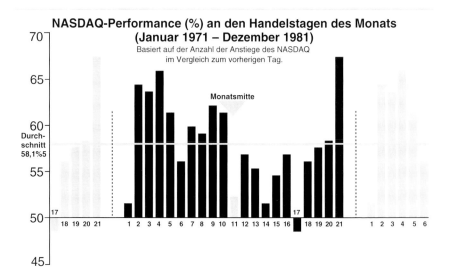

Nachdem 2000 – 2002 die Luft aus dem Markt gelassen wurde, entspricht der Anstieg des S&P von 919 % in den letzten 24 Jahren fast dem des NASDAQ von 1 026 %. Die letzten drei, ersten vier und die mittleren Tage neun und zehn stiegen am meisten. Während es beim S&P sechs Tage im Monat gibt, die öfter fallende als steigende Kurse aufweisen, gibt es im NASDAQ keine solchen. Der NASDAQ zeigt die größte Stärke am letzten Tag des Monats.

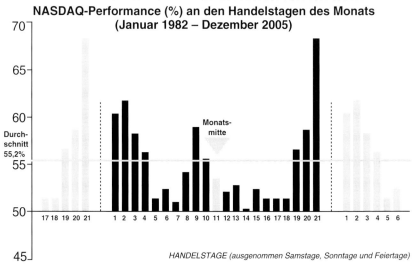

HANDELSTAGE (ausgenommen Samstage, Sonntage und Feiertage)

Basiert auf NASDAQ-Composite, vor dem 5.2.1971 auf National Quotation Bureau-Indizes

November, Dezember und Januar bester Drei-Monats-Zeitraum des Jahres

Die wichtigste Beobachtung, die auf einem Diagramm mit durchschnittlichen prozentualen Veränderungen der Marktpreise seit 1950 gemacht werden kann, ist, dass Institute (offene Investmentfonds, Pensionsfonds, Banken etc.) die Handelsmuster des heutigen Markts bestimmen.

Der „Investmentkalender" reflektiert die jährlichen, halbjährlichen und vierteljährlichen Transaktionen von Instituten während Januar, April und Juli. Abgesehen davon, dass der Oktober der letzte Wahlkampfmonat vor Wahlen ist, ist er außerdem die Zeit, zu der die meisten Baissemärkte ihr Ende finden, wie 1946, 1957, 1960, 1966, 1974, 1987, 1990, 1998 und 2002. (August und September stellen zusammen in der Regel die schlechtesten zwei Monate).

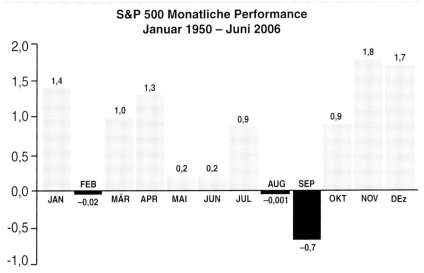

Durchschnittliche monatliche Veränderung des S&P (%)
(basiert auf monatlichen Schlusswerten)

Durch private Pensionsfonds und die Pensionsfonds der Unternehmen wird eine ungewöhnliche Stärke zum Jahresende erzeugt, mit einem durchschnittlichen Gewinn von 4,9 % zwischen 1. November und 31. Januar. Die kümmerliche Performance des Septembers macht ihn zum schlechtesten Monat des Jahres. In den letzten 21 Jahren gab es nur acht Anstiege im September, davon vier nacheinander 1995 bis 1998. Oktober ist der beste Monat seit 1991.

In den Jahren vor Präsidentschaftswahlen seit 1950 waren die besten drei Monate Januar (+4,8 %, 13–1), April (+3,6 %, 13–1) und November (+3,6 %, 11–3). November fällt auf den 9. Rang mit einem durchschn. Gewinn von 0,7 %. September und Oktober weisen als einzige Verluste auf, der Oktober nimmt durch den Crash im Jahr 1987 den letzten Platz ein.

Auf S. 44 findet sich eine Übersicht über die monatliche Performance von S&P 500 und Dow Jones. S. 48 und 50 stellen die einzigartige Sechs-Monate-Wechselstrategie dar.

Auf S. 74 ist dargestellt, wie die ersten Monate der ersten drei Quartale seit 1950 die zweiten und dritten Monate hinter sich lassen, und wie sich die Performance der Monate Mai und Oktober seit 1991 verbessert hat.

November bis Juni
Achtmonatiger Run des NASDAQ

Der 2½-jährige Börsensturz von NASDAQ-Aktien um 77,9 % zwischen dem 10.3.2000 und dem 9.10.2002 brachte mehrere entsetzliche monatliche Verluste mit sich (die beiden größten: November 2000, –22,9 % und Februar 2001, –22,4 %), die die durchschnittliche Performance über den Zeitraum von 35 ½ Jahren nach unten zog. Ertragreiche Oktober in sechs der letzten acht Jahre, darunter zwei große Trendwenden in den Jahren 2001 (+12,8 %) und 2002 (+13,5 %), haben den „Bärentöter" Oktober seit 1998 auf den ersten Platz gehoben. Der durchschnittliche Gewinn im Januar von 3,7 % ist immer noch beeindruckend und das Zweifache des durchschnittlichen S&P-Zuwachses im Januar seit 1971 von 1,8 %.

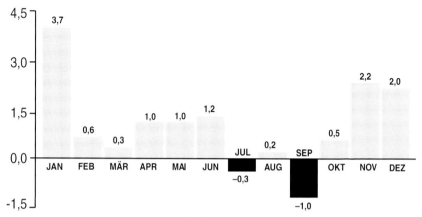

Durchschnittliche monatliche Veränderung des NASDAQ-Composite (%), vor dem 5.2.1971, basiert auf National Quotation Bureau-Indizes (basiert auf monatlichen Schlusswerten)

Bei einem Vergleich von NASDAQ und S&P auf S. 147 ist zu beachten, dass hier Daten von 21 Jahren fehlen. Während dieser 35 ½ Jahre (1971–2006) gewann der NASDAQ 2 324 %, während S&P und Dow nur um 1 278 % bzw. 1 229 % stiegen. Auf S. 56 findet sich ein statistischer monatlicher Vergleich zwischen NASDAQ und Dow.

Die Stärke zum Jahresende ist beim NASDAQ noch ausgeprägter, bei einem durchschn. Gewinn von 7,9 % zwischen 1. November und 31. Januar – Faktor 1,6 im Vergleich zum S&P 500 auf S. 147. September ist auch für den OTC-Index der schlechteste Monat des Jahres, mit einem durchschnittlichen Verlust von –1,0 %. Diese Extreme unterstreichen die höhere Volatilität des NASDAQ – und das Potential für Bewegungen in höherer Größenordnung.

In den Jahren vor Präsidentschaftswahlen seit 1971 sind die besten drei Monate Januar (+8,6 %, 8–1), Dezember (+6,0 %, 6–3) und März (+4,2 %, 9–0). NASDAQ-November fallen auf den achten Platz mit einem durchschnittlichen Gewinn von 2,1 %. Auch hier stehen nur Oktober und September auf der Verlustseite. Siehe S. 58 für die beeindruckende 8-Monats-Wechselstrategie beim NASDAQ unter Verwendung des MACD-Timings.

Dow-Jones-Jahreshöchststände, -tiefststände und -schlusswerte seit 1901

Jahr	Hoch Datum	Hoch Schluss	Tief Datum	Tief Schluss	Jahres-Schlusswert	Jahr	Hoch Datum	Hoch Schluss	Tief Datum	Tief Schluss	Jahres-Schlusswert
1901	17.6.	57,33	24.12.	45,07	47,29	1954	31.12.	404,39	11.1.	279,87	404,39
1902	24.4.	50,14	15.12.	43,64	47,10	1955	30.12.	488,40	17.1.	388,20	488,40
1903	16.2.	49,59	9.11.	30,88	35,98	1956	6.4.	521,05	23.1.	462,35	499,47
1904	5.12.	53,65	12.3.	34,00	50,99	1957	12.7.	520,77	22.10.	419,79	435,69
1905	29.12.	70,74	25.1.	50,37	70,47	1958	31.12.	583,65	25.2.	436,89	583,65
1906	19.1.	75,45	13.7.	62,40	69,12	1959	31.12.	679,36	9.2.	574,46	679,36
1907	7.1.	70,60	15.11.	38,83	43,04	1960	5.1.	685,47	25.10.	566,8	615,89
1908	13.11.	64,74	13.2.	42,94	63,11	1961	13.12.	734,91	3.1.	610,25	731,14
1909	19.11.	73,64	23.2.	58,54	72,56	1962	3.1.	726,01	26.6.	535,76	652,10
1910	3.1.	72,04	26.7.	53,93	59,60	1963	18.12.	767,21	2.1.	646,79	762,95
1911	19.6.	63,78	25.9.	53,43	59,84	1964	18.11.	891,71	2.1.	766,08	874,13
1912	30.9.	68,97	10.2.	58,72	64,37	1965	31.12.	969,26	28.6.	840,59	969,26
1913	9.1.	64,88	11.6.	52,83	57,71	1966	9.2.	995,15	7.10.	744,32	785,69
1914	20.3.	61,12	30.7.	52,32	54,58	1967	25.9.	943,08	3.1.	786,41	905,11
1915	27.12.	99,21	24.2.	54,22	99,15	1968	3.12.	985,21	21.3.	825,13	943,75
1916	21.11.	110,15	22.4.	84,96	95,00	1969	14.5.	968,85	17.12.	769,9	800,36
1917	3.1.	99,18	19.12.	65,95	74,38	1970	29.12.	842,00	26.5.	631,16	838,92
1918	18.10.	89,07	15.1.	73,38	82,20	1971	28.4.	950,82	23.11.	797,97	890,20
1919	3.11.	119,62	8.2.	79,15	107,23	1972	11.12.	1036,27	26.1.	889,15	1020,02
1920	3.1.	109,88	21.12.	66,75	71,95	1973	11.1.	1051,70	5.12.	788,31	850,86
1921	15.12.	81,50	24.8.	63,90	81,10	1974	13.3.	891,66	6.12.	577,60	616,24
1922	14.10.	103,43	10.1.	78,59	98,73	1975	15.7.	881,81	2.1.	632,04	852,41
1923	20.3.	105,38	27.10.	85,76	95,52	1976	21.9.	1014,79	2.1.	858,71	1004,65
1924	31.12.	120,51	20.5.	88,33	120,51	1977	3.1.	999,75	2.11.	800,85	831,17
1925	6.11.	159,39	30.3.	115,0	156,66	1978	8.9.	907,74	28.2.	742,12	805,01
1926	14.8.	166,64	30.3.	135,20	157,20	1979	5.10.	897,61	7.11.	796,67	838,74
1927	31.12.	202,40	25.1.	152,73	202,40	1980	20.11.	1000,17	21.4	759,13	963,99
1928	31.12.	300,00	20.2.	191,33	300,00	1981	27.4.	1024,05	25.9.	824,01	875,00
1929	3.9.	381,17	13.11.	198,69	248,48	1982	27.12.	1070,55	12.8.	776,92	1046,54
1930	17.4.	294,07	16.12.	157,51	164,58	1983	29.11.	1287,20	3.1.	1027,04	1258,64
1931	24.2.	194,36	17.12.	73,79	77,90	1984	6.1.	1286,64	24.7.	1086,57	1211,57
1932	8.3.	88,78	8.7.	41,22	59,93	1985	16.12.	1553,10	4.1.	1184,96	1546,67
1933	18.7.	108,67	27.2.	50,16	99,90	1986	2.12.	1955,57	22.1.	1502,29	1895,95
1934	5.2.	110,74	26.7.	85,51	104,04	1987	25.8.	2722,42	19.10.	1738,74	1938,83
1935	19.11.	148,44	14.3.	96,71	144,13	1988	21.10.	2183,50	20.1.	1879,14	2168,57
1936	17.11.	184,90	6.1.	143,11	179,90	1989	9.10.	2791,41	3.1.	2144,64	2753,20
1937	10.3.	194,40	24.11.	113,64	120,85	1990	17.7.	2999,75	11.10.	2365,10	2633,66
1938	12.11.	158,41	31.3.	98,95	154,76	1991	31.12.	3168,83	9.1.	2470,30	3168,83
1939	9.12.	155,92	8.4.	121,44	150,24	1992	1.6.	3413,21	9.10.	3136,58	3301,11
1940	3.1.	152,80	10.6.	111,84	131,13	1993	29.12.	3794,33	20.1.	3241,95	3754,09
1941	10.1.	133,59	23.12.	106,34	110,96	1994	31.1.	3978,36	4.4.	3593,35	3834,44
1942	26.12.	119,71	28.4.	92,92	119,40	1995	13.12.	5216,47	30.1.	3832,08	5117,12
1943	14.7.	145,82	8.1.	119,26	135,89	1996	27.12.	6560,91	10.1.	5032,94	6448,27
1944	16.12.	152,53	7.2.	134,22	152,32	1997	6.8.	8259,31	11.4.	6391,69	7908,25
1945	11.12.	195,82	24.1.	151,35	192,91	1998	23.11.	9374,27	31.8.	7539,07	9181,43
1946	29.5.	212,50	9.10.	163,12	177,20	1999	31.12.	11497,12	22.1.	9120,67	11497,12
1947	24.7.	186,85	17.5.	163,21	181,16	2000	14.1.	11722,98	7.3.	9796,03	10786,85
1948	15.6.	193,16	16.3.	165,39	177,30	2001	21.5.	11337,92	21.9.	8235,81	10021,50
1949	30.12.	200,52	13.6.	161,60	200,13	2002	19.3.	10635,25	9.10.	7286,27	8341,63
1950	24.11.	235,47	13.1.	196,81	235,41	2003	31.12.	10453,92	11.3.	7524,06	10453,92
1951	13.9.	276,37	3.1.	238,99	269,23	2004	28.12.	10854,54	25.10.	9749,99	10783,01
1952	30.12.	292,00	1.5.	256,35	291,90	2005	4.3.	10940,55	20.4.	10012,36	10717,50
1953	5.1.	293,79	14.9.	255,49	280,90	2006*	10.5.	11642,65	20.1.	10667,39	*bei Drucklegung*

*bis 30. Juni 2006

S&P-Jahreshöchststände, -tiefststände und -schlusswerte seit 1930

Jahr	Hoch Datum	Hoch Schluss	Tief Datum	Tief Schluss	Jahres-Schlusswert	Jahr	Hoch Datum	Hoch Schluss	Tief Datum	Tief Schluss	Jahres-Schlusswert
1930	10.4.	25,92	16.12.	14,44	15,34	1969	14.5.	106,16	17.12.	89,20	92,06
1931	24.2.	18,17	17.12.	7,72	8,12	1970	5.1.	93,46	26.5.	69,29	92,15
1932	7.9.	9,31	1.6.	4,40	6,89	1971	28.4.	104,77	23.11.	90,16	102,09
1933	18.7.	12,20	27.2.	5,53	10,10	1972	11.12.	119,12	3.1.	101,67	118,05
1934	6.2.	11,82	26.7.	8,36	9,50	1973	11.1.	120,24	5.12.	92,16	97,55
1935	19.11.	13,46	14.3.	8,06	13,43	1974	3.1.	99,80	3.10.	62,28	68,56
1936	9.11.	17,69	2.1.	13,40	17,18	1975	15.7.	95,61	8.1.	70,04	90,19
1937	6.3.	18,68	24.11.	10,17	10,55	1976	21.9.	107,83	2.1.	90,90	107,46
1938	9.11.	13,79	31.3.	8,50	13,21	1977	3.1.	107,00	2.11.	90,71	95,10
1939	4.1.	13,23	8.4.	10,18	12,49	1978	12.9.	106,99	6.3.	86,90	96,11
1940	3.1.	12,77	10.6.	8,99	10,58	1979	5.10.	111,27	27.2.	96,13	107,94
1941	10.1.	10,86	29.12.	8,37	8,69	1980	28.11.	140,52	27.3.	98,22	135,76
1942	31.12.	9,77	28.4.	7,47	9,77	1981	6.1.	138,12	25.9.	112,77	122,55
1943	14.7.	12,64	2.1.	9,84	11,67	1982	9.11.	143,02	12.8.	102,42	140,64
1944	16.12.	13,29	7.2.	11,56	13,28	1983	10.10.	172,65	3.1.	138,34	164,93
1945	10.12.	17,68	23.1.	13,21	17,36	1984	6.11.	170,41	24.7.	147,82	167,24
1946	29.5.	19,25	9.10.	14,12	15,30	1985	16.12.	212,02	4.1.	163,68	211,28
1947	8.2.	16,20	17.5.	13,71	15,30	1986	2.12.	254,00	22.1.	203,49	242,17
1948	15.6.	17,06	14.2.	13,84	15,20	1987	25.8.	336,77	4.12.	223,92	247,08
1949	30.12.	16,79	13.6.	13,55	16,76	1988	21.10.	283,66	20.1.	242,63	277,72
1950	29.12.	20,43	14.1.	16,65	20,41	1989	9.10.	359,80	3.1.	275,31	353,40
1951	15.10.	23,85	3.1.	20,69	23,77	1990	16.7.	368,95	11.10.	295,46	330,22
1952	30.12.	26,59	20.2.	23,09	26,57	1991	31.12.	417,09	9.1.	311,49	417,09
1953	5.1.	26,66	14.9.	22,71	24,81	1992	18.12.	441,28	8.4.	394,50	435,71
1954	31.12.	35,98	11.1.	24,80	35,98	1993	28.12.	470,94	8.1.	429,05	466,45
1955	14.11.	46,41	17.1.	34,58	45,48	1994	2.2.	482,00	4.4.	438,92	459,27
1956	2.8.	49,74	23.1.	43,11	46,67	1995	13.12.	621,69	3.1.	459,11	615,93
1957	15.7.	49,13	22.10.	38,98	39,99	1996	25.11.	757,03	10.1.	598,48	740,74
1958	31.12.	55,21	2.1.	40,33	55,21	1997	5.12.	983,79	2.1.	737,01	970,43
1959	3.8.	60,71	9.2.	53,58	59,89	1998	29.12.	1241,81	9.1.	927,69	1229,23
1960	5.1.	60,39	25.10.	52,30	58,11	1999	31.12.	1469,25	14.1.	1212,19	1469,25
1961	12.12.	72,64	3.1.	57,57	71,55	2000	24.3.	1527,46	20.12.	1264,74	1320,28
1962	3.1.	71,13	26.6.	52,32	63,10	2001	1.2.	1373,47	21.9.	965,80	1148,08
1963	31.12.	75,02	2.1.	62,69	75,02	2002	4.1.	1172,51	9.10.	776,76	879,82
1964	20.11.	86,28	2.1.	75,43	84,75	2003	31.12.	1111,92	11.3.	800,73	1111,92
1965	15.11.	92,63	28.6.	81,60	92,43	2004	30.12.	1213,55	12.8.	1063,23	1211,92
1966	9.2.	94,06	7.10.	73,20	80,33	2005	14.12.	1272,74	20.4.	1137,50	1248,29
1967	25.9.	97,59	3.1.	80,38	96,47	2006*	5.5.	1325,76	13.6.	1223,69 *bei Drucklegung*	
1968	29.11.	108,37	5.3.	87,72	103,86						

* bis 30. Juni 2006

NASDAQ: Jahreshöchststände, -tiefststände und -schlusswerte seit 1971

Jahr	Hoch Datum	Hoch Schluss	Tief Datum	Tief Schluss	Jahres-Schlusswert	Jahr	Hoch Datum	Hoch Schluss	Tief Datum	Tief Schluss	Jahres-Schlusswert
1971	31.12.	114,12	5.1.	89,06	114,12	1989	9.10.	485,73	3.1.	378,56	454,82
1972	8.12.	135,15	3.1.	113,65	133,73	1990	16.7.	469,60	16.10.	325,44	373,84
1973	11.1.	136,84	24.12.	88,67	92,19	1991	31.12.	586,34	14.1.	355,75	586,34
1974	15.3.	96,53	3.10.	54,87	59,82	1992	31.12.	676,95	26.6.	547,84	676,95
1975	15.7.	88,00	2.1.	60,70	77,62	1993	15.10.	787,42	26.4.	645,87	776,80
1976	31.12.	97,88	2.1.	78,06	97,88	1994	18.3.	803,93	24.6.	693,79	751,96
1977	30.12.	105,05	5.4.	93,66	105,05	1995	4.12.	1069,79	3.1.	743,58	1052,13
1978	13.9.	139,25	11.1.	99,09	117,98	1996	9.12.	1316,27	15.1.	988,57	1291,03
1979	5.10.	152,29	2.1.	117,84	151,14	1997	9.10.	1745,85	2.4.	1201,00	1570,35
1980	28.11.	208,15	27.3.	124,09	202,34	1998	31.12.	2192,69	8.10.	1419,12	2192,69
1981	29.5.	223,47	28.9.	175,03	195,84	1999	31.12.	4069,31	4.1.	2208,05	4069,31
1982	8.12.	240,70	13.8.	159,14	232,41	2000	10.3.	5048,62	20.12.	2332,78	2470,52
1983	24.6.	328,91	3.1.	230,59	278,60	2001	24.1.	2859,15	21.9.	1423,19	1950,40
1984	6.1.	287,90	25.7.	225,30	247,35	2002	4.1.	2059,38	9.10.	1114,11	1335,51
1985	16.12.	325,16	2.1.	245,91	324,93	2003	30.12.	2009,88	11.3.	1271,47	2003,37
1986	3.7.	411,16	9.1.	323,01	349,33	2004	30.12.	2178,34	12.8.	1752,49	2175,44
1987	26.8.	455,26	28.10.	291,88	330,47	2005	2.12.	2273,37	28.4.	1904,18	2205,32
1988	5.7.	396,11	12.1.	331,97	381,38	2006*	19.4.	2370,88	13.6.	2072,47	bei Drucklegung

Russell 1000: Jahreshöchststände, -tiefststände und -schlusswerte seit 1979

Jahr	Hoch Datum	Hoch Schluss	Tief Datum	Tief Schluss	Jahres-Schlusswert	Jahr	Hoch Datum	Hoch Schluss	Tief Datum	Tief Schluss	Jahres-Schlusswert
1979	5.10.	61,18	27.2.	51,83	59,87	1993	15.10.	252,77	8.1.	229,91	250,71
1980	28.11.	78,26	27.3.	53,68	75,20	1994	1.2.	258,31	4.4.	235,38	244,65
1981	6.1.	76,34	25.9.	62,03	67,93	1995	13.12.	331,18	3.1.	244,41	328,89
1982	9.11.	78,47	12.8.	55,98	77,24	1996	2.12.	401,21	10.1.	318,24	393,75
1983	10.10.	95,07	3.1.	76,04	90,38	1997	5.12.	519,72	11.4.	389,03	513,79
1984	6.1.	92,80	24.7.	79,49	90,31	1998	29.12.	645,36	9.1.	490,26	642,87
1985	16.12.	114,97	4.1.	88,61	114,39	1999	31.12.	767,97	9.2.	632,53	767,97
1986	2.7.	137,87	22.1.	111,14	130,00	2000	1.9.	813,71	20.12.	668,75	700,09
1987	25.8.	176,22	4.12.	117,65	130,02	2001	30.1.	727,35	21.9.	507,98	604,94
1988	21.10.	149,94	20.1.	128,35	146,99	2002	19.3.	618,74	9.10.	410,52	466,18
1989	9.10.	189,93	3.1.	145,78	185,11	2003	31.12.	594,56	11.3.	425,31	594,56
1990	16.7.	191,56	11.10.	152,36	171,22	2004	30.12.	651,76	13.8.	566,06	650,99
1991	31.12.	220,61	9.1.	161,94	220,61	2005	14.12.	692,09	20.4.	613,37	679,42
1992	18.12.	235,06	8.4.	208,87	233,59	2006*	5.5.	722,57	13.6.	665,81	bei Drucklegung

Russell 2000: Jahreshöchststände, -tiefststände und -schlusswerte seit 1979

Jahr	Hoch Datum	Hoch Schluss	Tief Datum	Tief Schluss	Jahres-Schlusswert	Jahr	Hoch Datum	Hoch Schluss	Tief Datum	Tief Schluss	Jahres-Schlusswert
1979	31.12.	55,91	2.1.	40,81	55,91	1993	2.11.	260,17	23.2.	217,55	258,59
1980	28.11.	77,70	27.3.	45,36	74,80	1994	18.3.	271,08	9.12.	235,16	250,36
1981	15.6.	85,16	25.9.	65,37	73,67	1995	14.9.	316,12	30.1.	246,56	315,97
1982	8.12.	91,01	12.8.	60,33	88,90	1996	22.5.	364,61	16.1.	301,75	362,61
1983	24.6.	126,99	3.1.	88,29	112,27	1997	13.10.	465,21	25.4.	335,85	437,02
1984	12.1.	116,69	25.7.	93,95	101,49	1998	21.4.	491,41	8.10.	310,28	421,96
1985	31.12.	129,87	2.1.	101,21	129,87	1999	31.12.	504,75	23.3.	383,37	504,75
1986	3.7.	155,30	9.1.	128,23	135,00	2000	9.3.	606,05	20.12.	443,80	483,53
1987	25.8.	174,44	28.10.	106,08	120,42	2001	22.5.	517,23	21.9.	378,89	488,50
1988	15.7.	151,42	12.1.	121,23	147,37	2002	16.4.	522,95	9.10.	327,04	383,09
1989	9.10.	180,78	3.1.	146,79	168,30	2003	30.12.	565,47	12.3.	345,94	556,91
1990	15.6.	170,90	30.10.	118,82	132,16	2004	28.12.	654,57	12.8.	517,10	651,57
1991	31.12.	189,94	15.1.	125,25	189,94	2005	2.12.	690,57	28.4.	575,02	673,22
1992	31.12.	221,01	8.7.	185,81	221,01	2006*	5.5.	781,83	13.6.	672,72	bei Drucklegung

* bis 30. Juni 2006

Dow Jones: Monatliche Veränderungen in Prozent

	Jan	Feb	Mär	Apr	Mai	Jun	Jul	Aug	Sep	Okt	Nov	Dez	+/- Jahr
1950	0,8	0,8	1,3	4,0	4,2	− 6,4	0,1	3,6	4,4	− 0,6	1,2	3,4	17,6
1951	5,7	1,3	− 1,6	4,5	− 3,7	− 2,8	6,3	4,8	0,3	− 3,2	− 0,4	3,0	14,4
1952	0,5	− 3,9	3,6	− 4,4	2,1	4,3	1,9	− 1,6	− 1,6	− 0,5	5,4	2,9	8,4
1953	− 0,7	− 1,9	− 1,5	− 1,8	− 0,9	− 1,5	2,7	− 5,1	1,1	4,5	2,0	− 0,2	− 3,8
1954	4,1	0,7	3,0	5,2	2,6	1,8	4,3	− 3,5	7,3	− 2,3	9,8	4,6	44,0
1955	1,1	0,7	− 0,5	3,9	− 0,2	6,2	3,2	0,5	− 0,3	− 2,5	6,2	1,1	20,8
1956	− 3,6	2,7	5,8	0,8	− 7,4	3,1	5,1	− 3,0	− 5,3	1,0	− 1,5	5,6	2,3
1957	− 4,1	− 3,0	2,2	4,1	2,1	− 0,3	1,0	− 4,8	− 5,8	− 3,3	2,0	− 3,2	−12,8
1958	3,3	− 2,2	1,6	2,0	1,5	3,3	5,2	1,1	4,6	2,1	2,6	4,7	34,0
1959	1,8	1,6	− 0,3	3,7	3,2	− 0,03	4,9	− 1,6	− 4,9	2,4	1,9	3,1	16,4
1960	− 8,4	1,2	− 2,1	− 2,4	4,0	2,4	− 3,7	1,5	− 7,3	0,04	2,9	3,1	− 9,3
1961	5,2	2,1	2,2	0,3	2,7	− 1,8	3,1	2,1	− 2,6	0,4	2,5	1,3	18,7
1962	− 4,3	1,1	− 0,2	− 5,9	− 7,8	− 8,5	6,5	1,9	− 5,0	1,9	10,1	0,4	−10,8
1963	4,7	− 2,9	3,0	5,2	1,3	− 2,8	− 1,6	4,9	0,5	3,1	− 0,6	1,7	17,0
1964	2,9	1,9	1,6	− 0,3	1,2	1,3	1,2	− 0,3	4,4	− 0,3	0,3	− 0,1	14,6
1965	3,3	0,1	− 1,6	3,7	− 0,5	− 5,4	1,6	1,3	4,2	3,2	− 1,5	2,4	10,9
1966	1,5	− 3,2	− 2,8	1,0	− 5,3	− 1,6	− 2,6	− 7,0	− 1,8	4,2	− 1,9	− 0,7	−18,9
1967	8,2	− 1,2	3,2	3,6	− 5,0	0,9	5,1	− 0,3	2,8	− 5,1	− 0,4	3,3	15,2
1968	− 5,5	− 1,7	0,02	8,5	− 1,4	− 0,1	− 1,6	1,5	4,4	1,8	3,4	− 4,2	4,3
1969	0,2	− 4,3	3,3	1,6	− 1,3	− 6,9	− 6,6	2,6	− 2,8	5,3	− 5,1	− 1,5	−15,2
1970	− 7,0	4,5	1,0	− 6,3	− 4,8	− 2,4	7,4	4,1	− 0,5	− 0,7	5,1	5,6	4,8
1971	3,5	1,2	2,9	4,1	− 3,6	− 1,8	− 3,7	4,6	− 1,2	− 5,4	− 0,9	7,1	6,1
1972	1,3	2,9	1,4	1,4	0,7	− 3,3	− 0,5	4,2	− 1,1	0,2	6,6	0,2	14,6
1973	− 2,1	− 4,4	− 0,4	− 3,1	− 2,2	− 1,1	3,9	− 4,2	6,7	1,0	−14,0	3,5	−16,6
1974	0,6	0,6	− 1,6	− 1,2	− 4,1	0,03	− 5,6	−10,4	−10,4	9,5	− 7,0	− 0,4	−27,6
1975	14,2	5,0	3,9	6,9	1,3	5,6	− 5,4	0,5	− 5,0	5,3	2,9	− 1,0	38,3
1976	14,4	− 0,3	2,8	− 0,3	− 2,2	2,8	− 1,8	− 1,1	1,7	− 2,6	− 1,8	6,1	17,9
1977	− 5,0	− 1,9	− 1,8	0,8	− 3,0	2,0	− 2,9	− 3,2	− 1,7	− 3,4	1,4	0,2	−17,3
1978	− 7,4	− 3,6	2,1	10,6	0,4	− 2,6	5,3	1,7	− 1,3	− 8,5	0,8	0,7	− 3,1
1979	4,2	− 3,6	6,6	− 0,8	− 3,8	2,4	0,5	4,9	− 1,0	− 7,2	0,8	2,0	4,2
1980	4,4	− 1,5	− 9,0	4,0	4,1	2,0	7,8	− 0,3	−0,02	− 0,9	7,4	− 3,0	14,9
1981	− 1,7	2,9	3,0	− 0,6	− 0,6	− 1,5	− 2,5	− 7,4	− 3,6	0,3	4,3	− 1,6	− 9,2
1982	− 0,4	− 5,4	− 0,2	3,1	− 3,4	− 0,9	− 0,4	11,5	− 0,6	10,7	4,8	0,7	19,6
1983	2,8	3,4	1,6	8,5	− 2,1	1,8	− 1,9	1,4	1,4	− 0,6	4,1	− 1,4	20,3
1984	− 3,0	− 5,4	0,9	0,5	− 5,6	2,5	− 1,5	9,8	− 1,4	0,1	− 1,5	1,9	− 3,7
1985	6,2	− 0,2	− 1,3	− 0,7	4,6	1,5	0,9	− 1,0	− 0,4	3,4	7,1	5,1	27,7
1986	1,6	8,8	6,4	− 1,9	5,2	0,9	− 6,2	6,9	− 6,9	6,2	1,9	− 1,0	22,6
1987	13,8	3,1	3,6	− 0,8	0,2	5,5	6,3	3,5	− 2,5	−23,2	− 8,0	5,7	2,3
1988	1,0	5,8	− 4,0	2,2	− 0,1	5,4	− 0,6	− 4,6	4,0	1,7	− 1,6	2,6	11,8
1989	8,0	− 3,6	1,6	5,5	2,5	− 1,6	9,0	2,9	− 1,6	− 1,8	2,3	1,7	27,0
1990	− 5,9	1,4	3,0	− 1,9	8,3	0,1	0,9	−10,0	− 6,2	− 0,4	4,8	2,9	− 4,3
1991	3,9	5,3	1,1	− 0,9	4,8	− 4,0	4,1	0,6	− 0,9	1,7	− 5,7	9,5	20,3
1992	1,7	1,4	− 1,0	3,8	1,1	− 2,3	2,3	− 4,0	0,4	− 1,4	2,4	− 0,1	4,2
1993	0,3	1,8	1,9	− 0,2	2,9	− 0,3	0,7	3,2	− 2,6	3,5	0,1	1,9	13,7
1994	6,0	− 3,7	− 5,1	1,3	2,1	− 3,5	3,8	4,0	− 1,8	1,7	− 4,3	2,5	2,1
1995	0,2	4,3	3,7	3,9	3,3	2,0	3,3	− 2,1	3,9	− 0,7	6,7	0,8	33,5
1996	5,4	1,7	1,9	− 0,3	1,3	0,2	− 2,2	1,6	4,7	2,5	8,2	− 1,1	26,0
1997	5,7	0,9	− 4,3	6,5	4,6	4,7	7,2	− 7,3	4,2	− 6,3	5,1	1,1	22,6
1998	− 0,02	8,1	3,0	3,0	− 1,8	0,6	− 0,8	−15,1	4,0	9,6	6,1	0,7	16,1
1999	1,9	− 0,6	5,2	10,2	− 2,1	3,9	− 2,9	1,6	− 4,5	3,8	1,4	5,7	25,2
2000	− 4,8	− 7,4	7,8	− 1,7	− 2,0	− 0,7	0,7	6,6	− 5,0	3,0	− 5,1	3,6	− 6,2
2001	0,9	− 3,6	− 5,9	8,7	1,6	− 3,8	0,2	− 5,4	−11,1	2,6	8,6	1,7	− 7,1
2002	− 1,0	1,9	2,9	− 4,4	− 0,2	− 6,9	− 5,5	− 0,8	−12,4	10,6	5,9	− 6,2	−16,8
2003	− 3,5	− 2,0	1,3	6,1	4,4	1,5	2,8	2,0	− 1,5	5,7	− 0,2	6,9	25,3
2004	0,3	0,9	− 2,1	− 1,3	− 0,4	2,4	− 2,8	0,3	− 0,9	− 0,5	4,0	3,4	3,1
2005	− 2,7	2,6	− 2,4	− 3,0	2,7	− 1,8	3,6	− 1,5	0,8	− 1,2	3,5	− 0,8	− 0,6
2006	1,4	1,2	1,1	2,3	− 1,7	− 0,2							
Gesamt	75,9	12,4	51,8	101,3	3,8	− 5,7	59,6	− 3,9	− 57,7	30,4	95,1	97,9	
Durchschn.	1,3	0,2	0,9	1,8	0,1	− 0,1	1,1	− 0,1	− 1,0	0,5	1,7	1,7	4,7
# Plus	38	33	36	35	29	28	34	31	20	33	38	40	
# Minus	19	24	21	22	28	29	22	25	36	24	18	16	

Dow Jones: Monatliche Veränderungen in Punkten

	Jan	Feb	Mär	Apr	Mai	Jun	Jul	Aug	Sep	Okt	Nov	Dez	Jahres-Schlusswert
1950	1,66	1,65	2,61	8,28	9,09	−14,31	0,29	7,47	9,49	−1,35	2,59	7,81	235,41
1951	13,42	3,22	−4,11	11,19	−9,48	−7,01	15,22	12,39	0,91	−8,81	−1,08	7,96	269,23
1952	1,46	−10,61	9,38	−11,83	5,31	11,32	5,30	−4,52	−4,43	−1,38	14,43	8,24	291,90
1953	−2,13	−5,50	−4,40	−5,12	−2,47	4,02	7,12	−14,16	2,82	11,77	5,56	−0,47	280,90
1954	11,49	2,15	8,97	15,82	8,16	6,04	14,39	−12,12	24,66	−8,32	34,63	17,62	404,39
1955	4,44	3,04	−2,17	15,95	−0,79	26,52	14,47	2,33	−1,56	−11,75	28,39	5,14	488,40
1956	−17,66	12,91	28,14	4,33	−38,07	14,73	25,03	−15,77	−26,79	4,60	−7,07	26,69	499,47
1957	−20,31	−14,54	10,19	19,55	10,57	−1,64	5,23	−24,17	−28,05	−15,26	8,83	−14,18	435,69
1958	14,33	−10,10	6,84	9,10	6,84	15,48	24,81	5,64	23,46	11,13	14,24	26,19	583,65
1959	10,31	9,54	−1,79	22,04	20,04	−0,19	31,28	−10,47	−32,73	14,92	12,58	20,18	679,36
1960	−56,74	7,50	−13,53	−14,89	23,80	15,12	−23,89	9,26	−45,85	0,22	16,86	18,67	615,89
1961	32,31	13,88	14,55	2,08	18,01	−12,76	21,41	14,57	−18,73	2,71	17,68	9,54	731,14
1962	−31,14	8,05	−1,10	−41,62	−51,97	−52,08	36,65	11,25	−30,20	10,79	59,53	2,80	652,10
1963	30,75	−19,91	19,58	35,18	9,26	−20,08	−11,45	33,89	3,47	22,44	−4,71	12,43	762,95
1964	22,39	14,80	13,15	−2,52	9,79	10,94	9,60	−2,62	36,89	−2,29	2,35	−1,30	874,13
1965	28,73	0,62	−14,43	33,26	−4,27	−50,01	13,71	11,36	37,48	30,24	−14,11	22,55	969,26
1966	14,25	−31,62	−27,12	8,91	−49,61	−13,97	−22,72	−58,97	−14,19	32,85	−15,48	−5,90	785,69
1967	64,20	−10,52	26,61	31,07	−44,49	7,70	43,98	−2,95	25,37	−46,92	−3,93	29,30	905,11
1968	−49,64	−14,97	0,17	71,55	−13,22	−1,20	−14,80	13,01	39,78	16,60	32,69	−41,33	943,75
1969	2,30	−40,84	30,27	14,70	−12,62	−64,37	−57,72	21,25	−23,63	42,90	−43,69	−11,94	800,36
1970	−56,30	33,53	7,98	−49,50	−35,63	−16,91	50,59	30,46	−3,90	−5,07	38,48	44,83	838,92
1971	29,58	10,33	25,54	37,38	−33,94	−16,67	−32,71	39,64	−10,88	−48,19	−7,66	58,86	890,20
1972	11,97	25,96	12,57	13,47	6,55	−31,69	−4,29	38,99	−10,46	2,25	62,69	1,81	1020,02
1973	−21,00	−43,95	−4,06	−29,58	−20,02	−9,70	34,69	−38,83	59,53	9,48	−134,33	28,61	850,86
1974	4,69	4,98	−13,85	−9,93	−34,58	0,24	−44,98	−78,85	−70,71	57,65	−46,86	−2,42	616,24
1975	87,45	35,36	29,10	53,19	10,95	46,70	−47,48	3,83	−41,46	42,16	24,63	−8,26	852,41
1976	122,87	−2,67	26,84	−2,60	−21,62	27,55	−18,14	−10,90	16,45	−25,26	−17,71	57,43	1004,65
1977	−50,28	−17,95	−17,29	7,77	−28,24	17,64	−26,23	−28,58	−14,38	−28,76	11,35	1,47	831,17
1978	−61,25	−27,80	15,24	79,96	3,29	−21,66	43,32	14,55	−11,00	−73,37	6,58	5,98	805,01
1979	34,21	−30,40	53,36	−7,28	−32,57	19,65	4,44	41,21	−9,05	−62,88	6,65	16,39	838,74
1980	37,11	−12,71	−77,39	31,31	33,79	17,07	67,40	−2,73	−0,17	7,93	68,85	−29,35	963,99
1981	−16,72	27,31	29,29	−6,12	−6,00	−14,87	−24,54	−70,87	−31,49	2,57	36,43	−13,98	875,00
1982	−3,90	−46,71	−1,62	25,59	−28,82	−7,61	3,33	92,71	−5,06	95,47	47,56	7,26	1046,54
1983	29,16	36,92	17,41	96,17	−26,22	21,98	−22,74	16,94	16,97	−7,93	50,82	−17,38	1258,64
1984	−38,06	−65,95	10,26	5,86	−65,90	27,55	−17,12	109,10	−1,67	0,67	−18,44	22,03	1211,57
1985	75,20	−2,76	−17,23	−8,72	57,35	20,05	11,99	−13,44	−5,38	45,68	97,82	74,54	1546,67
1986	24,32	138,07	109,55	−34,63	92,73	16,01	−117,41	123,03	−130,76	110,23	36,42	−18,28	1895,95
1987	262,09	65,95	80,70	−18,33	5,21	126,96	153,54	90,88	−66,67	−602,75	−159,98	105,28	1938,83
1988	19,39	113,40	−83,56	44,27	−1,21	110,59	−12,98	−97,08	81,26	35,74	−34,14	54,06	2168,57
1989	173,75	−83,93	35,23	125,18	61,35	−40,09	220,60	76,61	−44,45	−47,74	61,19	46,93	2753,20
1990	−162,66	36,71	79,96	−50,45	219,90	4,03	24,51	−290,84	−161,88	−10,15	117,32	74,01	2633,66
1991	102,73	145,79	31,68	−25,99	139,63	−120,75	118,07	18,78	−26,83	52,33	−174,42	274,15	3168,83
1992	54,56	44,28	−32,20	123,65	37,76	−78,36	75,26	−136,43	14,31	−45,38	78,88	−4,05	3301,11
1993	8,92	60,78	64,30	−7,56	99,88	−11,35	23,39	111,78	−96,13	125,47	3,36	70,14	3754,09
1994	224,27	−146,34	−196,06	45,73	76,68	−133,41	139,54	148,92	−70,23	64,93	−168,89	95,21	3834,44
1995	9,42	167,19	146,64	163,58	143,87	90,96	152,37	−97,91	178,52	−33,60	319,01	42,63	5117,12
1996	278,18	90,32	101,52	−4,08	74,10	11,45	−125,72	87,30	265,96	147,21	492,32	−73,43	6448,27
1997	364,82	64,65	−294,26	425,51	322,05	341,75	549,82	−600,19	322,84	−503,18	381,05	85,12	7908,25
1998	−1,75	639,22	254,09	263,56	−163,42	52,07	−68,73	−1344,22	303,55	749,48	524,45	64,88	9181,43
1999	177,40	−52,25	479,58	1002,88	−229,30	411,06	−315,65	174,13	−492,33	392,91	147,95	619,31	11497,12
2000	−556,59	−812,22	793,61	−188,01	−211,58	−74,44	74,09	693,12	−564,18	320,22	−556,65	372,36	10786,85
2001	100,51	−392,08	−616,50	856,19	176,97	−409,54	20,41	−573,06	−1102,19	227,58	776,42	169,94	10021,50
2002	−101,50	186,13	297,81	−457,72	−20,97	−681,99	−506,67	−73,09	−1071,57	805,10	499,06	−554,46	8341,63
2003	−287,82	−162,73	101,05	487,96	370,17	135,18	248,36	182,02	−140,76	526,06	−18,66	671,46	10453,92
2004	34,15	95,85	−226,22	−132,13	−37,12	247,03	−295,77	34,21	−93,65	−52,80	400,55	354,99	10783,01
2005	−293,07	276,29	−262,47	−311,25	274,97	−192,51	365,94	−159,31	87,10	−128,63	365,80	−88,37	10717,50
2006	147,36	128,55	115,91	257,82	−198,83	−18,09							
Gesamt	837,63	445,87	1178,32	3016,20	905,11	−267,91	831,75	−1491,45	−2968,58	2234,66	3478,19	2750,30	
# Plus	38	33	36	35	29	28	34	31	20	32	38	40	
# Minus	19	24	21	22	28	29	22	25	36	24	18	16	

Dow Jones: Monatliche Schlusskurse

	Jan	Feb	Mär	Apr	Mai	Jun	Jul	Aug	Sep	Okt	Nov	Dez
1950	201,79	203,44	206,05	214,33	223,42	209,11	209,40	216,87	226,36	225,01	227,60	235,41
1951	248,83	252,05	247,94	259,13	249,65	242,64	257,86	270,25	271,16	262,35	261,27	269,23
1952	270,69	260,08	269,46	257,63	262,94	274,26	279,56	275,04	270,61	269,23	283,66	291,90
1953	289,77	284,27	279,87	274,75	272,28	268,26	275,38	261,22	264,04	275,81	281,37	280,90
1954	292,39	294,54	303,51	319,33	327,49	333,53	347,92	335,80	360,46	352,14	386,77	404,39
1955	408,83	411,87	409,70	425,65	424,86	451,38	465,85	468,18	466,62	454,87	483,26	488,40
1956	470,74	483,65	511,79	516,12	478,05	492,78	517,81	502,04	475,25	479,85	472,78	499,47
1957	479,16	464,62	474,81	494,36	504,93	503,29	508,52	484,35	456,30	441,04	449,87	435,69
1958	450,02	439,92	446,76	455,86	462,70	478,18	502,99	508,63	532,09	543,22	557,46	583,65
1959	593,96	603,50	601,71	623,75	643,79	643,60	674,88	664,41	631,68	646,60	659,18	679,36
1960	622,62	630,12	616,59	601,70	625,50	640,62	616,73	625,99	580,14	580,36	597,22	615,89
1961	648,20	662,08	676,63	678,71	696,72	683,96	705,37	719,94	701,21	703,92	721,60	731,14
1962	700,00	708,05	706,95	665,33	613,36	561,28	597,93	609,18	578,98	589,77	649,30	652,10
1963	682,85	662,94	682,52	717,70	726,96	706,88	695,43	729,32	732,79	755,23	750,52	762,95
1964	785,34	800,14	813,29	810,77	820,56	831,50	841,10	838,48	875,37	873,08	875,43	874,13
1965	902,86	903,48	889,05	922,31	918,00	868,03	881,74	893,10	930,58	960,82	946,71	969,26
1966	983,51	951,89	924,77	933,68	884,07	870,10	847,38	788,41	774,22	807,07	791,59	785,69
1967	849,89	839,37	865,98	897,05	852,56	860,26	904,24	901,29	926,66	879,74	875,81	905,11
1968	855,47	840,50	840,67	912,22	899,00	897,80	883,00	896,01	935,79	952,39	985,08	943,75
1969	946,05	905,21	935,48	950,18	937,56	873,19	815,47	836,72	813,09	855,99	812,30	800,36
1970	744,06	777,59	785,57	736,07	700,44	683,53	734,12	764,58	760,68	755,61	794,09	838,92
1971	868,50	878,83	904,37	941,75	907,81	891,14	858,43	898,07	887,19	839,00	831,34	890,20
1972	902,17	928,13	940,70	954,17	960,72	929,03	924,74	963,73	953,27	955,52	1018,21	1020,02
1973	999,02	955,07	951,01	921,43	901,41	891,71	926,40	887,57	947,10	956,58	822,25	850,86
1974	855,55	860,53	846,68	836,75	802,17	802,41	757,43	678,58	607,87	665,52	618,66	616,24
1975	703,69	739,05	768,15	821,34	832,29	878,99	831,51	835,34	793,88	836,04	860,67	852,41
1976	975,28	972,61	999,45	996,85	975,23	1002,78	984,64	973,74	990,19	964,93	947,22	1004,65
1977	954,37	936,42	919,13	926,90	898,66	916,30	890,07	861,49	847,11	818,35	829,70	831,17
1978	769,92	742,12	757,36	837,32	840,61	818,95	862,27	876,82	865,82	792,45	799,03	805,01
1979	839,22	808,82	862,18	854,90	822,33	841,98	846,42	887,63	878,58	815,70	822,35	838,74
1980	875,85	863,14	785,75	817,06	850,85	867,92	935,32	932,59	932,42	924,49	993,34	963,99
1981	947,27	974,58	1003,87	997,75	991,75	976,88	952,34	881,47	849,98	852,55	888,98	875,00
1982	871,10	824,39	822,77	848,36	819,54	811,93	808,60	901,31	896,25	991,72	1039,28	1046,54
1983	1075,70	1112,62	1130,03	1226,20	1199,98	1221,96	1199,22	1216,16	1233,13	1225,20	1276,02	1258,64
1984	1220,58	1154,63	1164,89	1170,75	1104,85	1132,40	1115,28	1224,38	1206,71	1207,38	1188,94	1211,57
1985	1286,77	1284,01	1266,78	1258,06	1315,41	1335,46	1347,45	1334,01	1328,63	1374,31	1472,13	1546,67
1986	1570,99	1709,06	1818,61	1783,98	1876,71	1892,72	1775,31	1898,34	1767,58	1877,81	1914,23	1895,95
1987	2158,04	2223,99	2304,69	2286,36	2291,57	2418,53	2572,07	2662,95	2596,28	1993,53	1833,55	1938,83
1988	1958,22	2071,62	1988,06	2032,33	2031,12	2141,71	2128,73	2031,65	2112,91	2148,65	2114,51	2168,57
1989	2342,32	2258,39	2293,62	2418,80	2480,15	2440,06	2660,66	2737,27	2692,82	2645,08	2706,27	2753,20
1990	2590,54	2627,25	2707,21	2656,76	2876,66	2880,69	2905,20	2614,36	2452,48	2442,33	2559,65	2633,66
1991	2736,39	2882,18	2913,86	2887,87	3027,50	2906,75	3024,82	3043,60	3016,77	3069,10	2894,68	3168,83
1992	3223,39	3267,67	3235,47	3359,12	3396,88	3318,52	3393,78	3257,35	3271,66	3226,28	3305,16	3301,11
1993	3310,03	3370,81	3435,11	3427,55	3527,43	3516,08	3539,47	3651,25	3555,12	3680,59	3683,95	3754,09
1994	3978,36	3832,02	3635,96	3681,69	3758,37	3624,96	3764,50	3913,42	3843,19	3908,12	3739,23	3834,44
1995	3843,86	4011,05	4157,69	4321,27	4465,14	4556,10	4708,47	4610,56	4789,08	4755,48	5074,49	5117,12
1996	5395,30	5485,62	5587,14	5569,08	5643,18	5654,63	5528,91	5616,21	5882,17	6029,38	6521,70	6448,27
1997	6813,09	6877,74	6583,48	7008,99	7331,04	7672,79	8222,61	7622,42	7945,26	7442,08	7823,13	7908,25
1998	7906,50	8545,72	8799,81	9063,37	8899,95	8952,02	8883,29	7539,07	7842,62	8592,62	9116,55	9181,43
1999	9358,83	9306,58	9786,16	10789,04	10559,74	10970,80	10655,15	10829,28	10336,95	10729,86	10877,81	11497,12
2000	10940,53	10128,31	10921,92	10733,91	10522,33	10447,89	10521,98	11215,10	10650,92	10971,14	10414,49	10786,85
2001	10887,36	10495,28	9878,78	10734,97	10911,94	10502,40	10522,81	9949,75	8847,56	9075,14	9851,56	10021,50
2002	9920,00	10106,13	10403,94	9946,22	9925,25	9243,26	8736,59	8663,50	7591,93	8397,03	8896,09	8341,63
2003	8053,81	7891,08	7992,13	8480,09	8850,26	8985,44	9233,80	9415,82	9275,06	9801,12	9782,46	10453,92
2004	10488,07	10583,92	10357,70	10225,57	10188,45	10435,48	10139,71	10173,92	10080,27	10027,47	10428,02	10783,01
2005	10489,94	10766,23	10503,76	10192,51	10467,48	10274,97	10640,91	10481,60	10568,70	10440,07	10805,87	10717,50
2006	10864,86	10993,41	11109,32	11367,14	11168,31	11150,22						

Standard & Poor's 500: Monatliche Veränderungen in Prozent

	Jan	Feb	Mär	Apr	Mai	Jun	Jul	Aug	Sep	Okt	Nov	Dez	+/− Jahr
1950	1,7	1,0	0,4	4,5	3,9	− 5,8	0,8	3,3	5,6	0,4	− 0,1	4,6	21,8
1951	6,1	0,6	− 1,8	4,8	− 4,1	− 2,6	6,9	3,9	− 0,1	− 1,4	− 0,3	3,9	16,5
1952	1,6	− 3,6	4,8	− 4,3	2,3	4,6	1,8	− 1,5	− 2,0	− 0,1	4,6	3,5	11,8
1953	− 0,7	− 1,8	− 2,4	− 2,6	− 0,3	− 1,6	2,5	− 5,8	0,1	5,1	0,9	0,2	− 6,6
1954	5,1	0,3	3,0	4,9	3,3	0,1	5,7	− 3,4	8,3	− 1,9	8,1	5,1	45,0
1955	1,8	0,4	− 0,5	3,8	− 0,1	8,2	6,1	− 0,8	1,1	− 3,0	7,5	− 0,1	26,4
1956	− 3,6	3,5	6,9	− 0,2	− 6,6	3,9	5,2	− 3,8	− 4,5	0,5	− 1,1	3,5	2,6
1957	− 4,2	− 3,3	2,0	3,7	3,7	− 0,1	1,1	− 5,6	− 6,2	− 3,2	1,6	− 4,1	− 14,3
1958	4,3	− 2,1	3,1	3,2	1,5	2,6	4,3	1,2	4,8	2,5	2,2	5,2	38,1
1959	0,4	− 0,02	0,1	3,9	1,9	− 0,4	3,5	− 1,5	− 4,6	1,1	1,3	2,8	8,5
1960	− 7,1	0,9	− 1,4	− 1,8	2,7	2,0	− 2,5	2,6	− 6,0	− 0,2	4,0	4,6	− 3,0
1961	6,3	2,7	2,6	0,4	1,9	− 2,9	3,3	2,0	− 2,0	2,8	3,9	0,3	23,1
1962	− 3,8	1,6	− 0,6	− 6,2	− 8,6	− 8,2	6,4	1,5	− 4,8	0,4	10,2	1,3	− 11,8
1963	4,9	− 2,9	3,5	4,9	1,4	− 2,0	− 0,3	4,9	− 1,1	3,2	− 1,1	2,4	18,9
1964	2,7	1,0	1,5	0,6	1,1	1,6	1,8	− 1,6	2,9	0,8	− 0,5	0,4	13,0
1965	3,3	− 0,1	− 1,5	3,4	− 0,8	− 4,9	1,3	2,3	3,2	2,7	− 0,9	0,9	9,1
1966	0,5	− 1,8	− 2,2	2,1	− 5,4	− 1,6	− 1,3	− 7,8	− 0,7	4,8	0,3	− 0,1	− 13,1
1967	7,8	0,2	3,9	4,2	− 5,2	1,8	4,5	− 1,2	3,3	− 2,9	0,1	2,6	20,1
1968	− 4,4	− 3,1	0,9	8,2	1,1	0,9	− 1,8	1,1	3,9	0,7	4,8	− 4,2	7,7
1969	− 0,8	− 4,7	3,4	2,1	− 0,2	− 5,6	− 6,0	4,0	− 2,5	4,4	− 3,5	− 1,9	− 11,4
1970	− 7,6	5,3	0,1	− 9,0	− 6,1	− 5,0	7,3	4,4	3,3	− 1,1	4,7	5,7	0,1
1971	4,0	0,9	3,7	3,6	− 4,2	0,1	− 4,1	3,6	− 0,7	− 4,2	− 0,3	8,6	10,8
1972	1,8	2,5	0,6	0,4	1,7	− 2,2	0,2	3,4	− 0,5	0,9	4,6	1,2	15,6
1973	− 1,7	− 3,7	− 0,1	− 4,1	− 1,9	− 0,7	3,8	− 3,7	4,0	− 0,1	−11,4	1,7	− 17,4
1974	− 1,0	− 0,4	− 2,3	− 3,9	− 3,4	− 1,5	− 7,8	− 9,0	−11,9	16,3	− 5,3	− 2,0	− 29,7
1975	12,3	6,0	2,2	4,7	4,4	4,4	− 6,8	− 2,1	− 3,5	6,2	2,5	− 1,2	31,5
1976	11,8	− 1,1	3,1	− 1,1	− 1,4	4,1	− 0,8	− 0,5	2,3	− 2,2	− 0,8	5,2	19,1
1977	− 5,1	− 2,2	− 1,4	0,02	− 2,4	4,5	− 1,6	− 2,1	− 0,2	− 4,3	2,7	0,3	− 11,5
1978	− 6,2	− 2,5	2,5	8,5	0,4	− 1,8	5,4	2,6	− 0,7	− 9,2	1,7	1,5	1,1
1979	4,0	− 3,7	5,5	0,2	− 2,6	3,9	0,9	5,3	NC	− 6,9	4,3	1,7	12,3
1980	5,8	− 0,4	−10,2	4,1	4,7	2,7	6,5	0,6	2,5	1,6	10,2	− 3,4	25,8
1981	− 4,6	1,3	3,6	− 2,3	− 0,2	− 1,0	− 0,2	− 6,2	− 5,4	4,9	3,7	− 3,0	− 9,7
1982	− 1,8	− 6,1	− 1,0	4,0	− 3,9	− 2,0	− 2,3	11,6	0,8	11,0	3,6	1,5	14,8
1983	3,3	1,9	3,3	7,5	− 1,2	3,5	− 3,3	1,1	1,0	− 1,5	1,7	− 0,9	17,3
1984	− 0,9	− 3,9	1,3	0,5	− 5,9	1,7	− 1,6	10,6	− 0,3	− 0,01	− 1,5	2,2	1,4
1985	7,4	0,9	− 0,3	− 0,5	5,4	1,2	− 0,5	− 1,2	− 3,5	1,3	6,5	4,5	26,3
1986	0,2	7,1	5,3	− 1,4	5,0	1,4	− 5,9	7,1	− 8,5	5,5	2,1	− 2,8	14,6
1987	13,2	3,7	2,6	− 1,1	0,6	4,8	4,8	3,5	− 2,4	−21,8	− 8,5	7,3	2,0
1988	4,0	4,2	− 3,3	0,9	0,3	4,3	− 0,5	− 3,9	4,0	2,6	− 1,9	1,5	12,4
1989	7,1	− 2,9	2,1	5,0	3,5	− 0,8	8,8	1,6	− 0,7	− 2,5	1,7	2,1	27,3
1990	− 6,9	0,9	2,4	− 2,7	9,2	− 0,9	− 0,5	− 9,4	− 5,1	− 0,7	6,0	2,5	− 6,6
1991	4,2	6,7	2,2	0,03	3,9	− 4,8	4,5	2,0	− 1,9	1,2	− 4,4	11,2	26,3
1992	− 2,0	1,0	− 2,2	2,8	0,1	− 1,7	3,9	− 2,4	0,9	0,2	3,0	1,0	4,5
1993	0,7	1,0	1,9	− 2,5	2,3	0,1	− 0,5	3,4	− 1,0	1,9	− 1,3	1,0	7,1
1994	3,3	− 3,0	− 4,6	1,2	1,2	− 2,7	3,1	3,8	− 2,7	2,1	− 4,0	1,2	− 1,5
1995	2,4	3,6	2,7	2,8	3,6	2,1	3,2	− 0,03	4,0	− 0,5	4,1	1,7	34,1
1996	3,3	0,7	0,8	1,3	2,3	0,2	− 4,6	1,9	5,4	2,6	7,3	− 2,2	20,3
1997	6,1	0,6	− 4,3	5,8	5,9	4,3	7,8	− 5,7	5,3	− 3,4	4,5	1,6	31,0
1998	1,0	7,0	5,0	0,9	− 1,9	3,9	− 1,2	−14,6	6,2	8,0	5,9	5,6	26,7
1999	4,1	− 3,2	3,9	3,8	− 2,5	5,4	− 3,2	− 0,6	− 2,9	6,3	1,9	5,8	19,5
2000	− 5,1	− 2,0	9,7	− 3,1	− 2,2	2,4	− 1,6	6,1	− 5,3	− 0,5	− 8,0	0,4	− 10,1
2001	3,5	− 9,2	− 6,4	7,7	0,5	− 2,5	− 1,1	− 6,4	− 8,2	1,8	7,5	0,8	− 13,0
2002	− 1,6	− 2,1	3,7	− 6,1	− 0,9	− 7,2	− 7,9	0,5	−11,0	8,6	5,7	− 6,0	− 23,4
2003	− 2,7	− 1,7	1,0	8,0	5,1	1,1	1,6	1,8	− 1,2	5,5	0,7	5,1	26,4
2004	1,7	1,2	− 1,6	− 1,7	1,2	1,8	− 3,4	0,2	0,9	1,4	3,9	3,2	9,0
2005	− 2,5	1,9	− 1,9	− 2,0	3,0	− 0,01	3,6	− 1,1	0,7	− 1,8	3,5	− 0,1	3,0
2006	2,5	0,1	1,1	1,2	− 3,1	0,01							
Gesamt	79,9	− 0,9	56,4	73,1	14,0	13,1	49,3	− 0,03	− 37,6	48,9	98,6	95,4	
Durchschn.	1,4	− 0,02	1,0	1,3	0,2	0,2	0,9	− 0,001	− 0,7	0,9	1,8	1,7	4,9
# Plus	36	31	37	38	32	31	30	30	23	33	38	42	
# Minus	21	26	20	19	25	26	26	26	32	23	18	14	

Standard & Poor's 500: Monatliche Schlusskurse

	Jan	Feb	Mär	Apr	Mai	Jun	Jul	Aug	Sep	Okt	Nov	Dez
1950	17,05	17,22	17,29	18,07	18,78	17,69	17,84	18,42	19,45	19,53	19,51	20,41
1951	21,66	21,80	21,40	22,43	21,52	20,96	22,40	23,28	23,26	22,94	22,88	23,77
1952	24,14	23,26	24,37	23,32	23,86	24,96	25,40	25,03	24,54	24,52	25,66	26,57
1953	26,38	25,90	25,29	24,62	24,54	24,14	24,75	23,32	23,35	24,54	24,76	24,81
1954	26,08	26,15	26,94	28,26	29,19	29,21	30,88	29,83	32,31	31,68	34,24	35,98
1955	36,63	36,76	36,58	37,96	37,91	41,03	43,52	43,18	43,67	42,34	45,51	45,48
1956	43,82	45,34	48,48	48,38	45,20	46,97	49,39	47,51	45,35	45,58	45,08	46,67
1957	44,72	43,26	44,11	45,74	47,43	47,37	47,91	45,22	42,42	41,06	41,72	39,99
1958	41,70	40,84	42,10	43,44	44,09	45,24	47,19	47,75	50,06	51,33	52,48	55,21
1959	55,42	55,41	55,44	57,59	58,68	58,47	60,51	59,60	56,88	57,52	58,28	59,89
1960	55,61	56,12	55,34	54,37	55,83	56,92	55,51	56,96	53,52	53,39	55,54	58,11
1961	61,78	63,44	65,06	65,31	66,56	64,64	66,76	68,07	66,73	68,62	71,32	71,55
1962	68,84	69,96	69,55	65,24	59,63	54,75	58,23	59,12	56,27	56,52	62,26	63,10
1963	66,20	64,29	66,57	69,80	70,80	69,37	69,13	72,50	71,70	74,01	73,23	75,02
1964	77,04	77,80	78,98	79,46	80,37	81,69	83,18	81,83	84,18	84,86	84,42	84,75
1965	87,56	87,43	86,16	89,11	88,42	84,12	85,25	87,17	89,96	92,42	91,61	92,43
1966	92,88	91,22	89,23	91,06	86,13	84,74	83,60	77,10	76,56	80,20	80,45	80,33
1967	86,61	86,78	90,20	94,01	89,08	90,64	94,75	93,64	96,71	93,90	94,00	96,47
1968	92,24	89,36	90,20	97,59	98,68	99,58	97,74	98,86	102,67	103,41	108,37	103,86
1969	103,01	98,13	101,51	103,69	103,46	97,71	91,83	95,51	93,12	97,24	93,81	92,06
1970	85,02	89,50	89,63	81,52	76,55	72,72	78,05	81,52	84,21	83,25	87,20	92,15
1971	95,88	96,75	100,31	103,95	99,63	99,70	95,58	99,03	98,34	94,23	93,99	102,09
1972	103,94	106,57	107,20	107,67	109,53	107,14	107,39	111,09	110,55	111,58	116,67	118,05
1973	116,03	111,68	111,52	106,97	104,95	104,26	108,22	104,25	108,43	108,29	95,96	97,55
1974	96,57	96,22	93,98	90,31	87,28	86,00	79,31	72,15	63,54	73,90	69,97	68,56
1975	76,98	81,59	83,36	87,30	91,15	95,19	88,75	86,88	83,87	89,04	91,24	90,19
1976	100,86	99,71	102,77	101,64	100,18	104,28	103,44	102,91	105,24	102,90	102,10	107,46
1977	102,03	99,82	98,42	98,44	96,12	100,48	98,85	96,77	96,53	92,34	94,83	95,10
1978	89,25	87,04	89,21	96,83	97,24	95,53	100,68	103,29	102,54	93,15	94,70	96,11
1979	99,93	96,28	101,59	101,76	99,08	102,91	103,81	109,32	109,32	101,82	106,16	107,94
1980	114,16	113,66	102,09	106,29	111,24	114,24	121,67	122,38	125,46	127,47	140,52	135,76
1981	129,55	131,27	136,00	132,81	132,59	131,21	130,92	122,79	116,18	121,89	126,35	122,55
1982	120,40	113,11	111,96	116,44	111,88	109,61	107,09	119,51	120,42	133,71	138,54	140,64
1983	145,30	148,06	152,96	164,42	162,39	168,11	162,56	164,40	166,07	163,55	166,40	164,93
1984	163,41	157,06	159,18	160,05	150,55	153,18	150,66	166,68	166,10	166,09	163,58	167,24
1985	179,63	181,18	180,66	179,83	189,55	191,85	190,92	188,63	182,08	189,82	202,17	211,28
1986	211,78	226,92	238,90	235,52	247,35	250,84	236,12	252,93	231,32	243,98	249,22	242,17
1987	274,08	284,20	291,70	288,36	290,10	304,00	318,66	329,80	321,83	251,79	230,30	247,08
1988	257,07	267,82	258,89	261,33	262,16	273,50	272,02	261,52	271,91	278,97	273,70	277,72
1989	297,47	288,86	294,87	309,64	320,52	317,98	346,08	351,45	349,15	340,36	345,99	353,40
1990	329,08	331,89	339,94	330,80	361,23	358,02	356,15	322,56	306,05	304,00	322,22	330,22
1991	343,93	367,07	375,22	375,35	389,83	371,16	387,81	395,43	387,86	392,46	375,22	417,09
1992	408,79	412,70	403,69	414,95	415,35	408,14	424,21	414,03	417,80	418,68	431,35	435,71
1993	438,78	443,38	451,67	440,19	450,19	450,53	448,13	463,56	458,93	467,83	461,79	466,45
1994	481,61	467,14	445,77	450,91	456,50	444,27	458,26	475,49	462,69	472,35	453,69	459,27
1995	470,42	487,39	500,71	514,71	533,40	544,75	562,06	561,88	584,41	581,50	605,37	615,93
1996	636,02	640,43	645,50	654,17	669,12	670,63	639,95	651,99	687,31	705,27	757,02	740,74
1997	786,16	790,82	757,12	801,34	848,28	885,14	954,29	899,47	947,28	914,62	955,40	970,43
1998	980,28	1049,34	1101,75	1111,75	1090,82	1133,84	1120,67	957,28	1017,01	1098,67	1163,63	1229,23
1999	1279,64	1238,33	1286,37	1335,18	1301,84	1372,71	1328,72	1320,41	1282,71	1362,93	1388,91	1469,25
2000	1394,46	1366,42	1498,58	1452,43	1420,60	1454,60	1430,83	1517,68	1436,51	1429,40	1314,95	1320,28
2001	1366,01	1239,94	1160,33	1249,46	1255,82	1224,42	1211,23	1133,58	1040,94	1059,78	1139,45	1148,08
2002	1130,20	1106,73	1147,39	1076,92	1067,14	989,82	911,62	916,07	815,28	885,76	936,31	879,82
2003	855,70	841,15	849,18	916,92	963,59	974,50	990,31	1008,01	995,97	1050,71	1058,20	1111,92
2004	1131,13	1144,94	1126,21	1107,30	1120,68	1140,84	1101,72	1104,24	1114,58	1130,20	1173,82	1211,92
2005	1181,27	1203,60	1180,59	1156,85	1191,50	1191,33	1234,18	1220,33	1228,81	1207,01	1249,48	1248,29
2006	1280,08	1280,66	1294,83	1310,61	1270,09	1270,20						

NASDAQ-Composite: Monatliche Veränderungen in Prozent

	Jan	Feb	Mär	Apr	Mai	Jun	Jul	Aug	Sep	Okt	Nov	Dez	+/- Jahr
1971	10,2	2,6	4,6	6,0	− 3,6	− 0,4	− 2,3	3,0	0,6	− 3,6	− 1,1	9,8	27,4
1972	4,2	5,5	2,2	2,5	0,9	− 1,8	− 1,8	1,7	− 0,3	0,5	2,1	0,6	17,2
1973	− 4,0	− 6,2	− 2,4	− 8,2	− 4,8	− 1,6	7,6	− 3,5	6,0	− 0,9	− 15,1	− 1,4	− 31,1
1974	3,0	− 0,6	− 2,2	− 5,9	− 7,7	− 5,3	− 7,9	− 10,9	− 10,7	17,2	− 3,5	− 5,0	− 35,1
1975	16,6	4,6	3,6	3,8	5,8	4,7	− 4,4	− 5,0	− 5,9	3,6	2,4	− 1,5	29,8
1976	12,1	3,7	0,4	− 0,6	− 2,3	2,6	1,1	− 1,7	1,7	− 1,0	0,9	7,4	26,1
1977	− 2,4	− 1,0	− 0,5	1,4	0,1	4,3	0,9	− 0,5	0,7	− 3,3	5,8	1,8	7,3
1978	− 4,0	0,6	4,7	8,5	4,4	0,05	5,0	6,9	− 1,6	− 16,4	3,2	2,9	12,3
1979	6,6	− 2,6	7,5	1,6	− 1,8	5,1	2,3	6,4	− 0,3	− 9,6	6,4	4,8	28,1
1980	7,0	− 2,3	− 17,1	6,9	7,5	4,9	8,9	5,7	3,4	2,7	8,0	− 2,8	33,9
1981	− 2,2	0,1	6,1	3,1	3,1	− 3,5	− 1,9	− 7,5	− 8,0	8,4	3,1	− 2,7	− 3,2
1982	− 3,8	− 4,8	− 2,1	5,2	− 3,3	− 4,1	− 2,3	6,2	5,6	13,3	9,3	0,04	18,7
1983	6,9	5,0	3,9	8,2	5,3	3,2	− 4,6	− 3,8	1,4	− 7,4	4,1	− 2,5	19,9
1984	− 3,7	− 5,9	− 0,7	− 1,3	− 5,9	2,9	− 4,2	10,9	− 1,8	− 1,2	− 1,8	2,0	− 11,2
1985	12,7	2,0	− 1,7	0,5	3,6	1,9	1,7	− 1,2	− 5,8	4,4	7,3	3,5	31,4
1986	3,3	7,1	4,2	2,3	4,4	1,3	− 8,4	3,1	− 8,4	2,9	− 0,3	− 2,8	7,5
1987	12,2	8,4	1,2	− 2,8	− 0,3	2,0	2,4	4,6	− 2,3	− 27,2	− 5,6	8,3	− 5,4
1988	4,3	6,5	2,1	1,2	− 2,3	6,6	− 1,9	− 2,8	3,0	− 1,4	− 2,9	2,7	15,4
1989	5,2	− 0,4	1,8	5,1	4,4	− 2,4	4,3	3,4	0,8	− 3,7	0,1	− 0,3	19,3
1990	− 8,6	2,4	2,3	− 3,6	9,3	0,7	− 5,2	− 13,0	− 9,6	− 4,3	8,9	4,1	− 17,8
1991	10,8	9,4	6,5	0,5	4,4	− 6,0	5,5	4,7	0,2	3,1	− 3,5	11,9	56,8
1992	5,8	2,1	− 4,7	− 4,2	1,1	− 3,7	3,1	− 3,0	3,6	3,8	7,9	3,7	15,5
1993	2,9	− 3,7	2,9	− 4,2	5,9	0,5	0,1	5,4	2,7	2,2	− 3,2	3,0	14,7
1994	3,0	− 1,0	− 6,2	− 1,3	0,2	− 4,0	2,3	6,0	− 0,2	1,7	− 3,5	0,2	− 3,2
1995	0,4	5,1	3,0	3,3	2,4	8,0	7,3	1,9	2,3	− 0,7	2,2	− 0,7	39,9
1996	0,7	3,8	0,1	8,1	4,4	− 4,7	− 8,8	5,6	7,5	− 0,4	5,8	− 0,1	22,7
1997	6,9	− 5,1	− 6,7	3,2	11,1	3,0	10,5	− 0,4	6,2	− 5,5	0,4	− 1,9	21,6
1998	3,1	9,3	3,7	1,8	− 4,8	6,5	− 1,2	− 19,9	13,0	4,6	10,1	12,5	39,6
1999	14,3	− 8,7	7,6	3,3	− 2,8	8,7	− 1,8	3,8	0,2	8,0	12,5	22,0	85,6
2000	− 3,2	19,2	− 2,6	− 15,6	− 11,9	16,6	− 5,0	11,7	− 12,7	− 8,3	− 22,9	− 4,9	− 39,3
2001	12,2	− 22,4	− 14,5	15,0	− 0,3	2,4	− 6,2	− 10,9	− 17,0	12,8	14,2	1,0	− 21,1
2002	− 0,8	− 10,5	6,6	− 8,5	− 4,3	− 9,4	− 9,2	− 1,0	− 10,9	13,5	11,2	− 9,7	− 31,5
2003	− 1,1	1,3	0,3	9,2	9,0	1,7	6,9	4,3	− 1,3	8,1	1,5	2,2	50,0
2004	3,1	− 1,8	− 1,8	− 3,7	3,5	3,1	− 7,8	− 2,6	3,2	4,1	6,2	3,7	8,6
2005	− 5,2	− 0,5	− 2,6	− 3,9	7,6	− 0,5	6,2	− 1,5	− 0,02	− 1,5	5,3	− 1,2	1,4
2006	4,6	− 1,1	2,6	− 0,7	− 6,2	− 0,3							
Gesamt	133,1	20,1	12,1	36,2	36,1	43,1	− 8,8	6,1	− 34,7	18,5	75,5	70,6	
Durchschn.	3,7	0,6	0,3	1,0	1,0	1,2	− 0,3	0,2	− 1,0	0,5	2,2	2,0	7,9
# Plus	25	19	22	22	21	22	17	18	18	18	24	21	
# Minus	11	17	14	14	15	14	18	17	17	17	11	14	

Basiert auf NASDAQ-Composite, vor dem 5.2.1971 auf National Quotation Bureau-Indizes

NASDAQ-Composite: Monatliche Schlusskurse

	Jan	Feb	Mär	Apr	Mai	Jun	Jul	Aug	Sep	Okt	Nov	Dez
1971	98,77	101,34	105,97	112,30	108,25	107,80	105,27	108,42	109,03	105,10	103,97	114,12
1972	118,87	125,38	128,14	131,33	132,53	130,08	127,75	129,95	129,61	130,24	132,96	133,73
1973	128,40	120,41	117,46	107,85	102,64	100,98	108,64	104,87	111,20	110,17	93,51	92,19
1974	94,93	94,35	92,27	86,86	80,20	75,96	69,99	62,37	55,67	65,23	62,95	59,82
1975	69,78	73,00	75,66	78,54	83,10	87,02	83,19	79,01	74,33	76,99	78,80	77,62
1976	87,05	90,26	90,62	90,08	88,04	90,32	91,29	89,70	91,26	90,35	91,12	97,88
1977	95,54	94,57	94,13	95,48	95,59	99,73	100,65	100,10	100,85	97,52	103,15	105,05
1978	100,84	101,47	106,20	115,18	120,24	120,30	126,32	135,01	132,89	111,12	114,69	117,98
1979	125,82	122,56	131,76	133,82	131,42	138,13	141,33	150,44	149,98	135,53	144,26	151,14
1980	161,75	158,03	131,00	139,99	150,45	157,78	171,81	181,52	187,76	192,78	208,15	202,34
1981	197,81	198,01	210,18	216,74	223,47	215,75	211,63	195,75	180,03	195,24	201,37	195,84
1982	188,39	179,43	175,65	184,70	178,54	171,30	167,35	177,71	187,65	212,63	232,31	232,41
1983	248,35	260,67	270,80	293,06	308,73	318,70	303,96	292,42	296,65	274,55	285,67	278,60
1984	268,43	252,57	250,78	247,44	232,82	239,65	229,70	254,64	249,94	247,03	242,53	247,35
1985	278,70	284,17	279,20	280,56	290,80	296,20	301,29	297,71	280,33	292,54	313,95	324,93
1986	335,77	359,53	374,72	383,24	400,16	405,51	371,37	382,86	350,67	360,77	359,57	349,33
1987	392,06	424,97	430,05	417,81	416,54	424,67	434,93	454,97	444,29	323,30	305,16	330,47
1988	344,66	366,95	374,64	379,23	370,34	394,66	387,33	376,55	387,71	382,46	371,45	381,38
1989	401,30	399,71	406,73	427,55	446,17	435,29	453,84	469,33	472,92	455,63	456,09	454,82
1990	415,81	425,83	435,54	420,07	458,97	462,29	438,24	381,21	344,51	329,84	359,06	373,84
1991	414,20	453,05	482,30	484,72	506,11	475,92	502,04	525,68	526,88	542,98	523,90	586,34
1992	620,21	633,47	603,77	578,68	585,31	563,60	580,83	563,12	583,27	605,17	652,73	676,95
1993	696,34	670,77	690,13	661,42	700,53	703,95	704,70	742,84	762,78	779,26	754,39	776,80
1994	800,47	792,50	743,46	733,84	735,19	705,96	722,16	765,62	764,29	777,49	750,32	751,96
1995	755,20	793,73	817,21	843,98	864,58	933,45	1001,21	1020,11	1043,54	1036,06	1059,20	1052,13
1996	1059,79	1100,05	1101,40	1190,52	1243,43	1185,02	1080,59	1141,50	1226,92	1221,51	1292,61	1291,03
1997	1379,85	1309,00	1221,70	1260,76	1400,32	1442,07	1593,81	1587,32	1685,69	1593,61	1600,55	1570,35
1998	1619,36	1770,51	1835,68	1868,41	1778,87	1894,74	1872,39	1499,25	1693,84	1771,39	1949,54	2192,69
1999	2505,89	2288,03	2461,40	2542,85	2470,52	2686,12	2638,49	2739,35	2746,16	2966,43	3336,16	4069,31
2000	3940,35	4696,69	4572,83	3860,66	3400,91	3966,11	3766,99	4206,35	3672,82	3369,63	2597,93	2470,52
2001	2772,73	2151,83	1840,26	2116,24	2110,49	2160,54	2027,13	1805,43	1498,80	1690,20	1930,58	1950,40
2002	1934,03	1731,49	1845,35	1688,23	1615,73	1463,21	1328,26	1314,85	1172,06	1329,75	1478,78	1335,51
2003	1320,91	1337,52	1341,17	1464,31	1595,91	1622,80	1735,02	1810,45	1786,94	1932,21	1960,26	2003,37
2004	2066,15	2029,82	1994,22	1920,15	1986,74	2047,79	1887,36	1838,10	1896,84	1974,99	2096,81	2175,44
2005	2062,41	2051,72	1999,23	1921,65	2068,22	2056,96	2184,83	2152,09	2151,69	2120,30	2232,82	2205,32
2006	2305,82	2281,39	2339,79	2322,57	2178,88	2172,09						

Basiert auf NASDAQ-Composite, vor dem 5.2.1971 auf National Quotation Bureau-Indizes

Russell 1000-Index: Monatliche Veränderungen in Prozent

	Jan	Feb	Mär	Apr	Mai	Jun	Jul	Aug	Sep	Okt	Nov	Dez	+/- Jahr
1979	4,2	-3,5	6,0	0,3	-2,2	4,3	1,1	5,6	0,02	-7,1	5,1	2,1	16,1
1980	5,9	-0,5	-11,5	4,6	5,0	3,2	6,4	1,1	2,6	1,8	10,1	-3,9	25,6
1981	-4,6	1,0	3,8	-1,9	0,2	-1,2	-0,1	-6,2	-6,4	5,4	4,0	-3,3	-9,7
1982	-2,7	-5,9	-1,3	3,9	-3,6	-2,6	-2,3	11,3	1,2	11,3	4,0	1,3	13,7
1983	3,2	2,1	3,2	7,1	-0,2	3,7	-3,2	0,5	1,3	-2,4	2,0	-1,2	17,0
1984	-1,9	-4,4	1,1	0,3	-5,9	2,1	-1,8	10,8	-0,2	-0,1	-1,4	2,2	-0,1
1985	7,8	1,1	-0,4	-0,3	5,4	1,6	-0,8	-1,0	-3,9	4,5	6,5	4,1	26,7
1986	0,9	7,2	5,1	-1,3	5,0	1,4	-5,9	6,8	-8,5	5,1	1,4	-3,0	13,6
1987	12,7	4,0	1,9	-1,8	0,4	4,5	4,2	3,8	-2,4	-21,9	-8,0	7,2	0,02
1988	4,3	4,4	-2,9	0,7	0,2	4,8	-0,9	-3,3	3,9	2,0	-2,0	1,7	13,1
1989	6,8	-2,5	2,0	4,9	3,8	-0,8	8,2	1,7	-0,5	-2,8	1,5	1,8	25,9
1990	-7,4	1,2	2,2	-2,8	8,9	-0,7	-1,1	-9,6	-5,3	-0,8	6,4	2,7	-7,5
1991	4,5	6,9	2,5	-0,1	3,8	-4,7	4,6	2,2	-1,5	1,4	-4,1	11,2	28,8
1992	-1,4	0,9	-2,4	2,3	0,3	-1,9	4,1	-2,5	1,0	0,7	3,5	1,4	5,9
1993	0,7	0,6	2,2	-2,8	2,4	0,4	-0,4	3,5	-0,5	1,2	-1,7	1,6	7,3
1994	2,9	-2,9	-4,5	1,1	1,0	-2,9	3,1	3,9	-2,6	1,7	-3,9	1,2	-2,4
1995	2,4	3,8	2,3	2,5	3,5	2,4	3,7	0,5	3,9	-0,6	4,2	1,4	34,4
1996	3,1	1,1	0,7	1,4	2,1	-0,1	-4,9	2,5	5,5	2,1	7,1	-1,8	19,7
1997	5,8	0,2	-4,6	5,3	6,2	4,0	8,0	-4,9	5,4	-3,4	4,2	1,9	30,5
1998	0,6	7,0	4,9	0,9	-2,3	3,6	-1,3	-15,1	6,5	7,8	6,1	6,2	25,1
1999	3,5	-3,3	3,7	4,2	-2,3	5,1	-3,2	-1,0	-2,8	6,5	2,5	6,0	19,5
2000	-4,2	-0,4	8,9	-3,3	-2,7	2,5	-1,8	7,4	-4,8	-1,2	-9,3	1,1	-8,8
2001	3,2	-9,5	-6,7	8,0	0,5	-2,4	-1,4	-6,2	-8,6	2,0	7,5	0,9	-13,6
2002	-1,4	-2,1	4,0	-5,8	-1,0	-7,5	-7,5	0,3	-10,9	8,1	5,7	-5,8	-22,9
2003	-2,5	-1,7	0,9	7,9	5,5	1,2	1,8	1,9	-1,2	5,7	1,0	4,6	27,5
2004	1,8	1,2	-1,5	-1,9	1,3	1,7	-3,6	0,3	1,1	1,5	4,1	3,5	9,5
2005	-2,6	2,0	-1,7	-2,0	3,4	0,3	3,8	-1,1	0,8	-1,9	3,5	0,01	4,4
2006	2,7	0,01	1,3	1,1	-3,2	0,003							
Gesamt	48,3	8,0	19,2	32,5	35,5	22,0	8,8	13,2	-26,9	26,6	60,0	45,1	
Durchschn.	1,7	0,3	0,7	1,2	1,3	0,8	0,3	0,5	-1,0	1,0	2,2	1,7	
# Plus	19	17	18	17	19	18	11	17	12	17	20	21	
# Minus	9	11	10	11	9	10	16	10	15	10	7	6	

Russell 1000-Index: Monatliche Schlusskurse

	Jan	Feb	Mär	Apr	Mai	Jun	Jul	Aug	Sep	Okt	Nov	Dez
1979	53,70	51,00	54,07	55,15	53,92	56,25	56,86	60,04	60,05	55,78	58,65	59,87
1980	63,40	63,07	55,79	58,38	61,31	63,27	67,30	68,05	69,84	71,08	78,26	75,20
1981	71,75	72,49	75,21	73,77	73,90	73,01	72,92	68,42	64,06	67,54	70,23	67,93
1982	66,12	62,21	61,43	63,85	61,53	59,92	58,54	65,14	65,89	73,34	76,28	77,24
1983	79,75	81,45	84,06	90,04	89,89	93,18	90,18	90,65	91,85	89,69	91,50	90,38
1984	88,69	84,76	85,73	86,00	80,94	82,61	81,13	89,87	89,67	89,62	88,36	90,31
1985	97,31	98,38	98,03	97,72	103,02	104,65	103,78	102,76	98,75	103,16	109,91	114,39
1986	115,39	123,71	130,07	128,44	134,82	136,75	128,74	137,43	125,70	132,11	133,97	130,00
1987	146,48	152,29	155,20	152,39	152,94	159,84	166,57	172,95	168,83	131,89	121,28	130,00
1988	135,55	141,54	137,45	138,37	138,66	145,31	143,99	139,26	144,68	147,55	144,59	146,99
1989	156,93	152,98	155,99	163,63	169,85	168,49	182,27	185,33	184,40	179,17	181,85	185,11
1990	171,44	173,43	177,28	172,32	187,66	186,29	184,32	166,69	157,83	156,62	166,69	171,22
1991	179,00	191,34	196,15	195,94	203,32	193,78	202,67	207,18	204,02	206,96	198,46	220,61
1992	217,52	219,50	214,29	219,13	219,71	215,60	224,37	218,86	221,15	222,65	230,44	233,59
1993	235,25	236,67	241,80	235,13	240,80	241,78	240,78	249,20	247,95	250,97	246,70	250,71
1994	258,08	250,52	239,19	241,71	244,13	237,11	244,44	254,04	247,49	251,62	241,82	244,65
1995	250,52	260,08	266,11	272,81	282,48	289,29	299,98	301,40	313,28	311,37	324,36	328,89
1996	338,97	342,56	345,01	349,84	357,35	357,10	339,44	347,79	366,77	374,38	401,05	393,75
1997	416,77	417,46	398,19	419,15	445,06	462,95	499,89	475,33	500,78	483,86	504,25	513,79
1998	517,02	553,14	580,31	585,46	572,16	592,57	584,97	496,66	529,11	570,63	605,31	642,87
1999	665,64	643,67	667,49	695,25	679,10	713,61	690,51	683,27	663,83	707,19	724,66	767,97
2000	736,08	733,04	797,99	771,58	750,98	769,68	755,57	811,17	772,60	763,06	692,40	700,09
2001	722,55	654,25	610,36	658,90	662,39	646,64	637,43	597,67	546,49	557,29	599,32	604,94
2002	596,66	583,88	607,35	572,04	566,18	523,72	484,39	486,08	433,22	468,51	495,00	466,18
2003	454,30	446,37	450,35	486,09	512,92	518,94	528,53	538,40	532,15	562,51	568,32	594,56
2004	605,21	612,58	603,42	591,83	599,40	609,31	587,21	589,09	595,66	604,51	629,26	650,99
2005	633,99	646,93	635,78	623,32	644,28	645,92	670,26	663,13	668,53	656,09	679,35	679,42
2006	697,79	697,83	706,74	714,37	691,78	691,80						

Russell 2000-Index: Monatliche Veränderungen in Prozent

	Jan	Feb	Mär	Apr	Mai	Jun	Jul	Aug	Sep	Okt	Nov	Dez	+/- Jahr
1979	9,0	-3,2	9,7	2,3	-1,8	5,3	2,9	7,8	-0,7	-11,3	8,1	6,6	38,0
1980	8,2	-2,1	-18,5	6,0	8,0	4,0	11,0	6,5	2,9	3,9	7,0	-3,7	33,8
1981	-0,6	0,3	7,7	2,5	3,0	-2,5	-2,6	-8,0	-8,6	8,2	2,8	-2,0	-1,5
1982	-3,7	-5,3	-1,5	5,1	-3,2	-4,0	-1,7	7,5	3,6	14,1	8,8	1,1	20,7
1983	7,5	6,0	2,5	7,2	7,0	4,4	-3,0	-4,0	1,6	-7,0	5,0	-2,1	26,3
1984	-1,8	-5,9	0,4	-0,7	-5,4	2,6	-5,0	11,5	-1,0	-2,0	-2,9	1,4	-9,6
1985	13,1	2,4	-2,2	-1,4	3,4	1,0	2,7	-1,2	-6,2	3,6	6,8	4,2	28,0
1986	1,5	7,0	4,7	1,4	3,3	-0,2	-9,5	3,0	-6,3	3,9	-0,5	-3,1	4,0
1987	11,5	8,2	2,4	-3,0	-0,5	2,3	2,8	2,9	-2,0	-30,8	-5,5	7,8	-10,8
1988	4,0	8,7	4,4	2,0	-2,5	7,0	-0,9	-2,8	2,3	-1,2	-3,6	3,8	22,4
1989	4,4	0,5	2,2	4,3	4,2	-2,4	4,2	2,1	0,01	-6,0	0,4	0,1	14,2
1990	-8,9	2,9	3,7	-3,4	6,8	0,1	-4,5	-13,6	-9,2	-6,2	7,3	3,7	-21,5
1991	9,1	11,0	6,9	-0,2	4,5	-6,0	3,1	3,7	0,6	2,7	-4,7	7,7	43,7
1992	8,0	2,9	-3,5	-3,7	1,2	-5,0	3,2	-3,1	2,2	3,1	7,5	3,4	16,4
1993	3,2	-2,5	3,1	-2,8	4,3	0,5	1,3	4,1	2,7	2,5	-3,4	3,3	17,0
1994	3,1	-0,4	-5,4	0,6	-1,3	-3,6	1,6	5,4	-0,5	-0,4	-4,2	2,5	-3,2
1995	-1,4	3,9	1,6	2,1	1,5	5,0	5,7	1,9	1,7	-4,6	4,2	2,4	26,2
1996	-0,2	3,0	1,8	5,3	3,9	-4,2	-8,8	5,7	3,7	-1,7	4,0	2,4	14,8
1997	1,9	-2,5	-4,9	0,1	11,0	4,1	4,6	2,2	7,2	-4,5	-0,8	1,7	20,5
1998	-1,6	7,4	4,1	0,5	-5,4	0,2	-8,2	-19,5	7,6	4,0	5,2	6,1	-3,4
1999	1,2	-8,2	1,4	8,8	1,4	4,3	-2,8	-3,8	-0,1	0,3	5,9	11,2	19,6
2000	-1,7	16,4	-6,7	-6,1	-5,9	8,6	-3,2	7,4	-3,1	-4,5	-10,4	8,4	-4,2
2001	5,1	-6,7	-5,0	7,7	2,3	3,3	-5,4	-3,3	-13,6	5,8	7,6	6,0	1,0
2002	-1,1	-2,8	7,9	0,8	-4,5	-5,1	-15,2	-0,4	-7,3	3,1	8,8	-5,7	-21,6
2003	-2,9	-3,1	1,1	9,4	10,6	1,7	6,2	4,5	-2,0	8,3	3,5	1,9	45,4
2004	4,3	0,8	0,8	-5,2	1,5	4,1	-6,8	-0,6	4,6	1,9	8,6	2,8	17,0
2005	-4,2	1,6	-3,0	-5,8	6,4	3,7	6,3	-1,9	0,2	-3,2	4,7	-0,6	3,3
2006	8,9	-0,3	4,7	-0,1	-5,7	0,5							
Gesamt	75,9	40,0	20,4	33,7	48,1	29,7	-22,0	14,0	-19,7	-18,0	70,2	71,3	
Durchschn.	2,7	1,4	0,7	1,2	1,7	1,1	-0,8	0,5	-0,7	-0,7	2,6	2,6	
# Plus	17	16	19	17	18	19	13	15	14	14	18	21	
# Minus	11	12	9	11	10	9	14	12	13	13	9	6	

Russell 2000-Index: Monatliche Schlusskurse

	Jan	Feb	Mär	Apr	Mai	Jun	Jul	Aug	Sep	Okt	Nov	Dez
1979	44,18	42,78	46,94	48,00	47,13	49,62	51,08	55,05	54,68	48,51	52,43	55,91
1980	60,50	59,22	48,27	51,18	55,26	57,47	63,81	67,97	69,94	72,64	77,70	74,80
1981	74,33	74,52	80,25	82,25	84,72	82,56	80,41	73,94	67,55	73,06	75,14	73,67
1982	70,96	67,21	66,21	69,59	67,39	64,67	63,59	68,38	70,84	80,86	87,96	88,90
1983	95,53	101,23	103,77	111,20	118,94	124,17	120,43	115,60	117,43	109,17	114,66	112,27
1984	110,21	103,72	104,10	103,34	97,75	100,30	95,25	106,21	105,17	103,07	100,11	101,49
1985	114,77	117,54	114,92	113,35	117,26	118,38	121,56	120,10	112,65	116,73	124,62	129,87
1986	131,78	141,00	147,63	149,66	154,61	154,23	139,65	143,83	134,73	139,26	135,00	
1987	150,48	162,84	166,79	161,82	161,02	164,75	169,42	174,25	170,81	118,26	111,70	120,42
1988	125,24	136,10	142,15	145,01	141,37	151,30	149,89	145,74	149,08	147,25	142,01	147,37
1989	153,84	154,56	157,89	164,68	171,53	167,42	174,50	178,20	178,21	167,47	168,17	168,30
1990	153,27	157,72	163,63	158,09	168,91	169,04	161,51	139,52	126,70	118,83	127,50	132,16
1991	144,17	160,00	171,01	170,61	178,34	167,61	172,76	179,11	180,16	185,00	176,37	189,94
1992	205,16	211,15	203,69	196,25	198,52	188,64	194,74	188,79	192,92	198,90	213,81	221,01
1993	228,10	222,41	229,21	222,68	232,19	233,35	236,46	246,19	252,95	259,18	250,41	258,53
1994	266,52	265,53	251,06	252,55	249,28	240,29	244,06	257,32	256,12	255,02	244,25	250,36
1995	246,85	256,57	260,77	266,17	270,25	283,63	299,72	305,31	310,38	296,25	308,58	315,97
1996	315,38	324,93	330,77	348,28	361,85	346,61	316,00	333,88	346,39	340,57	354,11	362,61
1997	369,45	360,05	342,56	343,00	380,76	396,37	414,48	423,43	453,82	433,26	429,92	437,02
1998	430,05	461,83	480,68	482,89	456,62	457,39	419,75	337,95	363,59	378,16	397,75	421,96
1999	427,22	392,26	397,63	432,81	438,68	457,68	444,77	427,83	427,30	428,64	454,08	504,75
2000	496,23	577,71	539,09	506,25	476,18	517,23	500,64	537,89	521,37	497,68	445,94	483,53
2001	508,34	474,37	450,53	485,32	496,50	512,64	484,78	468,56	404,87	428,17	460,78	488,50
2002	483,10	469,36	506,46	510,67	487,47	462,64	392,42	390,96	362,27	373,50	406,35	383,09
2003	372,17	360,52	364,54	398,68	441,00	448,37	476,02	497,42	487,68	528,22	546,51	556,91
2004	580,76	585,56	590,31	559,80	568,28	591,52	551,29	547,93	572,94	583,79	633,77	651,57
2005	624,02	634,06	615,07	579,38	616,71	639,66	679,75	666,51	667,80	646,61	677,29	673,22
2006	733,20	730,64	765,14	764,54	721,01	624,67						

10 Beste Tage nach Prozenten und Punkten

	nach Prozenten				nach Punkten		
Tag	Schlusswert	+/− Punkte	+/− (%)	Tag	Schlusswert	+/− Punkte	+/− (%)

DJIA 1901 bis 1949

Tag	Schlusswert	+/− Punkte	+/− (%)	Tag	Schlusswert	+/− Punkte	+/− (%)
15.3.33	62,10	8,26	15,3	30.10.29	258,47	28,40	12,3
6.10.31	99,34	12,86	14,9	14.11.29	217,28	18,59	9,4
30.10.29	258,47	28,40	12,3	5.10.29	341,36	16,19	5,0
21.9.32	75,16	7,67	11,4	31.10.29	273,51	15,04	5,8
3.8.32	58,22	5,06	9,5	6.10.31	99,34	12,86	14,9
11.2.32	78,60	6,80	9,5	15.11.29	228,73	11,45	5,3
14.11.29	217,28	18,59	9,4	19.6.30	228,97	10,13	4,6
18.12.31	80,69	6,90	9,4	5.9.39	148,12	10,03	7,3
13.2.32	85,82	7,22	9,2	22.11.28	290,34	9,81	3,5
6.5.32	59,01	4,91	9,1	1.10.30	214,14	9,24	4,5

DJIA 1950 bis Juni 2006

Tag	Schlusswert	+/− Punkte	+/− (%)	Tag	Schlusswert	+/− Punkte	+/− (%)
21.10.87	2027,85	186,84	10,2	16.3.00	10630,60	499,19	4,9
24.7.02	8191,29	488,95	6,4	24.7.02	8191,29	488,95	6,4
20.10.87	1841,01	102,27	5,9	29.7.02	8711,88	447,49	5,4
29.7.02	8711,88	447,49	5,4	5.4.01	9918,05	402,63	4,2
27.5.70	663,20	32,04	5,1	18.4.01	10615,83	399,10	3,9
8.9.98	8020,78	380,53	5,0	8.9.98	8020,78	380,53	5,0
29.10.87	1938,33	91,51	5,0	15.10.02	8255,68	378,28	4,8
16.3.00	10630,60	499,19	4,9	24.9.01	8603,86	368,05	4,5
17.8.82	831,24	38,81	4,9	1.10.02	7938,79	346,86	4,6
15.10.02	8255,68	378,28	4,8	16.5.01	11215,92	342,95	3,2

S&P 500 1930 bis Juni 2006

Tag	Schlusswert	+/− Punkte	+/− (%)	Tag	Schlusswert	+/− Punkte	+/− (%)
15.3.33	6,81	0,97	16,6	16.3.00	1458,47	66,32	4,8
6.10.31	9,91	1,09	12,4	3.1.01	1347,56	64,29	5,0
21.9.32	8,52	0,90	11,8	5.12.00	1376,54	51,57	3,9
16.2.35	10,00	0,94	10,4	8.9.98	1023,46	49,57	5,1
17.8.35	11,70	1,08	10,2	5.4.01	1151,44	48,19	4,4
16.3.35	9,05	0,82	10,0	25.4.00	1477,44	47,58	3,3
12.9.38	12,06	1,06	9,6	19.10.00	1388,76	46,63	3,5
5.9.39	12,64	1,11	9,6	18.4.01	1238,16	46,35	3,9
17.4.35	9,01	0,79	9,6	29.7.02	898,96	46,12	5,4
20.4.33	7,82	0,68	9,5	28.10.99	1342,44	45,73	3,5

NASDAQ 1971 bis Juni 2006

Tag	Schlusswert	+/− Punkte	+/− (%)	Tag	Schlusswert	+/− Punkte	+/− (%)
3.1.01	2616,69	324,83	14,2	3.1.01	2616,69	324,83	14,2
5.12.00	2889,80	274,05	10,5	5.12.00	2889,80	274,05	10,5
5.4.01	1785,00	146,20	8,9	18.4.00	3793,57	254,41	7,2
18.4.01	2079,44	156,22	8,1	30.5.00	3459,48	254,37	7,9
30.5.00	3459,48	254,37	7,9	19.10.00	3418,60	247,04	7,0
13.10.00	3316,77	242,09	7,9	13.10.00	3316,77	242,09	7,9
19.10.00	3418,60	247,04	7,8	2.6.00	3813,38	230,88	6,4
8.5.02	1696,29	122,47	7,8	25.4.00	3711,23	228,75	6,6
22.12.00	2517,02	176,90	7,6	17.4.00	3539,16	217,87	6,6
21.10.87	351,86	24,07	7,3	1.6.00	3582,50	181,59	5,3

Russell 1000 1979 bis Juni 2006

Tag	Schlusswert	+/− Punkte	+/− (%)	Tag	Schlusswert	+/− Punkte	+/− (%)
21.10.87	135,85	11,15	8,9	16.3.00	777,86	36,60	4,9
24.7.02	448,05	23,87	5,6	3.1.01	712,63	35,74	5,3
29.7.02	477,61	24,69	5,5	5.12.00	728,44	30,36	4,4
3.1.01	712,63	35,74	5,3	5.4.01	604,16	26,31	4,6
8.9.98	529,84	25,40	5,0	25.4.00	780,72	26,16	3,5
16.3.00	777,86	36,60	4,9	13.10.00	732,70	26,01	3,7
29.10.87	127,74	5,91	4,9	8.9.98	529,84	25,40	5,0
15.10.02	465,68	20,78	4,7	30.5.00	752,39	25,30	3,5
28.10.97	486,93	21,49	4,6	19.10.00	740,73	25,14	3,5
5.4.01	604,16	26,31	4,6	17.4.00	740,14	24,94	3,5

Russell 2000 1979 bis Juni 2006

Tag	Schlusswert	+/− Punkte	+/− (%)	Tag	Schlusswert	+/− Punkte	+/− (%)
21.10.87	130,65	9,26	7,6	18.4.00	486,09	26,83	5,8
30.10.87	118,26	7,46	6,7	15.6.06	701,05	23,96	3,5
18.4.00	486,09	26,83	5,8	3.1.01	484,39	21,90	4,7
29.7.02	400,81	18,55	4,9	5.12.00	471,17	20,78	4,6
28.3.80	47,54	2,18	4,8	2.6.00	513,03	20,56	4,2
3.1.01	484,39	21,90	4,7	25.4.00	489,03	20,49	4,4
5.12.00	471,17	20,78	4,6	18.4.06	769,81	20,34	2,7
5.4.01	444,73	18,99	4,5	29.2.00	577,71	20,03	3,6
29.10.87	110,80	4,72	4,5	30.5.00	476,70	19,33	4,2
25.4.00	489,03	20,49	4,4	5.4.01	444,73	18,99	4,5

10 Schlechteste Tage nach Prozenten und Punkten

	nach Prozenten				nach Punkten		
Tag	Schlusswert	+/– Punkte	+/– (%)	Tag	Schlusswert	+/– Punkte	+/– (%)
			DJIA 1901 bis 1949				
28.10.29	260,64	–38,33	–12,8	28.10.29	260,64	–38,33	–12,8
29.10.29	230,07	–30,57	–11,7	29.10.29	230,07	–30,57	–11,7
6.11.29	232,13	–25,55	–9,9	6.11.29	232,13	–25,55	–9,9
12.8.32	63,11	–5,79	–8,4	23.10.29	305,85	–20,66	–6,3
14.3.07	55,84	–5,05	–8,3	11.11.29	220,39	–16,14	–6,8
21.7.33	88,71	–7,55	–7,8	4.11.29	257,68	–15,83	–5,8
18.10.37	125,73	–10,57	–7,8	12.12.29	243,14	–15,30	–5,9
1.2.17	88,52	–6,91	–7,2	3.10.29	329,95	–14,55	–4,2
5.10.32	66,07	–5,09	–7,2	16.6.30	230,05	–14,20	–5,8
24.9.31	107,79	–8,20	–7,1	9.8.29	337,99	–14,11	–4,0
			DJIA 1950 bis Juni 2006				
19.10.87	1738,74	–508,00	–22,6	17.9.01	8920,70	–684,81	–7,1
26.10.87	1793,93	–156,83	–8,0	14.4.00	10305,77	–617,78	–5,7
27.10.97	7161,15	–554,26	–7,2	27.10.97	7161,15	–554,26	–7,2
17.9.01	8920,70	–684,81	–7,1	31.8.98	7539,07	–512,61	–6,4
13.10.89	2569,26	–190,58	–6,9	19.10.87	1738,74	–508,00	–22,6
8.1.88	1911,31	–140,58	–6,9	12.3.01	10208,25	–436,37	–4,1
26.9.55	455,56	–31,89	–6,5	19.7.02	8019,26	–390,23	–4,6
31.8.98	7539,07	–512,61	–6,4	20.9.01	8376,21	–382,92	–4,4
28.5.62	576,93	–34,95	–5,7	12.10.00	10034,58	–379,21	–3,6
14.4.00	10305,77	–617,78	–5,7	7.3.00	9796,03	–374,47	–3,7
			S&P 500 1930 bis Juni 2006				
19.10.87	224,84	–57,86	–20,5	14.4.00	1356,56	–83,95	–5,8
18.3.35	8,14	–0,91	–10,1	31.8.98	957,28	–69,86	–6,8
16.4.35	8,22	–0,91	–10,0	27.10.97	876,99	–64,65	–6,9
3.9.46	15,00	–1,65	–9,9	19.10.87	224,84	–57,86	–20,5
18.10.37	10,76	–1,10	–9,3	4.1.00	1399,42	–55,80	–3,8
20.7.33	10,57	–1,03	–8,9	17.9.01	1038,77	–53,77	–4,9
21.7.33	9,65	–0,92	–8,7	12.3.01	1180,16	–53,26	–4,3
10.9.38	11,00	–1,02	–8,5	18.2.00	1346,09	–42,17	–3,0
26.10.87	227,67	–20,55	–8,3	27.8.98	1042,59	–41,60	–3,8
5.10.32	7,39	–0,66	–8,2	20.12.00	1264,74	–40,86	–3,1
			NASDAQ 1971 bis Juni 2006				
19.10.87	360,21	–46,12	–11,4	14.4.00	3321,29	–355,49	–9,7
14.4.00	3321,29	–355,49	–9,7	3.4.00	4223,68	–349,15	–7,6
20.10.87	327,79	–32,42	–9,0	12.4.00	3769,63	–286,27	–7,1
26.10.87	298,90	–29,55	–9,0	10.4.00	4188,20	–258,25	–5,8
31.8.98	1499,25	–140,43	–8,6	4.1.00	3901,69	–229,46	–5,6
3.4.00	4223,68	–349,15	–7,6	14.3.00	4706,63	–200,61	–4,1
2.1.01	2291,86	–178,66	–7,2	10.5.00	3384,73	–200,28	–5,6
20.12.00	2332,78	–178,93	–7,1	23.5.00	3164,55	–199,66	–5,9
12.4.00	3769,63	–286,27	–7,1	25.10.00	3229,57	–190,22	–5,6
27.10.97	1535,09	–115,83	–7,0	29.3.00	4644,67	–189,22	–3,9
			Russell 1000 1979 bis Juni 2006				
19.10.87	121,04	–28,40	–19,0	14.4.00	715,20	–45,74	–6,0
26.10.87	119,45	–10,74	–8,3	31.8.98	496,66	–35,77	–6,7
31.8.98	496,66	–35,77	–6,7	27.10.97	465,44	–32,96	–6,6
27.10.97	465,44	–32,96	–6,6	4.1.00	731,95	–29,57	–3,9
8.1.88	128,80	–8,33	–6,1	17.9.01	547,04	–28,53	–5,0
14.4.00	715,20	–45,74	–6,0	19.10.87	121,04	–28,40	–19,0
13.10.89	176,82	–10,88	–5,8	12.3.01	621,35	–28,24	–4,4
16.10.87	149,44	–7,81	–5,0	20.12.00	668,75	–23,60	–3,4
17.9.01	547,04	–28,53	–5,0	2.1.01	676,89	–23,20	–3,3
11.9.86	127,34	–6,03	–4,5	27.8.98	540,61	–22,01	–3,9
			Russell 2000 1979 bis Juni 2006				
19.10.87	133,60	–19,14	–12,5	14.4.00	453,72	–35,50	–7,3
26.10.87	110,33	–11,26	–9,3	27.10.97	420,13	–27,40	–6,1
20.10.87	121,39	–12,21	–9,1	20.3.00	549,20	–25,57	–4,5
14.4.00	453,72	–35,50	–7,3	10.4.00	518,66	–24,33	–4,5
27.3.80	45,36	–3,20	–6,6	5.6.06	713,92	–23,54	–3,2
27.10.97	420,13	–27,40	–6,1	17.9.01	417,67	–23,06	–5,2
31.8.98	337,95	–20,59	–5,7	3.4.00	516,04	–23,05	–4,3
17.9.01	417,67	–23,06	–5,2	2.1.01	462,49	–21,04	–4,4
9.10.79	52,53	–2,61	–4,7	31.8.98	337,95	–20,59	–5,7
22.10.87	124,57	–6,08	–4,7	19.10.87	133,60	–19,14	–12,5

10 Beste Wochen nach Prozenten und Punkten

Ende der Woche	nach Prozenten Schlusswert	+/– Punkte	+/– (%)	Ende der Woche	nach Punkten Schlusswert	+/– Punkte	+/– (%)
\multicolumn{8}{c}{DJIA 1901 bis 1949}							
6.8.32	66,56	12,30	22,7	7.12.29	263,46	24,51	10,3
25.6.38	131,94	18,71	16,5	25.6.38	131,94	18,71	16,5
13.2.32	85,82	11,37	15,3	27.6.31	156,93	17,97	12,9
22.4.33	72,24	9,36	14,9	22.11.29	245,74	17,01	7,4
10.10.31	105,61	12,84	13,8	17.8.29	360,70	15,86	4,6
30.7.32	54,26	6,42	13,4	22.12.28	285,94	15,22	5,6
27.6.31	156,93	17,97	12,9	24.8.29	375,44	14,74	4,1
24.9.32	74,83	8,39	12,6	21.2.29	310,06	14,21	4,8
27.8.32	75,61	8,43	12,6	10.5.30	272,01	13,70	5,3
18.3.33	60,56	6,72	12,5	15.11.30	186,68	13,54	7,8
\multicolumn{8}{c}{DJIA 1950 bis Juni 2006}							
11.10.74	658,17	73,61	12,6	17.3.00	10595,23	666,41	6,7
20.8.82	869,29	81,24	10,3	21.3.03	8521,97	662,26	8,4
8.10.82	986,85	79,11	8,7	28.9.01	8847,56	611,75	7,4
21.3.03	8521,97	662,26	8,4	2.7.99	11139,24	586,68	5,6
3.8.84	1202,08	87,46	7,9	20.4.00	10844,05	538,28	5,2
28.9.01	8847,56	611,75	7,4	24.3.00	11112,72	517,49	4,9
20.9.74	670,76	43,57	7,0	16.10.98	8416,76	517,24	6,6
17.3.00	10595,23	666,41	6,7	3.3.00	10367,20	505,08	5,1
16.10.98	8416,76	517,24	6,6	2.6.00	10794,76	495,52	4,8
7.6.74	853,72	51,55	6,4	18.5.01	11301,74	480,43	4,4
\multicolumn{8}{c}{S&P 500 1930 bis Juni 2006}							
6.8.32	7,22	1,12	18,4	2.6.00	1477,26	99,24	7,2
25.6.38	11,39	1,72	17,8	20.4.00	1434,54	77,98	5,8
30.7.32	6,10	0,89	17,1	2.7.99	1391,22	75,91	5,8
22.4.33	7,75	1,09	16,4	3.3.00	1409,17	75,81	5,7
11.10.74	71,14	8,80	14,1	28.9.01	1040,94	75,14	7,8
13.2.32	8,80	1,08	14,0	16.10.98	1056,42	72,10	7,3
24.9.32	8,52	1,02	13,6	17.3.00	1464,47	69,40	5,0
10.10.31	10,64	1,27	13,6	4.2.00	1424,37	64,21	4,7
27.8.32	8,57	1,01	13,4	24.3.00	1527,46	62,99	4,3
18.3.33	6,61	0,77	13,2	21.3.03	895,79	62,52	7,5
\multicolumn{8}{c}{NASDAQ 1971 bis Juni 2006}							
2.6.00	3813,38	608,27	19,0	2.6.00	3813,38	608,27	19,0
12.4.01	1961,43	241,07	14,0	4.2.00	4244,14	357,07	9,2
20.4.01	2163,41	201,98	10,3	3.3.00	4914,79	324,29	7,1
8.12.00	2917,43	272,14	10,3	20.4.00	3643,88	322,59	9,7
20.4.00	3643,88	322,59	9,7	8.12.00	2917,43	272,14	10,3
11.10.74	60,42	5,26	9,5	12.4.01	1961,43	241,07	14,0
4.2.00	4244,14	357,07	9,2	14.7.00	4246,18	222,98	5,5
12.1.01	2626,50	218,85	9,1	12.1.01	2626,50	218,85	9,1
17.5.02	1741,39	140,54	8,8	28.4.00	3860,66	216,78	6,0
16.10.98	1620,95	128,46	8,6	23.12.99	3969,44	216,38	5,8
\multicolumn{8}{c}{Russell 1000 1979 bis Juni 2006}							
20.8.82	61,51	4,83	8,5	2.6.00	785,02	57,93	8,0
2.6.00	785,02	57,93	8,0	20.4.00	757,32	42,12	5,9
28.9.01	546,46	38,48	7,6	3.3.00	756,41	41,55	5,8
16.10.98	546,09	38,45	7,6	2.7.99	723,25	38,80	5,7
3.8.84	87,43	6,13	7,5	28.9.01	546,46	38,48	7,6
21.3.03	474,58	32,69	7,4	16.10.98	546,09	38,45	7,6
8.10.82	71,55	4,90	7,4	8.12.00	729,83	35,67	5,1
2.5.97	426,12	25,75	6,4	29.10.99	707,19	33,83	5,0
5.11.82	78,01	4,67	6,4	4.2.00	752,57	32,90	4,6
2.10.81	65,93	3,90	6,3	21.3.03	474,58	32,69	7,4
\multicolumn{8}{c}{Russell 2000 1979 bis Juni 2006}							
2.6.00	513,03	55,66	12,2	2.6.00	513,03	55,66	12,2
16.10.98	342,87	24,47	7,7	3.3.00	597,88	41,14	7,4
18.12.87	116,94	8,31	7,7	2.4.04	603,45	30,53	5,3
3.3.00	597,88	41,14	7,4	20.8.04	547,92	30,53	5,9
23.10.98	367,05	24,18	7,1	20.4.00	481,84	28,12	6,2
3.8.84	102,02	6,71	7,0	3.11.00	507,75	27,90	5,8
9.1.87	146,85	9,60	7,0	27.1.06	732,22	27,62	3,9
28.9.01	404,87	25,98	6,9	20.5.05	609,41	27,39	4,7
1.2.91	145,50	9,01	6,6	3.10.03	512,28	26,99	5,6
5.11.82	86,17	5,31	6,6	21.1.00	533,94	26,38	5,2

10 Schlechteste Wochen nach Prozenten und Punkten

	nach Prozenten				nach Punkten		
Ende der Woche	Schlusswert	+/– Punkte	+/– (%)	Ende der Woche	Schlusswert	+/– Punkte	+/– (%)
			DJIA 1901 bis 1949				
22.7.33	88,42	–17,68	–16,7	8.11.29	236,53	–36,98	–13,5
18.5.40	122,43	–22,42	–15,5	8.12.28	257,33	–33,47	–11,5
8.10.32	61,17	–10,92	–15,2	21.6.30	215,30	–28,95	–11,9
3.10.31	92,77	–14,59	–13,6	19.10.29	323,87	–28,82	–8,2
8.11.29	236,53	–36,98	–13,5	3.5.30	258,31	–27,15	–9,5
17.9.32	66,44	–10,10	–13,2	31.10.29	273,51	–25,46	–8,5
21.10.33	83,64	–11,95	–12,5	26.10.29	298,97	–24,90	–7,7
12.12.31	78,93	–11,21	–12,4	18.5.40	122,43	–22,42	–15,5
8.5.15	62,77	–8,74	–12,2	8.2.29	301,53	–18,23	–5,7
21.6.30	215,30	–28,95	–11,9	11.10.30	193,05	–18,05	–8,6
			DJIA 1950 bis Juni 2006				
21.9.01	8235,81	–1369,70	–14,3	21.9.01	8235,81	–1369,70	–14,3
23.10.87	1950,76	–295,98	–13,2	16.3.01	9823,41	–821,21	–7,7
16.10.87	2246,74	–235,47	–9,5	14.4.00	10305,77	–805,71	–7,3
13.10.89	2569,26	–216,26	–7,8	12.7.02	8684,53	–694,97	–7,4
16.3.01	9823,41	–821,21	–7,7	19.7.02	8019,26	–665,27	–7,7
19.7.02	8019,26	–665,27	–7,7	15.10.99	10019,71	–630,05	–5,9
4.12.87	1766,74	–143,74	–7,5	11.2.00	10425,21	–538,59	–4,9
13.9.74	627,19	–50,69	–7,5	24.9.99	10279,33	–524,30	–4,9
12.9.86	1758,72	–141,03	–7,4	28.1.00	10738,87	–512,84	–4,6
12.7.02	8684,53	–694,97	–7,4	28.8.98	8051,68	–481,97	–5,7
			S&P 500 1930 bis Juni 2006				
22.7.33	9,71	–2,20	–18,5	14.4.00	1356,56	–159,79	–10,5
18.5.40	9,75	–2,05	–17,4	21.9.01	965,80	–126,74	–11,6
8.10.32	6,77	–1,38	–16,9	15.10.99	1247,41	–88,61	–6,6
17.9.32	7,50	–1,28	–14,6	16.3.01	1150,53	–82,89	–6,7
21.10.33	8,57	–1,31	–13,3	28.1.00	1360,16	–81,20	–5,6
3.10.31	9,37	–1,36	–12,7	19.7.02	847,76	–73,63	–8,0
23.10.87	248,22	–34,48	–12,2	12.7.02	921,39	–67,64	–6,8
12.12.31	8,20	–1,13	–12,1	23.7.99	1356,94	–61,84	–4,4
26.3.38	9,20	–1,21	–11,6	10.11.00	1365,98	–60,71	–4,3
21.9.01	965,80	–126,74	–11,6	28.7.00	1419,89	–60,30	–4,1
			NASDAQ 1971 bis Juni 2006				
14.4.00	3321,29	–1125,16	–25,3	14.4.00	3321,29	–1125,16	–25,3
23.10.87	328,45	–77,88	–19,2	28.7.00	3663,00	–431,45	–10,5
21.9.01	1423,19	–272,19	–16,1	10.11.00	3028,99	–422,59	–12,2
10.11.00	3028,99	–422,59	–12,2	31.3.00	4572,83	–390,20	–7,9
28.7.00	3663,00	–431,45	–10,5	28.1.00	3887,07	–348,33	–8,2
15.12.00	2653,27	–264,16	–9,1	6.10.00	3361,01	–311,81	–8,5
1.12.00	2645,29	–259,09	–8,9	12.5.00	3529,06	–287,76	–7,5
28.8.98	1639,68	–157,93	–8,8	21.9.01	1423,19	–272,19	–16,1
20.10.78	123,82	–11,76	–8,7	15.12.00	2653,27	–264,16	–9,1
6.10.00	3361,01	–311,81	–8,5	1.12.00	2645,29	–259,09	–8,9
			Russell 1000 1979 bis Juni 2006				
23.10.87	130,19	–19,25	–12,9	14.4.00	715,20	–90,39	–11,2
21.9.01	507,98	–67,59	–11,7	21.9.01	507,98	–67,59	–11,7
14.4.00	715,20	–90,39	–11,2	15.10.99	646,79	–43,89	–6,4
16.10.87	149,44	–14,42	–8,8	16.3.01	605,71	–43,88	–6,8
12.9.86	124,95	–10,87	–8,0	28.1.00	719,67	–41,85	–5,5
19.7.02	450,64	–36,13	–7,4	10.11.00	727,48	–37,43	–4,9
4.12.87	117,65	–8,79	–7,0	28.7.00	748,29	–37,21	–4,7
16.3.01	605,71	–43,88	–6,8	19.7.02	450,64	–36,13	–7,4
13.10.89	176,82	–12,63	–6,7	12.7.02	486,77	–34,70	–6,7
12.7.02	486,77	–34,70	–6,7	15.12.00	697,35	–32,48	–4,5
			Russell 2000 1979 bis Juni 2006				
23.10.87	121,59	–31,15	–20,4	14.4.00	453,72	–89,27	–16,4
14.4.00	453,72	–89,27	–16,4	21.9.01	378,89	–61,84	–14,0
21.9.01	378,89	–61,84	–14,0	12.5.06	742,40	–39,43	–5,0
28.8.98	358,54	–37,10	–9,4	7.1.05	613,21	–38,36	–5,9
12.10.79	50,76	–5,09	–9,1	28.8.98	358,54	–37,10	–9,4
9.10.98	318,40	–31,31	–9,0	9.6.06	701,39	–36,07	–4,9
16.10.87	152,74	–13,38	–8,1	31.3.00	539,09	–34,92	–6,1
24.8.90	134,22	–11,41	–7,8	26.9.03	485,29	–34,91	–6,7
7.3.80	54,70	–4,52	–7,6	28.7.00	490,22	–32,48	–6,2
28.3.80	47,54	–3,89	–7,6	16.3.01	441,80	–31,85	–6,7

10 Beste Monate nach Prozenten und Punkten

	nach Prozenten				nach Punkten		
Monat	Schlusswert	+/– Punkte	+/– (%)	Monat	Schlusswert	+/– Punkte	+/– (%)
			DJIA 1901 bis 1949				
Apr 1933	77,66	22,26	40,2	Nov 1928	293,38	41,22	16,3
Aug 1932	73,16	18,90	34,8	Jun 1929	333,79	36,38	12,2
Jul 1932	54,26	11,42	26,7	Aug 1929	380,33	32,63	9,4
Jun 1938	133,88	26,14	24,3	Jun 1938	133,88	26,14	24,3
Apr 1915	71,78	10,95	18,0	Aug 1928	240,41	24,41	11,3
Jun 1931	150,18	21,72	16,9	Apr 1933	77,66	22,26	40,2
Nov 1928	293,38	41,22	16,3	Feb 1931	189,66	22,11	13,2
Nov 1904	52,76	6,59	14,3	Jun 1931	150,18	21,72	16,9
Mai 1919	105,50	12,62	13,6	Aug 1932	73,16	18,90	34,8
Sep 1939	152,54	18,13	13,5	Jan 1930	267,14	18,66	7,5
			DJIA 1950 bis Juni 2006				
Jan 1976	975,28	122,87	14,4	Apr 1999	10789,04	1002,88	10,2
Jan 1975	703,69	87,45	14,2	Apr 2001	10734,97	856,19	8,7
Jan 1987	2158,04	262,09	13,8	Okt 2002	8397,03	805,10	10,6
Aug 1982	901,31	92,71	11,5	Mär 2000	10921,92	793,61	7,8
Okt 1982	991,72	95,47	10,7	Nov 2001	9851,56	776,42	8,6
Okt 2002	8397,03	805,10	10,6	Okt 1998	8592,10	749,48	9,6
Apr 1978	837,32	79,96	10,6	Aug 2000	11215,10	693,12	6,6
Apr 1999	10789,04	1002,88	10,2	Dez 2003	10453,92	671,46	6,9
Nov 1962	649,30	59,53	10,1	Feb 1998	8545,72	639,22	8,1
Nov 1954	386,77	34,63	9,8	Dez 1999	11497,12	619,31	5,7
			S&P 500 1930 bis Juni 2006				
Apr 1933	8,32	2,47	42,2	Mär 2000	1498,58	132,16	9,7
Jul 1932	6,10	1,67	37,7	Apr 2001	1249,46	89,13	7,7
Aug 1932	8,39	2,29	37,5	Aug 2000	1517,68	86,85	6,1
Jun 1938	11,56	2,29	24,7	Okt 1998	1098,67	81,66	8,0
Sep 1939	13,02	1,84	16,5	Dez 1999	1469,25	80,34	5,8
Okt 1974	73,90	10,36	16,3	Okt 1999	1362,93	80,22	6,3
Mai 1933	9,64	1,32	15,9	Nov 2001	1139,45	79,67	7,5
Apr 1938	9,70	1,20	14,1	Jun 1999	1372,71	70,87	5,4
Jun 1931	14,83	1,81	13,9	Okt 2002	885,76	70,48	8,6
Jan 1987	274,08	31,91	13,2	Jul 1997	954,29	69,15	7,8
			NASDAQ 1971 bis Juni 2006				
Dez 1999	4069,31	733,15	22,0	Feb 2000	4696,69	756,34	19,2
Feb 2000	4696,69	756,34	19,2	Dez 1999	4069,31	733,15	22,0
Okt 1974	65,23	9,56	17,2	Jun 2000	3966,11	565,20	16,6
Jan 1975	69,78	9,96	16,6	Aug 2000	4206,35	439,36	11,7
Jun 2000	3966,11	565,20	16,6	Nov 1999	3336,16	309,73	12,5
Apr 2001	2116,24	275,98	15,0	Jan 1999	2505,89	313,20	14,3
Jan 1999	2505,89	313,20	14,3	Jan 2001	2772,73	302,21	12,2
Nov 2001	1930,58	240,38	14,2	Apr 2001	2116,24	275,98	15,0
Okt 2002	1329,75	157,69	13,5	Dez 1998	2192,69	243,15	12,5
Okt 1982	212,63	24,98	13,3	Nov 2001	1930,58	240,38	14,2
			Russell 2000 1979 bis Juni 2006				
Jan 1987	146,48	16,48	12,7	Mär 2000	797,99	64,95	8,9
Okt 1982	73,34	7,45	11,3	Aug 2000	811,19	55,60	7,4
Aug 1982	65,14	6,60	11,3	Apr 2001	658,90	48,54	8,0
Dez 1991	220,61	22,15	11,2	Okt 1999	707,19	43,36	6,5
Aug 1984	89,87	8,74	10,8	Dez 1999	767,97	43,31	6,0
Nov 1980	78,26	7,18	10,1	Nov 2001	599,32	42,03	7,5
Mai 1990	187,66	15,34	8,9	Okt 1998	570,63	41,52	7,8
Mär 2000	797,99	64,95	8,9	Dez 1998	642,87	37,56	6,2
Jul 1989	182,27	13,78	8,2	Jul 1997	499,89	36,94	8,0
Okt 2002	468,51	35,29	8,1	Feb 1998	553,14	36,12	7,0
			Russell 2000 1979 bis Juni 2006				
Feb 2000	577,71	81,48	16,4	Feb 2000	577,71	81,48	16,4
Okt 1982	80,86	10,02	14,1	Jan 2006	733,20	59,98	8,9
Jan 1985	114,77	13,28	13,1	Dez 1999	504,75	50,67	11,2
Aug 1984	106,21	10,96	11,5	Nov 2004	633,77	49,98	8,6
Jan 1987	150,48	15,48	11,5	Mai 2003	441,00	42,32	10,6
Dez 1999	504,75	50,67	11,2	Jun 2000	517,23	41,05	8,6
Jul 1980	63,81	6,34	11,0	Okt 2003	528,22	40,54	8,3
Mai 1997	380,76	37,76	11,0	Jul 2005	679,75	40,09	6,3
Feb 1991	160,00	15,83	11,0	Mai 1997	380,76	37,76	11,0
Mai 2003	441,00	42,32	10,6	Dez 2000	483,57	37,59	8,4

10 Schlechteste Monate nach Prozenten und Punkten

	nach Prozenten				nach Punkten		
Monat	Schlusswert	+/− Punkte	+/− (%)	Monat	Schlusswert	+/− Punkte	+/− (%)
			DJIA 1901 bis 1949				
Sep 1931	96,61	−42,80	−30,7	Okt 1929	273,51	−69,94	−20,4
Mär 1938	98,95	−30,69	−23,7	Jun 1930	226,34	−48,73	−17,7
Apr 1932	56,11	−17,17	−23,4	Sep 1931	96,61	−42,80	−30,7
Mai 1940	116,22	−32,21	−21,7	Sep 1929	343,45	−36,88	−9,7
Okt 1929	273,51	−69,94	−20,4	Sep 1930	204,90	−35,52	−14,8
Mai 1932	44,74	−11,37	−20,3	Nov 1929	238,95	−34,56	−12,6
Jun 1930	226,34	−48,73	−17,7	Mai 1940	116,22	−32,21	−21,7
Dez 1931	77,90	−15,97	−17,0	Mär 1938	98,95	−30,69	−23,7
Feb 1933	51,39	−9,51	−15,6	Sep 1937	154,57	−22,84	−12,9
Mai 1931	128,46	−22,73	−15,0	Mai 1931	128,46	−22,73	−15,0
			DJIA 1950 bis Juni 2006				
Okt 1987	1993,53	−602,75	−23,2	Aug 1998	7539,07	−1344,22	−15,1
Aug 1998	7539,07	−1344,22	−15,1	Sep 2001	8847,56	−1102,19	−11,1
Nov 1973	822,25	−134,33	−14,0	Sep 2002	7591,93	−1071,57	−12,4
Sep 2002	7591,93	−1071,57	−12,4	Feb 2000	10128,31	−812,22	−7,4
Sep 2001	8847,56	−1102,19	−11,1	Jun 2002	9243,26	−681,99	−6,9
Sep 1974	607,87	−70,71	−10,4	Mär 2001	9878,78	−616,50	−5,9
Aug 1974	678,58	−78,85	−10,4	Okt 1987	1993,53	−602,75	−23,2
Aug 1990	2614,36	−290,84	−10,0	Aug 1997	7622,42	−600,19	−7,3
Mär 1980	785,75	−77,39	−9,0	Aug 2001	9949,75	−573,06	−5,4
Jun 1962	561,28	−52,08	−8,5	Sep 2000	10650,92	−564,18	−5,0
			S&P 500 1930 bis Juni 2006				
Sep 1931	9,71	−4,15	−29,9	Aug 1998	957,28	−163,39	−14,6
Mär 1938	8,50	−2,84	−25,0	Feb 2001	1239,94	−126,07	−9,2
Mai 1940	9,27	−2,92	−24,0	Nov 2000	1314,95	−114,45	−8,0
Mai 1932	4,47	−1,36	−23,3	Sep 2002	815,28	−100,79	−11,0
Okt 1987	251,79	−70,04	−21,8	Sep 2001	1040,94	−92,64	−8,2
Apr 1932	5,83	−1,48	−20,2	Sep 2000	1436,51	−81,17	−5,3
Feb 1933	5,66	−1,28	−18,4	Mär 2001	1160,33	−79,61	−6,4
Jun 1930	20,46	−4,03	−16,5	Jul 2002	911,62	−78,20	−7,9
Aug 1998	957,28	−163,39	−14,6	Aug 2001	1133,58	−77,65	−6,4
Dez 1931	8,12	−1,38	−14,5	Jun 2002	989,82	−77,32	−7,2
			NASDAQ 1971 bis Juni 2006				
Okt 1987	323,30	−120,99	−27,2	Nov 2000	2597,93	−771,70	−22,9
Nov 2000	2597,93	−771,70	−22,9	Apr 2000	3860,66	−712,17	−15,6
Feb 2001	2151,83	−620,90	−22,4	Feb 2001	2151,83	−620,90	−22,4
Aug 1998	1499,25	−373,14	−19,9	Sep 2000	3672,82	−533,53	−12,7
Mär 1980	131,00	−27,03	−17,1	Mai 2000	3400,91	−459,75	−11,9
Sep 2001	1498,80	−306,63	−17,0	Aug 1998	1499,25	−373,14	−19,9
Okt 1978	111,12	−21,77	−16,4	Mär 2001	1840,26	−311,57	−14,5
Apr 2000	3860,66	−712,17	−15,6	Sep 2001	1498,80	−306,63	−17,0
Nov 1973	93,51	−16,66	−15,1	Okt 1987	3369,63	−303,19	−8,3
Mär 2001	1840,26	−311,57	−14,5	Aug 2001	1805,43	−221,70	−10,9
			Russell 1000 1979 bis Juni 2006				
Okt 1987	131,89	−36,94	−21,9	Aug 1998	496,66	−88,31	−15,1
Aug 1998	496,66	−88,31	−15,1	Nov 2000	692,40	−70,66	−9,3
Mär 1980	55,79	−7,28	−11,5	Feb 2001	654,25	−68,30	−9,5
Sep 2002	433,22	−52,86	−10,9	Sep 2002	433,22	−52,86	−10,9
Aug 1990	166,69	−17,63	−9,6	Sep 2001	546,46	−51,21	−8,6
Feb 2001	654,25	−68,30	−9,5	Mär 2001	610,36	−43,89	−6,7
Nov 2000	692,40	−70,66	−9,3	Jun 2002	523,72	−42,46	−7,5
Sep 2001	546,46	−51,21	−8,6	Aug 2001	597,67	−39,76	−6,2
Sep 1986	125,70	−11,73	−8,5	Jul 2002	484,39	−39,33	−7,5
Nov 1987	121,28	−10,61	−8,0	Sep 2000	772,60	−38,57	−4,8
			Russell 2000 1979 bis Juni 2006				
Okt 1987	118,26	−52,55	−30,8	Aug 1998	337,95	−81,80	−19,5
Aug 1998	337,95	−81,80	−19,5	Jul 2002	392,42	−70,22	−15,2
Mär 1980	48,27	−10,95	−18,5	Sep 2001	404,87	−63,69	−13,6
Jul 2002	392,42	−70,22	−15,2	Okt 1987	118,26	−52,55	−30,8
Aug 1990	139,52	−21,99	−13,6	Nov 2000	445,94	−51,74	−10,4
Sep 2001	404,87	−63,69	−13,6	Mai 2006	721,01	−43,53	−5,7
Okt 1979	48,51	−6,17	−11,3	Jul 2004	551,29	−40,23	−6,8
Nov 2000	445,94	−51,74	−10,4	Mär 2000	539,09	−38,62	−6,7
Jul 1986	139,65	−14,58	−9,5	Jul 1998	419,75	−37,64	−8,2
Sep 1990	126,70	−12,82	−9,2	Apr 2005	579,38	−35,69	−5,8

10 Beste Quartale nach Prozenten und Punkten

	nach Prozenten				nach Punkten		
Quartal	Schlusswert	+/– Punkte	+/– (%)	Quartal	Schlusswert	+/– Punkte	+/– (%)
			DJIA 1901 bis 1949				
Jun 1933	98,14	42,74	77,1	Dez 1928	300,00	60,57	25,3
Sep 1932	71,56	28,72	67,0	Jun 1933	98,14	42,74	77,1
Jun 1938	133,88	34,93	35,3	Mär 1930	286,10	37,62	15,1
Sep 1915	90,58	20,52	29,3	Jun 1938	133,88	34,93	35,3
Dez 1928	300,00	60,57	25,3	Sep 1927	197,59	31,36	18,9
Dez 1904	50,99	8,80	20,9	Sep 1928	239,43	28,88	13,7
Jun 1919	106,98	18,13	20,4	Sep 1932	71,56	28,72	67,0
Sep 1927	197,59	31,36	18,9	Jun 1929	333,79	24,94	8,1
Dez 1905	70,47	10,47	17,4	Sep 1939	152,54	21,91	16,8
Jun 1935	118,21	17,40	17,3	Sep 1915	90,58	20,52	29,3
			DJIA 1950 bis Juni 2006				
Mär 1975	768,15	151,91	24,7	Dez 1998	9181,43	1338,81	17,1
Mär 1987	2304,69	408,74	21,6	Jun 1999	10970,80	1184,64	12,1
Mär 1986	1818,61	271,94	17,6	Dez 2003	10453,92	1178,86	12,7
Mär 1976	999,45	147,04	17,2	Dez 2001	10021,50	1173,94	13,3
Dez 1998	9181,43	1338,81	17,1	Dez 1999	11497,12	1160,17	11,2
Dez 1982	1046,54	150,29	16,8	Jun 1997	7672,79	1089,31	16,5
Jun 1997	7672,79	1089,31	16,5	Jun 2003	8985,44	993,31	12,4
Dez 1985	1546,67	218,04	16,4	Mär 1998	8799,81	891,56	11,3
Jun 1975	878,99	110,84	14,4	Dez 2002	8341,63	749,70	9,9
Dez 2001	10021,50	1173,94	13,3	Dez 2004	10783,01	702,74	7,0
			S&P 500 1930 bis Juni 2006				
Jun 1933	10,91	5,06	86,5	Dez 1998	1229,23	212,22	20,9
Sep 1932	8,08	3,65	82,4	Dez 1999	1469,25	186,54	14,5
Jun 1938	11,56	3,06	36,0	Mär 1998	1101,75	131,32	13,5
Mär 1975	83,36	14,80	21,6	Jun 1997	885,14	128,02	16,9
Dez 1998	1229,23	212,22	20,9	Jun 2003	974,50	125,32	14,8
Jun 1935	10,23	1,76	20,8	Dez 2003	1111,92	115,95	11,6
Mär 1987	291,70	49,53	20,5	Dez 2001	1148,08	107,14	10,3
Sep 1939	13,02	2,16	19,9	Dez 2004	1211,92	97,34	8,7
Mär 1943	11,58	1,81	18,5	Jun 1999	1372,71	86,34	6,7
Mär 1930	25,14	3,69	17,2	Dez 2002	879,82	64,54	7,9
			NASDAQ 1971 bis Juni 2006				
Dez 1999	4069,31	1323,15	48,2	Dez 1999	4069,31	1323,15	48,2
Dez 2001	1950,40	451,60	30,1	Mär 2000	4572,83	503,52	12,4
Dez 1998	2192,69	498,85	29,5	Dez 1998	2192,69	498,85	29,5
Mär 1991	482,30	108,46	29,0	Dez 2001	1950,40	451,60	30,1
Mär 1975	75,66	15,84	20,5	Jun 2001	2160,54	320,28	17,4
Dez 1982	232,41	44,76	23,9	Jun 2003	1622,80	281,63	21,0
Mär 1987	430,05	80,72	23,1	Dez 2004	2175,44	278,60	14,7
Jun 2003	1622,80	281,63	21,0	Mär 1999	2461,40	268,71	12,3
Jun 1980	157,78	26,78	20,4	Mär 1998	1835,68	265,33	16,9
Sep 1980	187,76	29,98	19,0	Sep 1997	1685,69	243,62	16,9
			Russell 1000 1979 bis Juni 2006				
Dez 1998	642,87	113,76	21,5	Dez 1998	642,87	113,76	21,5
Mär 1987	155,20	25,20	19,4	Dez 1999	767,97	104,14	15,7
Dez 1982	77,24	11,35	17,2	Jun 2003	518,94	68,59	15,2
Jun 1997	462,95	64,76	16,3	Mär 1998	580,31	66,52	12,9
Dez 1985	114,39	15,64	15,8	Jun 1997	462,95	64,76	16,3
Dez 1999	767,97	104,14	15,7	Dez 2003	594,56	62,41	11,7
Jun 2003	518,94	68,59	15,2	Dez 2001	604,94	58,48	10,7
Mär 1991	196,15	24,93	14,6	Dez 2004	650,99	55,33	9,3
Mär 1986	130,07	15,68	13,7	Jun 1999	713,61	46,12	6,9
Jun 1980	63,27	7,48	13,4	Sep 1997	500,78	37,83	8,2
			Russell 2000 1979 bis Juni 2006				
Mär 1991	171,01	38,85	29,4	Mär 2006	765,14	91,92	13,7
Dez 1982	88,90	18,06	25,5	Jun 2003	448,37	83,83	23,0
Mär 1987	166,79	31,79	23,5	Dez 2001	488,50	83,63	20,7
Jun 2003	448,37	83,83	23,0	Dez 2004	651,57	78,63	13,7
Sep 1980	69,94	12,47	21,7	Dez 1999	504,75	77,45	18,1
Dez 2001	488,50	83,63	20,7	Dez 2003	556,91	69,23	14,2
Jun 1983	124,17	20,40	19,7	Jun 2001	512,64	62,11	13,8
Jun 1980	57,47	9,20	19,1	Jun 1999	457,68	60,05	15,1
Dez 1999	504,75	77,45	18,1	Dez 1998	421,96	58,37	16,1
Mär 1988	142,15	21,73	18,0	Sep 1997	453,82	57,45	14,5

10 Schlechteste Quartale nach Prozenten und Punkten

	nach Prozenten				nach Punkten		
Quartal	Schlusswert	+/− Punkte	+/− (%)	Quartal	Schlusswert	+/− Punkte	+/− (%)
DJIA 1901 bis 1949							
Jun 1932	42,84	−30,44	−41,5	Dez 1929	248,48	−94,97	−27,7
Sep 1931	96,61	−53,57	−35,7	Jun 1930	226,34	−59,76	−20,9
Dez 1929	248,48	−94,97	−27,7	Sep 1931	96,61	−53,57	−35,7
Sep 1903	33,55	−9,73	−22,5	Dez 1930	164,58	−40,32	−19,7
Dez 1937	120,85	−33,72	−21,8	Dez 1937	120,85	−33,72	−21,8
Jun 1930	226,34	−59,76	−20,9	Sep 1946	172,42	−33,20	−16,1
Dez 1930	164,58	−40,32	−19,7	Jun 1932	42,84	−30,44	−41,5
Dez 1931	77,90	−18,71	−19,4	Jun 1940	121,87	−26,08	−17,6
Mär 1938	98,95	−21,90	−18,1	Mär 1939	131,84	−22,92	−14,8
Jun 1940	121,87	−26,08	−17,6	Jun 1931	150,18	−22,18	−12,9
DJIA 1950 bis Juni 2006							
Dez 1987	1938,83	−657,45	−25,3	Sep 2001	8847,56	−1654,84	−15,8
Sep 1974	607,87	−194,54	−24,2	Sep 2002	7591,93	−1651,33	−17,9
Jun 1962	561,28	−145,67	−20,6	Jun 2002	9243,26	−1160,68	−11,2
Sep 2002	7591,93	−1651,33	−17,9	Sep 1998	7842,62	−1109,40	−12,4
Sep 2001	8847,56	−1654,84	−15,8	Mär 2001	9878,78	−908,07	−8,4
Sep 1990	2452,48	−428,21	−14,9	Dez 1987	1938,83	−657,45	−25,3
Sep 1981	849,98	−126,90	−13,0	Sep 1999	10336,95	−633,85	−5,8
Jun 1970	683,53	−102,04	−13,0	Mär 2000	10921,92	−575,20	−5,0
Sep 1998	7842,62	−1109,40	−12,4	Jun 2000	10447,89	−474,03	−4,3
Jun 2002	9243,26	−1160,68	−11,2	Sep 1990	2452,48	−428,21	−14,9
S&P 500 1930 bis Juni 2006							
Jun 1932	4,43	−2,88	−39,4	Sep 2001	1040,94	−183,48	−15,0
Sep 1931	9,71	−5,12	−34,5	Sep 2002	815,28	−174,54	−17,6
Sep 1974	63,54	−22,46	−26,1	Mär 2001	1160,33	−159,95	−12,1
Dez 1937	10,55	−3,21	−23,3	Jun 2002	989,82	−157,57	−13,7
Dez 1987	247,08	−74,75	−23,2	Sep 1998	1017,01	−116,83	−10,3
Jun 1962	54,75	−14,80	−21,3	Dez 2000	1320,28	−116,23	−8,1
Mär 1938	8,50	−2,05	−19,4	Sep 1999	1282,71	−90,00	−6,6
Jun 1970	72,72	−16,91	−18,9	Dez 1987	247,08	−74,75	−23,2
Sep 1946	14,96	−3,47	−18,8	Sep 1990	306,05	−51,97	−14,5
Jun 1930	20,46	−4,68	−18,6	Jun 2000	1454,60	−43,98	−2,9
NASDAQ 1971 bis Juni 2006							
Dez 2000	2470,52	−1202,30	−32,7	Dez 2000	2470,52	−1202,30	−32,7
Sep 2001	1498,80	−661,74	−30,6	Sep 2001	1498,80	−661,74	−30,6
Sep 1974	55,67	−20,29	−26,7	Mär 2001	1840,26	−630,26	−25,5
Dez 1987	330,47	−113,82	−25,6	Jun 2000	3966,11	−606,72	−13,3
Mär 2001	1840,26	−630,26	−25,5	Jun 2002	1463,21	−382,14	−20,7
Sep 1990	344,51	−117,78	−25,5	Sep 2000	3672,82	−293,29	−7,4
Jun 2002	1463,21	−382,14	−20,7	Sep 2002	1172,06	−291,15	−19,9
Sep 2002	1172,06	−291,15	−19,9	Sep 1998	1693,84	−200,90	−10,6
Jun 1974	75,96	−16,31	−17,7	Mär 2005	1999,23	−176,21	−8,1
Dez 1973	92,19	−19,01	−17,1	Sep 2004	1896,84	−150,95	−7,4
Russell 1000 1979 bis Juni 2006							
Dez 1987	130,02	−38,81	−23,0	Sep 2001	546,46	−100,18	−15,5
Sep 2002	433,22	−90,50	−17,3	Sep 2002	433,22	−90,50	−17,3
Sep 2001	546,46	−100,18	−15,5	Mär 2001	610,36	−89,73	−12,8
Sep 1990	157,83	−28,46	−15,3	Jun 2002	523,72	−83,63	−13,8
Jun 2002	523,72	−83,63	−13,8	Dez 2000	700,09	−72,51	−9,4
Mär 2001	610,36	−89,73	−12,8	Sep 1998	529,11	−63,46	−10,7
Sep 1981	64,06	−8,95	−12,3	Sep 1999	663,83	−49,78	−7,0
Sep 1998	529,11	−63,46	−10,7	Dez 1987	130,02	−38,81	−23,0
Mär 1982	61,43	−6,50	−9,6	Sep 1990	157,83	−28,46	−15,3
Dez 2000	700,09	−72,51	−9,4	Jun 2000	769,68	−28,31	−3,5
Russell 2000 1979 bis Juni 2006							
Dez 1987	120,42	−50,39	−29,5	Sep 2001	404,87	−107,77	−21,0
Sep 1990	126,70	−42,34	−25,0	Sep 2002	362,27	−100,37	−21,7
Sep 2002	362,27	−100,37	−21,7	Sep 1998	363,59	−93,80	−20,5
Sep 2001	404,87	−107,77	−21,0	Dez 1987	120,42	−50,39	−29,5
Sep 1998	363,59	−93,80	−20,5	Jun 2002	462,64	−43,82	−8,7
Sep 1981	67,55	−15,04	−18,2	Sep 1990	126,70	−42,34	−25,0
Mär 1980	48,27	−7,64	−13,7	Dez 2000	483,53	−37,84	−7,3
Sep 1986	134,73	−19,50	−12,6	Mär 2005	615,07	−36,50	−5,6
Mär 1982	66,21	−7,46	−10,1	Mär 2001	450,53	−33,00	−6,8
Jun 2002	462,64	−43,82	−8,7	Sep 1999	427,30	−30,38	−6,6

10 Beste Jahre nach Prozenten und Punkten

	nach Prozenten				nach Punkten		
Jahr	Schlusswert	+/− Punkte	+/− (%)	Jahr	Schlusswert	+/− Punkte	+/− (%)
			DJIA 1901 bis 1949				
1915	99,15	44,57	81,7	1928	300,00	97,60	48,2
1933	99,90	39,97	66,7	1927	202,40	45,20	28,8
1928	300,00	97,60	48,2	1915	99,15	44,57	81,7
1908	63,11	20,07	46,6	1945	192,91	40,59	26,6
1904	50,99	15,01	41,7	1935	144,13	40,09	38,5
1935	144,13	40,09	38,5	1933	99,90	39,97	66,7
1905	70,47	19,48	38,2	1925	156,66	36,15	30,0
1919	107,23	25,03	30,5	1936	179,90	35,77	24,8
1925	156,66	36,15	30,0	1938	154,76	33,91	28,1
1927	202,40	45,20	28,8	1919	107,23	25,03	30,5
			DJIA 1950 bis Juni 2006				
1954	404,39	123,49	44,0	1999	11497,12	2315,69	25,2
1975	852,41	236,17	38,3	2003	10453,92	2112,29	25,3
1958	583,65	147,96	34,0	1997	7908,25	1459,98	22,6
1995	5117,12	1282,68	33,5	1996	6448,27	1331,15	26,0
1985	1546,67	335,10	27,7	1995	5117,12	1282,68	33,5
1989	2753,20	584,63	27,0	1998	9181,43	1273,18	16,1
1996	6448,27	1331,15	26,0	1989	2753,20	584,63	27,0
2003	10453,92	2112,29	25,3	1991	3168,83	535,17	20,3
1999	11497,12	2315,69	25,2	1993	3754,09	452,98	13,7
1997	7908,25	1459,98	22,6	1986	1895,95	349,28	22,6
			S&P 500 1930 bis Juni 2006				
1933	10,10	3,21	46,6	1998	1229,23	258,80	26,7
1954	35,98	11,17	45,0	1999	1469,25	240,02	19,5
1935	13,43	3,93	41,4	2003	1111,92	232,10	26,4
1958	55,21	15,22	38,1	1997	970,43	229,69	31,0
1995	615,93	156,66	34,1	1995	615,93	156,66	34,1
1975	90,19	21,63	31,5	1996	740,74	124,81	20,3
1997	970,43	229,69	31,0	2004	1211,92	100,00	9,0
1945	17,36	4,08	30,7	1991	417,09	86,87	26,3
1936	17,18	3,75	27,9	1989	353,40	75,68	27,3
1989	353,40	75,68	27,3	1985	211,28	44,04	26,3
			NASDAQ 1971 bis Juni 2006				
1999	4069,31	1876,62	85,6	1999	4069,31	1876,62	85,6
1991	586,34	212,50	56,8	2003	2003,37	667,86	50,0
2003	2003,37	667,86	50,0	1998	2192,69	622,34	39,6
1995	1052,13	300,17	39,9	1995	1052,13	300,17	39,9
1998	2192,69	622,34	39,6	1997	1570,35	279,32	21,6
1980	202,34	51,20	33,9	1996	1291,03	238,90	22,7
1985	324,93	77,58	31,4	1991	586,34	212,50	56,8
1975	77,62	17,80	29,8	2004	2175,44	172,07	8,6
1979	151,14	33,16	28,1	1993	776,80	99,85	14,7
1971	114,12	24,51	27,4	1992	676,95	90,61	15,5
			Russell 1000 1979 bis Juni 2006				
1995	328,89	84,24	34,4	1998	642,87	129,08	25,1
1997	513,79	120,04	30,5	2003	594,56	128,38	27,5
1991	220,61	49,39	28,8	1999	767,97	125,10	19,5
2003	594,56	128,38	27,5	1997	513,79	120,04	30,5
1985	114,39	24,08	26,7	1995	328,89	84,24	34,4
1989	185,11	38,12	25,9	1996	393,75	64,86	19,7
1980	75,20	15,33	25,6	2004	650,99	56,43	9,5
1998	642,87	129,08	25,1	1991	220,61	49,39	28,8
1996	393,75	64,86	19,7	1989	185,11	38,12	25,9
1999	767,97	125,10	19,5	2005	679,42	28,43	4,4
			Russell 2000 1979 bis Juni 2006				
2003	556,91	173,82	45,4	2003	556,91	173,82	45,4
1991	189,94	57,78	43,7	2004	651,57	94,66	17,0
1979	55,91	15,39	38,0	1999	504,75	82,79	19,6
1980	74,80	18,89	33,8	1997	437,02	74,41	20,5
1985	129,87	28,38	28,0	1995	315,97	65,61	26,2
1983	112,27	23,37	26,3	1991	189,94	57,78	43,7
1995	315,97	65,61	26,2	1996	362,61	46,64	14,8
1988	147,37	26,95	22,4	1993	258,59	37,58	17,0
1982	88,90	15,23	20,7	1992	221,01	31,07	16,4
1997	437,02	74,41	20,5	1985	129,87	28,38	28,0

10 Schlechteste Jahre nach Prozenten und Punkten

	nach Prozenten				nach Punkten		
Jahr	Schlusswert	+/− Punkte	+/− (%)	Jahr	Schlusswert	+/− Punkte	+/− (%)
			DJIA 1901 bis 1949				
1931	77,90	−86,68	−52,7	1931	77,90	−86,68	−52,7
1907	43,04	−26,08	−37,7	1930	164,58	−83,90	−33,8
1930	164,58	−83,90	−33,8	1937	120,85	−59,05	−32,8
1920	71,95	−35,28	−32,9	1929	248,48	−51,52	−17,2
1937	120,85	−59,05	−32,8	1920	71,95	−35,28	−32,9
1903	35,98	−11,12	−23,6	1907	43,04	−26,08	−37,7
1932	59,93	−17,97	−23,1	1917	74,38	−20,62	−21,7
1917	74,38	−20,62	−21,7	1941	110,96	−20,17	−15,4
1910	59,60	−12,96	−17,9	1940	131,13	−19,11	−12,7
1929	248,48	−51,52	−17,2	1932	59,93	−17,97	−23,1
			DJIA 1950 bis Juni 2006				
1974	616,24	−234,62	−27,6	2002	8341,63	−1679,87	−16,8
1966	785,69	−183,57	−18,9	2001	10021,50	−765,35	−7,1
1977	831,17	−173,48	−17,3	2000	10786,85	−710,27	−6,2
2002	8341,63	−1679,87	−16,8	1974	616,24	−234,62	−27,6
1973	850,86	−169,16	−16,6	1966	785,69	−183,57	−18,9
1969	800,36	−143,39	−15,2	1977	831,17	−173,48	−17,3
1957	435,69	−63,78	−12,8	1973	850,86	−169,16	−16,6
1962	652,10	−79,04	−10,8	1969	800,36	−143,39	−15,2
1960	615,89	−63,47	−9,3	1990	2633,66	−119,54	−4,3
1981	875,00	−88,99	−9,2	1981	875,00	−88,99	−9,2
			S&P 500 1930 bis Juni 2006				
1931	8,12	−7,22	−47,1	2002	879,82	−268,26	−23,4
1937	10,55	−6,63	−38,6	2001	1148,08	−172,20	−13,0
1974	68,56	−28,99	−29,7	2000	1320,28	−148,97	−10,1
1930	15,34	−6,11	−28,5	1974	68,56	−28,99	−29,7
2002	879,82	−268,26	−23,4	1990	330,22	−23,18	−6,6
1941	8,69	−1,89	−17,9	1973	97,55	−20,50	−17,4
1973	97,55	−20,50	−17,4	1981	122,55	−13,21	−9,7
1940	10,58	−1,91	−15,3	1977	95,10	−12,36	−11,5
1932	6,89	−1,23	−15,1	1966	80,33	−12,10	−13,1
1957	39,99	−6,68	−14,3	1969	92,06	−11,80	−11,4
			NASDAQ 1971 bis Juni 2006				
2000	2470,52	−1598,79	−39,3	2000	2470,52	−1598,79	−39,3
1974	59,82	−32,37	−35,1	2002	1335,51	−614,89	−31,5
2002	1335,51	−614,89	−31,5	2001	1950,40	−520,12	−21,1
1973	92,19	−41,54	−31,1	1990	373,84	−80,98	−17,8
2001	1950,40	−520,12	−21,1	1973	92,19	−41,54	−31,1
1990	373,84	−80,98	−17,8	1974	59,82	−32,37	−35,1
1984	247,35	−31,25	−11,2	1984	247,35	−31,25	−11,2
1987	330,47	−18,86	−5,4	1994	751,96	−24,84	−3,2
1981	195,84	−6,50	−3,2	1987	330,47	−18,86	−5,4
1994	751,96	−24,84	−3,2	1981	195,84	−6,50	−3,2
			Russell 1000 1979 bis Juni 2006				
2002	466,18	−138,76	−22,9	2002	466,18	−138,76	−22,9
2001	604,94	−95,15	−13,6	2001	604,94	−95,15	−13,6
1981	67,93	−7,27	−9,7	2000	700,09	−67,88	−8,8
2000	700,09	−67,88	−8,8	1990	171,22	−13,89	−7,5
1990	171,22	−13,89	−7,5	1981	67,93	−7,27	−9,7
1994	244,65	−6,06	−2,4	1994	244,65	−6,06	−2,4
1984	90,31	−0,07	−0,1	1984	90,31	−0,07	−0,1
1987	130,02	0,02	0,02	1987	130,02	0,02	0,02
2005	679,42	28,43	4,4	1979	59,87	8,29	16,1
1992	233,59	12,98	5,9	1982	77,24	9,31	13,7
			Russell 2000 1979 bis Juni 2006				
2002	383,09	−105,41	−21,6	2002	383,09	−105,41	−21,6
1990	132,16	−36,14	−21,5	1990	132,16	−36,14	−21,5
1987	120,42	−14,58	−10,8	2000	483,53	−21,22	−4,2
1984	101,49	−10,78	−9,6	1998	421,96	−15,06	−3,4
2000	483,53	−21,22	−4,2	1987	120,42	−14,58	−10,8
1998	421,96	−15,06	−3,4	1984	101,49	−10,78	−9,6
1994	250,36	−8,23	−3,2	1994	250,36	−8,23	−3,2
1981	73,67	−1,13	−1,5	1981	73,67	−1,13	−1,5
2001	488,50	4,97	1,0	2001	488,50	4,97	1,0
2005	673,22	21,65	3,3	1986	135,00	5,13	4,0

Strategieplanung und Aufzeichnungen

Inhalt

172	Portfolio zu Beginn 2007
173	Zukäufe
175	Kurzfristige Transaktionen
177	Langfristige Transaktionen
179	Erhaltene Zinsen/Dividenden 2007 – Courtagekonto-Daten 2007
180	Wöchentliche Portfolio-Preisentwicklung 2007
182	Wöchentliche Indikator-Daten 2007
184	Monatliche Indikator-Daten 2007
185	Portfolio zum Ende 2007
186	Wenn Sie nicht von Ihren Investitionsfehlern profitieren, wird es jemand anderes tun / Performancebilanz von Empfehlungen
187	Individual Retirement Accounts: Der phantastischste Investitionsanreiz, der je geschaffen wurde
188	233 Exchange Traded Funds (ETF)
190	Handelscodes von Optionen
191	G.M. Loebs „Schlachtplan" für das Überleben im Investmentbereich
192	G.M. Loebs Investitions-Checkliste

Portfolio zu Beginn 2007

Anschaffungs-datum	Anzahl der Aktien	Wertpapier	Preis	Kosten Gesamt	Nicht realisierte Gewinne	Nicht realisierte Verluste

Zukäufe

Anschaffungs-datum	Anzahl Aktien	Wertpapier	Preis	Kosten Gesamt	Kaufgrund, Hauptziel etc.

Zukäufe

Anschaffungs-datum	Anzahl Aktien	Wertpapier	Preis	Kosten Gesamt	Kaufgrund, Hauptziel etc.

Kurzfristige Transaktionen

Seiten 175–178 können als Grundlage für die Einkommensteuererklärung des nächsten Jahres dienen. Tragen Sie Transaktionen ein, sobald sie abgeschlossen wurden, um später nicht unter Zeitdruck zu geraten.

Anzahl der Aktien	Wertpapier	Anschaffungsdatum	Verkaufsdatum	Verkaufspreis	Kosten	Verlust	Gewinn

Gesamt: Übertrag auf nächste Seite

Kurzfristige Transaktionen *(Fortsetzung)*

Anzahl der Aktien	Wertpapier	Anschaffungs-datum	Verkaufs-datum	Verkaufs-preis	Kosten	Verlust	Gewinn
					Gesamt:		

Langfristige Transaktionen

Seiten 175–178 können als Grundlage für die Einkommensteuererklärung des nächsten Jahres dienen. Tragen Sie Transaktionen ein, sobald sie abgeschlossen wurden, um später nicht unter Zeitdruck zu geraten.

Anzahl der Aktien	Wertpapier	Anschaffungs-datum	Verkaufs-datum	Verkaufs-preis	Kosten	Verlust	Gewinn

Gesamt: Übertrag auf nächste Seite

Langfristige Transaktionen *(Fortsetzung)*

Anzahl der Aktien	Wertpapier	Anschaffungs-datum	Verkaufs-datum	Verkaufs-preis	Kosten	Verlust	Gewinn	Gesamt:

Erhaltene Zinsen/Dividenden 2007

Anteile	Aktie/Bond	1. Quartal	2. Quartal	3. Quartal	4. Quartal
		€	€	€	€

Courtagekonto-Daten 2007

	Zinsmarge	Börsen-umsatzsteuer	zugeführtes Kapital	entnommenes Kapital
Jan				
Feb				
Mär				
Apr				
Mai				
Jun				
Jul				
Aug				
Sep				
Okt				
Nov				
Dez				

Portfolio-Preisentwicklung 2007 (erste Jahreshälfte)
Schreiben Sie den Kaufpreis über Aktiennamen und wöchentliche Schlusskurse darunter

	Woche endet am	Aktien									
		1	2	3	4	5	6	7	8	9	10
Januar	5										
	12										
	19										
	26										
Februar	2										
	9										
	16										
	23										
März	2										
	9										
	16										
	23										
	30										
April	6										
	13										
	20										
	27										
Mai	4										
	11										
	18										
	25										
Juni	1										
	8										
	15										
	22										
	29										

Portfolio-Preisentwicklung 2007 (zweite Jahreshälfte)
Schreiben Sie den Kaufpreis über Aktiennamen und wöchentliche Schlusskurse darunter

	Aktien Woche endet am	11	12	13	14	15	16	17	18	Dow Jones Industrial Average	Netto-änderung Woche
Juli	6										
	13										
	20										
	27										
August	3										
	10										
	17										
	24										
	31										
September	7										
	14										
	21										
	28										
Oktober	5										
	12										
	19										
	26										
November	2										
	9										
	16										
	23										
	30										
Dezember	7										
	14										
	21										
	28										

Wöchentliche Indikator-Daten 2007 (erste Jahreshälfte)

	Woche endend am	Dow Jones Industrial Average	+/− Woche	+/− Freitag	+/− folgender Montag	S&P oder NASDAQ	NYSE Kurs-anstiege	NYSE Kurs-senkungen	Neue Hochs	Neue Tiefs	CBOE Put/Call Ratio	90 Tage Treas. Rate	Moody's AAA Rate
Januar	5												
	12												
	19												
	26												
Februar	2												
	9												
	16												
	23												
März	2												
	9												
	16												
	23												
	30												
April	6												
	13												
	20												
	27												
Mai	4												
	11												
	18												
	25												
Juni	1												
	8												
	15												
	22												
	29												

Wöchentliche Indikator-Daten 2007 (zweite Jahreshälfte)

	Woche endend am	Dow Jones Industrial Average	+/− Woche	+/− Freitag	+/− folgender Montag	S&P oder NASDAQ	NYSE Kurs-anstiege	NYSE Kurs-senkungen	Neue Hochs	Neue Tiefs	CBOE Put/Call Ratio	90 Tage Treas. Rate	Moody's AAA Rate
Juli	5												
	12												
	19												
	26												
August	2												
	9												
	16												
	23												
September	2												
	9												
	16												
	23												
	30												
Oktober	6												
	13												
	20												
	27												
November	4												
	11												
	18												
	25												
Dezember	1												
	8												
	15												
	22												
	29												

Monatliche Indikator-Daten 2007

	DJIA (%) Letzte 3 + Erste 2 Tage	DJIA (%) 9.–11. Handelstag	DJIA (%) +/– restlicher Monat	DJIA (%) +/– Monat Gesamt	+/– (%) Ihre Aktien	Bruttoinlandsprodukt	Leitzinssatz	Handelsdefizit Mrd. $	Verbraucherpreisindex +/– (%)	Arbeitslosenquote (%)
Jan										
Feb										
Mär										
Apr										
Mai										
Jun										
Jul										
Aug										
Sep										
Okt										
Nov										
Dez										

Anleitung:

Wöchentliche Indikator-Daten (S. 182–183). Die Werte verschiedener Indikatoren aufzuzeichnen, kann Ihnen ein besseres Gefühl für den Markt geben. Zusätzlich zum Schlusswert des Dow Jones und der Veränderung während der Woche, notieren Sie sich auch die Änderung des Dow am Freitag und am folgenden Monat. Eine Reihe von „Freitagsverlusten", die von „Montagsverlusten" gefolgt werden, gehen oft einer Talfahrt voraus. Das Verfolgen entweder des S&P oder des NASDAQ-Composite und der Anzahl der Kursanstiege und Kurssenkungen wird helfen, nicht vom Dow in die Irre geführt zu werden. Neue Höchst- und Tiefststände sowie Put/Call-Ratios (*www.cboe.com*) sind ebenfalls nützliche Indikatoren. All diese wöchentlichen Zahlen erscheinen in den Zeitungen des Wochenendes oder *Barron's*. Die Daten zum 90-Tage Treasury Rate und Moody's AAA Bond Rate sind sehr wichtig, um die Zinssätze für kurz- und langfristige Anleihen zu beobachten. Diese Zahlen können unter der folgenden Adresse bezogen werden:

    Weekly U.S. Financial Data
    Federal Reserve Bank of St. Louis
    P.O. Box 442
    http://research.stlouisfed.org

Monatliche Indikator-Daten: Zweck der ersten drei Spalten ist, Sie in die Lage zu versetzen, die Haussetendenzen des Markts zum Ende, Anfang und zur Mitte des Monats zu beobachten, die sich in jüngster Zeit verschoben haben (siehe S. 88, 136 und 137). Marktausrichtung, Performance Ihrer Aktien, Bruttoinlandsprodukt, Leitzinssatz, Handelsdefizit, Verbraucherpreisindex und Arbeitslosenquote sind Indikatoren, die es wert sind, verfolgt zu werden. Vielleicht wollen Sie aber auch andere Daten einschätzen.

Portfolio zum Ende 2007

Anschaffungs-datum	Anzahl Aktien	Wertpapier	Preis	Kosten Gesamt	Nicht realisierte Gewinne	Nicht realisierte Verluste

Wenn Sie nicht von Ihren Investitionsfehlern profitieren, wird es jemand anderes tun

Egal wie sehr wir es verneinen mögen, fast jede erfolgreiche Person an der Wall Street widmet einen großen Teil ihrer Aufmerksamkeit Ratschlägen anderer – insbesondere wenn diese aus „den richtigen Quellen" stammen.

Es ist ungemein schwierig, zwischen guten und schlechten Tipps zu unterscheiden. In der Regel haben die besten Tipps einen nachvollziehbaren Hintergrund, der den Tipp begleitet. Schlechte Tipps haben in der Regel keine Begründung, die sie stützt.

Wichtig ist, sich stets daran zu erinnern, dass der Markt verwertet. Er prüft nicht, er denkt nicht nach. Das wahre Interesse der Börse an Tipps, Insiderinformationen, Kauf- und Verkaufsvorschlägen und allem anderen dieser Sorte entsteht aus dem Verlangen, einfach herauszufinden, was der Markt zur Verwertung hergibt. Um dieses herauszufinden, muss man die Spreu vom Weizen trennen – und es gibt jede Menge Spreu.

Wie man mit Aktientipps umgehen sollte

- Die Quelle sollte **zuverlässig** sein. (Durch die Notierung aller Tipps und Ratschläge in einer Performancebilanz von Empfehlungen (s. u.) und den regelmäßigen Abgleich mit den tatsächlichen Geschehnissen sollten Sie bald die „Trefferquote" Ihrer Quellen kennen)
- Die Geschichte sollte Sinn ergeben. Würde die Fusion gegen das Kartellrecht verstoßen? Sind bereits zu viele Computer auf dem Markt? Wie viele Jahre wird es dauern, bis schwarze Zahlen geschrieben werden?
- Die Aktie sollte in jüngster Zeit keinen steilen Anstieg hinter sich haben. Ansonsten kann es sein, dass die Geschichte bereits verwertet wurde und eine Bestätigung oder Dementierung in der Presse würde wahrscheinlich von einem Ausverkauf der Aktie begleitet werden.

Performancebilanz von Empfehlungen

Empfohlene Aktie	von wem	Datum	Kurs	Begründung der Empfehlung	Anschließender Kursverlauf der Aktie

Individual Retirement Accounts: Der beste Investitionsanreiz, der je geschaffen wurde

Maximale IPR-Investition von 4 000 $ pro Jahr mit Zinseszins bei verschiedenen Ertragsraten über verschiedene Zeiträume

Zins p. a.	5 Jahre	10 Jahre	15 Jahre	20 Jahre	25 Jahre	30 Jahre	35 Jahre	40 Jahre	45 Jahre	50 Jahre
1%	$20.608	$42.267	$65.031	$88.957	$114.103	$140.531	$168.308	$197.501	$228.184	$260.431
2%	21.232	44.675	70.557	99.133	130.684	165.518	203.977	246.440	293.322	345.084
3%	21.874	47.231	76.628	110.706	150.212	196.011	249.104	310.653	382.006	464.723
4%	22.532	49.945	83.298	123.877	173.247	233.313	306.393	395.306	503.482	635.095
5%	23.208	52.827	90.630	138.877	200.454	279.043	379.345	507.359	670.741	879.262
6%	23.901	55.887	98.690	155.971	232.626	335.207	472.483	656.191	902.032	1.231.024
7%	24.613	59.134	107.552	175.461	270.706	404.292	591.654	854.438	1.223.007	1.739.944
8%	25.344	62.582	117.297	197.692	315.818	489.383	744.409	1.119.124	1.669.704	2.478.687
9%	26.093	66.241	128.014	223.058	369.296	594.301	940.499	1.473.167	2.292.744	3.553.764
10%	26.862	70.125	139.799	252.010	432.727	723.774	1.192.507	1.947.407	3.163.181	5.121.198
11%	27.651	74.246	152.760	285.061	507.995	883.653	1.516.658	2.583.308	4.380.675	7.409.344
12%	28.461	78.618	167.013	322.795	597.336	1.081.170	1.933.852	3.436.570	6.084.871	10.752.082
13%	29.291	83.257	182.687	365.880	703.400	1.325.260	2.470.997	4.581.943	8.471.224	15.636.972
14%	30.142	88.178	199.921	415.074	829.331	1.626.948	3.162.692	6.119.634	11.812.975	22.775.017
15%	31.015	93.397	218.870	471.240	978.848	1.999.828	4.053.383	8.183.815	16.491.591	33.201.495
16%	31.910	98.932	239.700	535.362	1.156.353	2.460.646	5.200.108	10.953.914	23.038.871	48.421.410
17%	32.827	104.800	262.595	608.554	1.367.051	3.030.015	6.675.978	14.669.562	32.195.080	70.618.868
18%	33.768	111.021	287.756	692.084	1.617.088	3.733.275	8.574.596	19.650.365	44.989.044	102.957.802
19%	34.732	117.614	315.401	787.390	1.913.722	4.601.550	11.015.657	26.321.986	62.848.299	150.013.001
20%	35.720	124.602	345.769	896.102	2.265.509	5.673.032	14.152.037	35.250.518	87.750.288	218.386.516

233 Exchange Traded Funds (Stand 31.5.2006)

(Monatliche Neuigkeiten im Almanac Investor-Newsletter – Siehe S. 78, 114 und 116 zu den saisonalen Stärken von Branchen)

BHH	B2B Internet HOLDRs	IEF	iShares Lehman 7-10 Year
BBH	Biotech HOLDRs	AGG	iShares Lehman Aggregate Bond
ADRA	BLDRS Asia 50 ADR	TIP	iShares Lehman TIPS Bond
ADRD	BLDRS Developed Market 100	EWM	iShares Malaysia
ADRE	BLDRS Emerging Market 50	EWW	iShares Mexico
ADRU	BLDRS Europe 100 ADR	JKD	iShares Morningstar Large Cap
BDH	Broadband HOLDRs	JKE	iShares Morningstar Lg Cap Gr
VCR	Consumer Discretionary VIPERS	JKF	iShares Morningstar Lg Cap Val
VDC	Consumer Staples VIPERS	JKG	iShares Morningstar Mid Cap
DBC	DB Commodity	JKH	iShares Morningstar Mid Cap Gr
DIA	Diamonds DJIA 30	JKI	iShares Morningstar Mid Cp Val
FDM	Dow Jones Select MicroCap	JKK	iShares Morningstar Sm Cap Gr
VWO	Emerging Markets VIPERS	JKL	iShares Morningstar Sm Cap Val
VDE	Energy VIPERS	JKJ	iShares Morningstar Small Cap
EKH	Europe 2001 HOLDRs	IGN	iShares Multimedia Networking
VGK	European VIPERS	IBB	iShares NASDAQ Biotech
VXF	Extended Market VIPERS	IGE	iShares Natural Resources
ONEQ	Fidelity NASDAQ Composite	EWN	iShares Netherlands
VFH	Financial VIPERS	NY	iShares NYSE 100
FPX	First Trust IPOX-100 Index	NYC	iShares NYSE Composite
VHT	Health Care VIPERS	EPP	iShares Pacific Ex-Japan
VIS	Industrial VIPERS	IWB	iShares Russell 1000
IAH	Internet Architecture HOLDRs	IWF	iShares Russell 1000 Growth
HHH	Internet HOLDRs	IWD	iShares Russell 1000 Value
IIH	Internet Infrastructure HOLDRs	IWM	iShares Russell 2000
EWA	iShares Australia	IWO	iShares Russell 2000 Growth
EWO	iShares Austria	IWN	iShares Russell 2000 Value
EWK	iShares Belgium	IWV	iShares Russell 3000
EWZ	iShares Brazil	IWZ	iShares Russell 3000 Growth
EWC	iShares Canada	IWW	iShares Russell 3000 Value
ICF	iShares Cohen & Steers Realty	IWR	iShares Russell Mid Cap
IAU	iShares Comex Gold	IWP	iShares Russell Mid Cap Gr
DVY	iShares DJ Select Dvdnd Index	IWS	iShares Russell Mid Cap Val
IYT	iShares DJ Transports	EZA	iShares S Africa Index
IYM	iShares DJ US Basic Materials	OEF	iShares S&P 100
IYC	iShares DJ US Consumer Cyc	ISI	iShares S&P 1500
IYK	iShares DJ US Consumer Goods	IVV	iShares S&P 500
IYF	iShares DJ US Financial	IVW	iShares S&P 500 BARRA Growth
IYG	iShares DJ US Financial Serv	IVE	iShares S&P 500/BARRA Value
IYH	iShares DJ US Healthcare	IEV	iShares S&P Europe 350
IYJ	iShares DJ US Industrial	IOO	iShares S&P Global 100
IYR	iShares DJ US Real Estate	IXC	iShares S&P Global Energy
IYW	iShares DJ US Tech	IXG	iShares S&P Global Financial
IYZ	iShares DJ US Telecom	IXJ	iShares S&P Global Healthcare
IYY	iShares DJ US Total Market	IXN	iShares S&P Global IT
IDU	iShares DJ US Utilities	IXP	iShares S&P Global Telecom
EFA	iShares EAFE	ILF	iShares S&P Latin America 40
EEM	iShares Emerging Market Income	IJK	iShares S&P Md Cp 400/BARRA Gr
EZU	iShares EMU	IJJ	iShares S&P Md Cp 400/BARRA Va
EWQ	iShares France	IJH	iShares S&P Mid Cap 400
FXI	iShares FTSE/Xinhua China 25	IJT	iShares S&P Sm Cp 600 BARRA Gr
EWG	iShares Germany	IJS	iShares S&P Sm Cp 600 BARRA Va
LQD	iShares GS Corporate Bond	IJR	iShares S&P Small Cap 600
EWH	iShares Hong Kong	ITF	iShares S&P/TOPIX 150
EWI	iShares Italy	IGW	iShares Semiconductor
EWJ	iShares Japan	SLV	iShares Silver Trust
KLD	iShares KLD Select Social	EWS	iShares Singapore
SHY	iShares Lehman 1-3 Yr Bonds	IGV	iShares Software
TLT	iShares Lehman 20+yr Bond		

233 Exchange Traded Funds (Stand 31.5.2006)

(Monatliche Neuigkeiten im Almanac Investor-Newsletter – Siehe S. 78, 114 und 116 zu den saisonalen Stärken von Branchen)

Symbol	Name	Symbol	Name
EWY	iShares South Korea	RPG	Rydex S&P 500 Gr
EWP	iShares Spain	RPV	Rydex S&P 500 Va
EWD	iShares Sweden	RSP	Rydex S&P Equal Weight
EWL	iShares Switzerland	RFG	Rydex S&P Midcap 400 Gr
EWT	iShares Taiwan	RFV	Rydex S&P Midcap 400 Va
IGM	iShares Technology	RZG	Rydex S&P Smallcap 600 Gr
EWU	iShares United Kingdom	RZV	Rydex S&P Smallcap 600 Va
IYE	iShares US Oil & Gas	SPY	S&P 500 Spyder
VGT	IT VIPERS	MDY	S&P Mid Cap 400 SPDR
GDX	Market Vectors Gold Miners	SMH	Semiconductor HOLDRs
VAW	Materials VIPERS	VBK	Small Cap Growth VIPERS
VO	Mid Cap VIPERS	VB	Small Cap VIPERS
MKH	ML Market 2000+ HOLDRs	SWH	Software HOLDRs
FDL	Morningstar Dividend Leaders	XBI	SPDR Biotech
QQQQ	NASDAQ 100	XLY	SPDR Consumer Discretionary
OIH	Oil Service HOLDRs	XLP	SPDR Consumer Staples
VPL	Pacific VIPERS	SDY	SPDR Dividend
PPH	Pharmaceutical HOLDRs	XLE	SPDR Energy
PPA	PowerShares Aero & Defense	XLF	SPDR Financial
PKB	PowerShares Building & Const	XLV	SPDR Healthcare
PFM	PowerShares Dividend Achievers	XHB	SPDR Homebuilders
PBE	PowerShares Dyn Bio & Genom	XLI	SPDR Industrial
PBJ	PowerShares Dyn Food & Bev	XLB	SPDR Materials
PHW	PowerShares Dyn Hard & Cons El	XSD	SPDR Semiconductors
PEJ	PowerShares Dyn Leis & Ent	XLK	SPDR Tech
PBS	PowerShares Dyn Media	XLU	SPDR Utilities
PWY	PowerShares Dyn Mid Cap Val	FEZ	streetTRACKS DJ Euro STOXX 50
PXQ	PowerShares Dyn Networking	DGT	streetTRACKS DJ Glob Titans 50
PJP	PowerShares Dyn Pharma	DSG	streetTRACKS DJ Small Cap Gr
PTE	PowerShares Dyn Tel & Wireless	DSV	streetTRACKS DJ Small Cap Val
PWV	PowerShares Dynamic Lg Cap Val	FEU	streetTRACKS DJ STOXX 50
PWC	PowerShares Dynamic Market	ELG	streetTRACKS DJ US LC Growth
PWJ	PowerShares Dynamic Mid Cap Gr	ELV	streetTRACKS DJ US LC Value
PWP	PowerShares Dynamic Mid Cp Val	ELR	streetTRACKS DJ Wilshire Lg Cp
PSI	PowerShares Dynamic Semis	EMM	streetTRACKS DJ Wilshire Md Cp
PWT	PowerShares Dynamic Sm Cap Gr	DSC	streetTRACKS DJ Wilshire Sm Cp
PSJ	PowerShares Dynamic Software	EMG	streetTRACKS DJ Wlshr Md Cp Gr
PXE	PowerShares Energy Exp & Prod	EMV	streetTRACKS DJ Wlshr Md Cp Va
PGJ	PowerShares Golden Dragon	TMW	streetTRACKS Fortune 500
PHJ	PowerShares High Growth Dvdnd	GLD	streetTRACKS Gold
PEY	PowerShares High Yield	MTK	streetTRACKS High Tech 35
PIC	PowerShares Insurance	KBE	streetTRACKS KBW Bank
PID	PowerShares Int' Dvdnd	KCE	streetTRACKS KBW Capital Mkts
PWB	PowerShares Large Cap Growth	KIE	streetTRACKS KBW Insurance
PXN	PowerShares Lux Nanotech	OOO	streetTRACKS SPDR O-Strip
PXJ	PowerShares Oil Services	RWR	StreetTRACKS Wilshire REIT
PWO	PowerShares OTC	TTH	Telecom HOLDRs
PMR	PowerShares Retail	VOX	Telecom VIPERS
PUI	PowerShares Utilities	USO	United States Oil Fund
PIV	PowerShares VL Time Select	UTH	Utilities HOLDRs
PHO	PowerShares Water Resource	VPU	Utilities VIPERS
PBW	PowerShares Wilder Hill Energy	VIG	Vanguard Dividend Appreciation
PZI	PowerShares Zacks Micro Cap	VUG	Vanguard Growth VIPERS
PZJ	PowerShares Zacks Small Cap	VV	Vanguard Large Cap VIPERS
RKH	Regional Bank HOLDRs	VBR	Vanguard Small Cap Val VIPERS
VNQ	REIT VIPERS	VTI	Vanguard Total Market VIPERS
RTH	Retail HOLDRs	VTV	Vanguard Value VIPERS
XLG	Rydex Russell Top 50	WMH	Wireless HOLDRs

Handelscodes von Optionen

Die Grundlagen:

Die Optioncodes umfassen die Tickerabkürzung des Wertpapiers, einen Verfallsmonatscode und einen Ausübungspreiscode.

Bei NASDAQ-Aktien mit mehr als drei Buchstaben im Aktiencode wird die Tickerabkürzung der Option auf drei Buchstaben verkürzt und endet in der Regel auf Q. Beispielsweise lautet die Microsoft-Abkürzung MSFT, somit lautet die Optionstickerabkürzung MSQ.

Jeder Verfallsmonat hat einen eigenen Code für Kaufoptionen und Verkaufsoptionen. Auch jeder Ausübungspreis hat einen eigenen Code, der für Kaufoptionen und Verkaufsoptionen identisch ist. Bei einer Optionsnotierung kommt zunächst die Ticker-Abkürzung, gefolgt vom Verfallsmonatscode, und dahinter steht der Ausübungspreiscode. Beispielsweise hätte eine Microsoft-Januar-25-Kaufoption den Code MSQAE, und die Microsoft-Januar-25-Verkaufsoption den Code MSQME.

Verfallsmonatscodes

	Jan	Feb	Mär	Apr	Mai	Jun	Jul	Aug	Sep	Okt	Nov	Dez
Kauf	A	B	C	D	E	F	G	H	I	J	K	L
Verkauf	M	N	O	P	Q	R	S	T	U	V	W	X

Ausübungspreiscodes

A	B	C	D	E	F	G	H	I	J	K	L	M
5	10	15	20	25	30	35	40	45	50	55	60	65
105	110	115	120	125	130	135	140	145	150	155	160	165
205	210	215	220	225	230	235	240	245	250	255	260	265
305	310	315	320	325	330	335	340	345	350	355	360	365
405	410	415	420	425	430	435	440	445	450	455	460	465
505	510	515	520	525	530	535	540	545	550	555	560	565
605	610	615	620	625	630	635	640	645	650	655	660	665
705	710	715	720	725	730	735	740	745	750	755	760	765

N	O	P	Q	R	S	T	U	V	W	X	Y	Z
70	75	80	85	90	95	100	7 1/2	12 1/2	17 1/2	22 1/2	27 1/2	32 1/2
170	175	180	185	190	195	200	37 1/2	42 1/2	47 1/2	52 1/2	57 1/2	62 1/2
270	275	280	285	290	295	300	67 1/2	72 1/2	77 1/2	82 1/2	87 1/2	92 1/2
370	375	380	385	390	395	400	97 1/2	102 1/2	107 1/2	112 1/2	117 1/2	122 1/2
470	475	480	485	490	495	500	127 1/2	132 1/2	137 1/2	142 1/2	147 1/2	152 1/2
570	575	580	585	590	595	600	157 1/2	162 1/2	167 1/2	172 1/2	177 1/2	182 1/2
670	675	680	685	690	695	700	187 1/2	192 1/2	197 1/2	202 1/2	207 1/2	212 1/2
770	775	780	785	790	795	800	217 1/2	222 1/2	227 1/2	232 1/2	237 1/2	242 1/2

Ausübungspreise mit einem Buchstaben und Wraps

Die Aktien- und ETF-Märkte sind in den letzten Jahren so stark gewuchert, dass es Probleme bei Ausübungspreiscodes mit nur einem Buchstaben gab. Wir haben uns mit dem Optionsguru Larry McMillan von www.optionstrategist.com besprochen. Aktien und ETF mit Optionsausübungspreisen, die weniger als fünf Punkte auseinander liegen, und LEAPS (langfristige Optionen) verbrauchen oftmals bereits Codes. In diesem Fall vergibt die Options Clearing Corporation (OCC) eher willkürlich die den Ausübungspreisen entsprechenden Buchstaben, z. B. H=60, I=61, J=62, K=63, L=64 usw. Jede Aktie oder ETF heißt daher häufig unterschiedlich.

Nachdem alle 26 verfügbaren Buchstaben vergeben wurden, wird von der OCC eine neue Grundabkürzung geschaffen, eine so genannte Wrap-Abkürzung. Diese neu geschaffenen Wrap-Abkürzungen haben oftmals wenig mit der Aktie oder dem ETF selbst zu tun. So ist z. B. der derzeitige Code für die Microsoft-Januar-2007-25-Kaufoption „VMFAJ".

Daher ist nun mehr als je zuvor bei jedem potentiellen Optionsgeschäft eine umfassende Prüfung notwendig, um sicherzustellen, dass der Code auch wirklich für das durchzuführende Geschäft steht. Weitere Informationen finden sich auf www.cboe.com und www.amex.com, wo hervorragende Daten zu ETF und ETF-Optionen zur Verfügung gestellt werden.

Quellen: Larry McMillan, cboe.com und amex.com

G. M. Loebs „Schlachtplan" für das Überleben im Investmentbereich

LEBEN IST VERÄNDERUNG: Nichts kann in einer Minute noch genau so sein, wie es vor einer Minute war. Alles, was Dir gehört, ändert seinen Preis und seinen Wert. Du kannst den letzten Preis eines aktiven Wertpapiers auf dem Börsenticker finden, aber du wirst nirgendwo den nächsten Preis finden. Der Wert Deines Geldes verändert sich. Sogar der Wert Deines Hauses verändert sich, auch wenn niemand mit einer Reklametafel um den Hals davor herläuft und ständig die Veränderungen bekannt gibt.

ERKENNE VERÄNDERUNGEN: Dein grundlegendes Ziel sollte es sein, von Veränderungen zu profitieren. Die Kunst der Investition ist es, Veränderungen zu erkennen und seine Investitionsziele entsprechend anzupassen.

SCHREIBE ES AUF: Du wirst größere Investitionserfolge haben und Investitionsfehlschläge vermeiden, wenn Du Sachen aufschreibst. Nur wenige Investoren haben den Antrieb und die Neigung, dies zu tun.

FÜHRE EINE CHECKLISTE: Wenn Du Deine Investitionsergebnisse verbessern willst, gewöhn Dir an, zu jedem Papier, das Dich interessiert, eine Checkliste zu führen. Bevor Du eine Verpflichtung eingehst, wird es sich lohnen, die Antworten auf zumindest einige wichtige Fragen niederzuschreiben – Wie viel investiere ich in dieses Unternehmen? Wie viel glaube ich, erzielen zu können? Wie viel muss ich riskieren? Wie lange, glaube ich, wird es dauern, bis ich mein Ziel erreicht habe?

HABE EINEN EINZIGEN TRIFTIGEN GRUND: Vor allem ist Aufschreiben der beste Weg, den „triftigen Grund" herauszufinden. Nachdem alles gesagt und getan wurde, bleibt unausweichlich ein einziger Grund übrig, der alle anderen überragt, warum von einem bestimmten Wertpapiergeschäft erwartet werden kann, dass es einen Gewinn erzielen wird. Viel zu oft wird zugelassen, dass relativ unwichtige Statistiken dieses einzige wichtige Argument verdecken.

Einer aus vielen Dutzend Faktoren kann das entscheidende Argument für einen Verkauf oder Kauf sein. Es kann ein technischer Grund sein, eine beim Börsenkurs nicht berücksichtigte Zunahme der Erträge oder Dividenden, ein Wechsel im Management, ein viel versprechendes neues Produkt, eine erwartete Verbesserung in der Beurteilung der Erträge durch den Markt, oder viele andere. Aber in jedem einzelnen Fall wird einer dieser Faktoren fast sicher viel wichtiger sein, als alle anderen zusammengenommen.

EIN ENGAGEMENT GLATTSTELLEN: Wenn Du einen Verlust erleidest, geschieht der nächste Schritt automatisch, sofern Du zum Zeitpunkt des Kaufs entschieden hast, was zu tun ist. Ansonsten unterteilt sich die Frage in zwei Teile. Sind wir in einem Baisse- oder Haussemarkt? Wenige von uns wissen es wirklich, bis es zu spät ist. Für das Protokoll: Wenn Du glaubst, dass es ein Baissemarkt ist, mache diese Überlegung an erster Stelle und verkaufe so viel, wie Deine Überzeugung nahelegt und Deine Natur erlaubt.

Wenn Du glaubst, es ist ein Haussemarkt, oder zumindest ein Markt, in dem sich einige Aktien nach oben bewegen, einige pausieren und nur wenige absinken, verkaufe nicht, es sei denn:

- ✓ Du siehst eine Baisse kommen.
- ✓ Du siehst Schwierigkeiten für ein Unternehmen voraus, an dem Du Aktien hältst.
- ✓ Zeit und Umstände haben eine neue und anscheinend wesentlich bessere Kaufmöglichkeit erscheinen lassen, die Du mehr magst als das Papier auf Deiner Liste.

Eine sich anschließende Frage ist, welche Aktie man zuerst verkaufen soll? Zwei weitere Beobachtungen können vielleicht helfen:

- ✓ Verkaufe nicht nur, weil Du glaubst, dass eine Aktie zu hoch bewertet ist.
- ✓ Wenn Du einige Deiner Aktien und nicht alle verkaufen willst, ist es in den meisten Fällen besser, entgegen Deiner emotionalen Neigung die Papiere mit Verlusten, kleinen oder gar keinen Gewinnen, die Schwächsten, die größten Enttäuschungen usw. zu verkaufen.

Mr. Loeb ist Autor des Buchs *The Battle for Investment Survival*, John Wiley & Sons

G. M. Loebs Investitions-Checkliste

Ziele und Risiken

Wertpapier		Preis	Aktien	Datum

„Triftiger Grund" für Engagement	Investierter Betrag $/€ _____
	% meines Investitionskapitals _____ %

Kursziel	Geschätzte Zeit bis Erreichen	Ich werde _____ Punkte riskieren	Dies würde entsprechen: $/€ _____

Technische Position

Kursentwicklung Aktie:	Dow Jones Industrial Average
☐ erreicht neue Höchststände ☐ in gehandeltem Kursbereich	
☐ pausiert innerhalb Aufwärtstrend ☐ Anstieg nach Tiefststand	Markttrend
☐ entwickelt sich stärker als Markt ☐ _____	

Ausgewählte Maßstäbe

	Kursspanne		Ertrag je Aktie tatsächlich oder geschätzt	Kurs/Gewinn-Verhältnis tatsächlich oder geschätzt
	Hoch	Tief		
Laufendes Jahr				
Vorjahr				

Fusionsmöglichkeiten	Bisherige Dauer bis zur Verdoppelung des Ertrags _____ Jahre
Zukunftsaussichten	Bisherige Dauer bis zur Verdoppelung des Börsenkurses _____ Jahre

Periodische Überprüfungen

Datum	Aktienkurs	DJIA	Kommentar	evtl. Maßnahmen

Abgeschlossene Transaktionen

Datum Abschluss	Gehalten von/bis	Gewinn oder Verlust

Grund für Gewinn oder Verlust